Schreiben lernen, schreibend lernen

Maik Philipp

Schreiben lernen, schreibend lernen

Prinzipien des Aufbaus und der Nutzung von Schreibkompetenz

Maik Philipp
Pädagogische Hochschule Zürich
Zürich, Schweiz

ISBN 978-3-658-33252-5   ISBN 978-3-658-33253-2   (eBook)
https://doi.org/10.1007/978-3-658-33253-2

Die Deutsche Nationalbibliothek verzeichnet diese Publikation in der Deutschen Nationalbibliografie; detaillierte bibliografische Daten sind im Internet über http://dnb.d-nb.de abrufbar.

© Der/die Herausgeber bzw. der/die Autor(en), exklusiv lizenziert durch Springer Fachmedien Wiesbaden GmbH, ein Teil von Springer Nature 2021
Das Werk einschließlich aller seiner Teile ist urheberrechtlich geschützt. Jede Verwertung, die nicht ausdrücklich vom Urheberrechtsgesetz zugelassen ist, bedarf der vorherigen Zustimmung der Verlage. Das gilt insbesondere für Vervielfältigungen, Bearbeitungen, Übersetzungen, Mikroverfilmungen und die Einspeicherung und Verarbeitung in elektronischen Systemen.
Die Wiedergabe von allgemein beschreibenden Bezeichnungen, Marken, Unternehmensnamen etc. in diesem Werk bedeutet nicht, dass diese frei durch jedermann benutzt werden dürfen. Die Berechtigung zur Benutzung unterliegt, auch ohne gesonderten Hinweis hierzu, den Regeln des Markenrechts. Die Rechte des jeweiligen Zeicheninhabers sind zu beachten.
Der Verlag, die Autoren und die Herausgeber gehen davon aus, dass die Angaben und Informationen in diesem Werk zum Zeitpunkt der Veröffentlichung vollständig und korrekt sind. Weder der Verlag, noch die Autoren oder die Herausgeber übernehmen, ausdrücklich oder implizit, Gewähr für den Inhalt des Werkes, etwaige Fehler oder Äußerungen. Der Verlag bleibt im Hinblick auf geografische Zuordnungen und Gebietsbezeichnungen in veröffentlichten Karten und Institutionsadressen neutral.

Planung/Lektorat: Stefanie Laux
Springer VS ist ein Imprint der eingetragenen Gesellschaft Springer Fachmedien Wiesbaden GmbH und ist ein Teil von Springer Nature.
Die Anschrift der Gesellschaft ist: Abraham-Lincoln-Str. 46, 65189 Wiesbaden, Germany

Vorwort

Obwohl Schrift menschheitsgeschichtlich eine erst sehr junge Errungenschaft ist, hat sie heute einen unverkennbar hohen Stellenwert erlangt, um als Individuum in verschiedenen Kontexten teilhaben zu können. Das gilt für das Lesen ganz besonders, doch nicht minder für das Schreiben. Kompetentes Schreiben ist ein Ziel der schulischen Kompetenzvermittlung und zeichnet sich dadurch aus, dass Schreiben in verschiedenen Situationen von der schreibenden Person zielgerichtet eingesetzt wird. Dabei muss man das Schreiben erlernen, und es dient zudem dazu, das Lernen zu unterstützen. Damit ist die für diesen Band leitende Doppelperspektive angesprochen. Es geht um den Erwerb der Schreibkompetenz (in Teil I und II – Schreiben lernen) und um die Nutzung des Schreibens als Lernwerkzeug für das Fachlernen und Leseverstehen im Teil III (Schreibend lernen).

Eine so breite Thematik verlangt Einschränkungen und Fokussierungen, um noch lesbar zu geraten. Deshalb nimmt dieses Buch mehrfache Einschränkungen vor. Die erste und wichtigste: Dem Gedanken folgend, dass schulisch vermittelte Kompetenzen einen kognitiven Kern haben, werden Kognitionen fokussiert. Die mentalen Prozesse, die beim Schreiben ablaufen, bilden somit den Hauptgegenstand. Natürlich ist Schreiben auf motivationale Merkmale und deren Mobilisierung beim Schreiben angewiesen, und es vollzieht sich zudem in einem historischen, institutionellen und sozialen Kontext. All das negiert dieses Buch keineswegs; es stellt nur aus Darstellungsgründen all dies nicht in sein Zentrum.

Selbst damit ist das Feld immer noch weit, weshalb eine zweite Einschränkung darin besteht, nur ausgewählte Ansatzpunkte der Schreibdidaktik und der Nutzung des Schreibens für das Fachlernen zu fokussieren. So werden schulische Fördermaßnahmen behandelt, die empirisch bei Personen im Schulalter wirksam sind, wobei von der Effektivität aus Gründen der Lesbarkeit nicht eigens berichtet wird. Zudem wurden für den Teil II des Buches solche

Fördermaßnahmen gezielt gewählt, die eine Parallele zu Fördermaßnahmen in der Domäne Lesen aufweisen, und prioritär dargestellt. Diese Parallele zur Leseförderung wurde deshalb gewählt, weil beispielsweise die Förderung von Schreibflüssigkeit oder die Vermittlung von Schreibstrategien ähnlich funktionieren wie ihre Pendants beim Lesen.

Leitend für das Buch ist außerdem die Anbindung an sogenannte didaktische Designprinzipien in der Darstellung. Diese Designprinzipien bestehen im Wesentlichen aus drei Bestandteilen: a) der Fördermaßnahme (Was tue ich didaktisch?), b) den Lernaktivitäten (Welche kognitiven Prozesse absolvieren die Schülerinnen und Schüler auf Basis der Fördermaßnahmen?) und c) den Lernergebnissen (Welches Wissen bzw. welche Fähigkeiten erwerben die Schülerinnen und Schüler infolge der Lernaktivitäten?). Solche Designprinzipien bilden das Rückgrat des Buches und sollen dabei helfen, die Essenz der Schreibförderung zu erkennen, die sich in unterschiedlichen konkreten Förderansätzen verbirgt. Als Stütze für das Buch fungieren die Designprinzipien außerdem insofern, als sie recht früh in den Kapiteln benannt werden und die darauffolgenden Inhalte sich dezidiert der Logik dieser Prinzipien unterordnen – von den typischen Lehraktivitäten bis zu den Beispielen für die Nutzung dieser Prinzipien in authentischen Fördermaßnahmen.

Maik Philipp

Inhaltsverzeichnis

Teil I Grundlegendes

1 Was ist Schreibkompetenz? 3
   1.1 Definitorisches: Schreiben und kompetentes Schreiben 3
   1.2 Der Kern der Schreibkompetenz: glückende Schreibprozesse im Verbund 5
   1.3 Der Fokus auf die Lehrperson und ihr schreibdidaktisches Wissen 8
   Literatur 10

2 Was sind schreibdidaktische Designprinzipien? 11
   2.1 Ein Einstiegsbeispiel aus der Schreibstrategievermittlung 13
   2.2 Worauf sich didaktische Designprinzipien beziehen und wie sie sich darstellen lassen 16
      2.2.1 Die Elemente und die Logik didaktischer Designprinzipien 16
      2.2.2 Didaktische Designprinzipien und das Eingangsbeispiel – eine Vertiefung 19
   2.3 Die didaktischen Designprinzipien dieses Buchs im Überblick 22
   Literatur 25

Teil II Schreiben lernen: Schreibkompetenz fördern

3 Prinzipien zur Förderung hierarchieniedriger Prozesse (Schreibflüssigkeit) 29
   3.1 Zügiger per Hand leserlichen Text produzieren. 34
      3.1.1 Das didaktische Designprinzip zur Förderung der automatisierten Grafomotorik beim Handschreiben 35
      3.1.2 Typische Lehraktivitäten bzw. Elemente bei Handschrifttrainings 37
      3.1.3 Zwei Beispiele für Handschrifttrainings 40
   3.2 Den (Schreib-)Wortschatz ausbauen 45
      3.2.1 Das didaktische Designprinzip zur Verbesserung des Wortschatzes (und der Wortschatzkompetenz) 45
      3.2.2 Typische Lehraktivitäten bzw. Elemente bei der Vermittlung lexikalischen Wissens 48
      3.2.3 Zwei Beispiele für die (Schreib-)Wortschatzförderung. ... 50
   Literatur 57

4 Prinzipien zur Förderung hierarchiehoher Prozesse 61
   4.1 Perspektive Prozess: Schreibstrategiewissen vermitteln – oder: Wie sollte man beim Schreiben vorgehen?. 62
      4.1.1 Schreibstrategien und selbstreguliertes Schreiben. 62
      4.1.2 Das didaktische Designprinzip zur Vermittlung von Schreibstrategien und metakognitivem Wissen über Schreibstrategien 76
      4.1.3 Typische Lehraktivitäten bzw. Elemente bei der Schreibstrategievermittlung 82
      4.1.4 Zwei Beispiele für die Vermittlung von Schreibstrategien 88
   4.2 Perspektive Produkt: Textsortenwissen aufbauen – oder: In welcher allgemeinen Struktur sollte man schreiben? 95
      4.2.1 Das didaktische Designprinzip zur Vermittlung des Textsortenwissens 97
      4.2.2 Typische Lehraktivitäten bzw. Elemente bei der Vermittlung des Wissens über Textsorten 102
      4.2.3 Zwei Beispiele für das Vermitteln von Textsortenwissen 104
   Literatur 110

Teil III Schreibend lernen: das Leseverstehen und das Fachlernen mit dem Schreiben unterstützen

5 Prinzipien zum Konservieren von Informationen (oberflächenorientierte Strategien)............................ 119
   5.1 Schriftliches Zusammenfassen mit Makroregeln............... 126
      5.1.1 Was sind Makroregeln?............................ 127
      5.1.2 Das didaktische Designprinzip zum schriftlichen Zusammenfassen................................ 131
      5.1.3 Typische Lehraktivitäten bzw. Elemente bei der Vermittlung des schriftlichen Zusammenfassens und des Findens von Hauptideen..................... 133
      5.1.4 Zwei Beispiele für die Vermittlung des schriftlichen Zusammenfassens...................... 135
   5.2 Grafisches Zusammenfassen mit Graphic Organizers............ 141
      5.2.1 Was sind Graphic Organizers?....................... 142
      5.2.2 Das didaktische Designprinzip zur Erstellung von Graphic Organizers............................ 146
      5.2.3 Typische Lehraktivitäten bzw. Elemente bei der Vermittlung der Erstellung von Graphic Organizers....... 148
      5.2.4 Zwei Beispiele für die Vermittlung des grafischen Zusammenfassens................................ 150
      Literatur.. 158

6 Prinzipien zum Analysieren und transformierenden Nutzen von Informationen (tiefenorientierte Strategien)................ 161
   6.1 Argumentieren... 162
      6.1.1 Warum wird dem Argumentieren zugestanden, besonders effektiv das tiefenorientierte Lernen zu unterstützen?..................................... 162
      6.1.2 Das didaktische Designprinzip zum schriftlichen Argumentieren als Mittel für das Fachlernen............ 172
      6.1.3 Typische Lehraktivitäten bzw. Elemente bei der Vermittlung und Nutzung des schriftlichen Argumentierens.................................. 174
      6.1.4 Zwei Beispiele für die Vermittlung und Nutzung des schriftlichen Argumentierens........................ 179

6.2 Synthetisieren (materialgestütztes Schreiben)................ 184
    6.2.1 Was heißt es, Informationen zu synthetisieren? 184
    6.2.2 Das didaktische Designprinzip zum schriftlichen
          Synthetisieren 189
    6.2.3 Typische Lehraktivitäten bzw. Elemente bei der
          Vermittlung des schriftlichen Synthetisierens 192
    6.2.4 Zwei Beispiele für die Vermittlung des schriftlichen
          Synthetisierens................................. 195
    Literatur... 203

7 Prinzip zum Schreiben von Lernjournalen 209
7.1 Was ist ein Lernjournal – und warum hilft es beim Lernen?...... 209
7.2 Das didaktische Designprinzip zum Nutzen von
    Lernjournalen... 214
7.3 Typische Lehraktivitäten bzw. Elemente bei der Nutzung
    von Lernjournalen 216
7.4 Zwei Beispiele für die Nutzung des Lernjournals 219
Literatur... 222

Teil I
Grundlegendes

Was ist Schreibkompetenz? 1

Zusammenfassung

Was macht kompetentes Schreiben aus? Vielfach denkt man dabei an das Textprodukt, das je nach seinen Merkmalen als geglückte oder misslungene Ausführung Auskunft erteilt über die individuelle Kompetenz, schriftliche verständliche Texte herzustellen. Aus schreibdidaktischer Sicht interessiert man sich nicht nur für die Textprodukte als Indikator der Schreibkompetenz – vielmehr und insbesondere stehen die Schreibprozesse im Fokus. Wer schreibt, muss eine Vielzahl von Prozessen mit verschiedenen Funktionen nutzen und orchestrieren. Gemeinhin werden das Planen, das Formulieren und das Revidieren (Überarbeiten) als drei grobe Prozesse unterschieden, die ihrerseits noch in verschiedene Teilprozesse untergliedert werden. Diese Prozesse und ihre Förderbarkeit zu kennen und sie gezielt zu fördern, ist essenziell, damit Lehrpersonen profundes schreibdidaktisches Wissen aufbauen und nutzen können.

1.1 Definitorisches: Schreiben und kompetentes Schreiben

Was Schreibkompetenz ist, lässt sich mehr oder minder umfassend mit einem Blick auf den eigenen Schreiballtag zu konturieren beginnen. Wie viel und was schreiben Sie als erwachsene Person? Halten Sie kurz inne und lassen Sie einen typischen Wochen-/Arbeits-/Studientag Revue passieren und tun Sie dasselbe mit einem Wochenendtag. In welchen Situationen schreiben Sie für sich oder an andere? Was für Texte (auch kürzester Art) entstehen dabei? Welchen Zielen dienen diese Texte? Und: Schreiben Sie diese digital oder analog?

Vielleicht erscheint es Ihnen eigenartig, dass Sie zu Beginn darüber sinnieren sollen, wie Ihr Schreiballtag aussieht. Doch es hat seine Bewandtnis, wenn man sich mit den vielen Situationen befasst, in denen der Einsatz von schriftlich fixierten Inhalten notwendig ist, um handlungsfähig zu sein. Die kurze WhatsApp-Nachricht mit dem gereckten Daumen zur kurzen Übermittlung, dass man etwas Mitgeteiltes verstanden habe, der Einkaufszettel, die Notiz nach einer Besprechung, die Kommentare in einem PDF-Dokument, die gewinnende Bewerbung für eine Stelle, der klare und begründete Widerspruch bei einer ungerechtfertigt wirkenden Mahnung, die präzise formulierte Seminararbeit im Studium, eine bündige PowerPoint-Präsentation, eine knappe E-Mail an eine Kollegin, die aufgeschriebene Telefonnummer oder die witzige Bildunterschrift in den Social Media – diese Liste lässt sich beliebig fortsetzen. Trotz aller Unterschiede in den Schreibsituationen dient das Schreiben diversen Funktionen, hat einen (hier weit gefassten) Anwendungsbezug und soll dazu dienen, dem Leser bzw. der Leserin, die durchaus mit der schreibenden Person in Personalunion auftritt, eine Aussage zukommen zu lassen. In allen geschilderten Situationen schreiben Personen – doch was ist eigentlich Schreiben?

▶ **Schreiben** Schreiben wird verstanden als die Fähigkeit zur Konstruktion schriftlich fixierter Bedeutungsinhalte. Hierbei sind grafomotorische und (meta-)kognitive Prozesse bei der Texterstellung nötig, die eine schreibende Person selbstständig nutzt und teils willentlich steuert (Philipp, 2017, S. 40).

In Zeiten der Kompetenzorientierung stellt sich die Frage, ob jemand, der einen Einkaufszettel oder eine Emoji-lastige WhatsApp-Nachricht verfasst, wirklich schreibkompetent ist. Schreibkompetenz – wie jede andere Kompetenz auch – bemisst sich an ihrer Funktionalität im Rahmen dessen, was jemand in einer konkreten Anwendungssituation an Leistungen zu erbringen imstande ist. Im Bereich des Schreibens ist damit vor allem traditionell gemeint, dass jemand schriftliche Texte herstellen kann, die ihre jeweilige kommunikative Absicht effektiv erfüllen. Im Kern ist Schreibkompetenz eine zuvorderst kognitiv modellierte Kompetenz, tatsächlich genügen aber die kognitiven (Teil-)Fähigkeiten nicht allein. Dies zeigt die nachstehende Definition bei der Enge und der Weite des Begriffs.

▶ **Schreibkompetenz** Das Konstrukt der Schreibkompetenz wird – wie kognitive, schulisch zu fördernde Kompetenzen allgemein – als Leistungsdisposition definiert, die dazu dient, bei einer gegebenen Aufgabe bzw. innerhalb eines funktional definierten Aufgabenspektrums eine möglichst optimale Leistung tatsächlich zu erbringen, in diesem Falle: Bedeutungsinhalte schriftlich fixieren. Je nach Enge oder Weite des Kompetenzbegriffs umfasst Schreibkompetenz neben den kognitiven auch motivationale Komponenten (Hartig & Klieme, 2006, S. 128 f.; Philipp, 2017, S. 40). Die Schreibkompetenz wird häufig am entstandenen Produkt festgemacht, das nach operationalisierten Merkmalen des jeweiligen spezifischen Kompetenzkonstrukts analysiert wird, um dadurch auf die individuelle Kompetenz Rückschlüsse zu ziehen. Sie lässt sich jedoch auch prozessbetont definieren, indem sich Schreibkompetenz daran bemisst, wie effektiv jemand darin ist, die zentralen Schreibprozesse in ihrem Verbund zu gestalten.

1.2 Der Kern der Schreibkompetenz: glückende Schreibprozesse im Verbund

Schreibkompetenz im oben beschriebenen Sinne bildet ein Konstrukt der Bildungsforschung, das sowohl als Prozess als auch als Produkt theoretisch geklärt, empirisch erforscht und didaktisch gefördert wird. In dieser knappen Beschreibung des Konstrukts verbirgt sich Anspruch und Herausforderung zugleich, die Schreibkompetenz als zumal interdisziplinären Gegenstand zu bearbeiten. Für die Zwecke dieses Buches ist ein Ausschnitt daraus wichtig, nämlich zunächst die theoretische Beschreibung dessen, was Schreibkompetenz ist und – sich daraus ableitend – wie sie gefördert wird. Für dieses Buch ist die Prozessperspektive leitend, das heißt, ein Verständnis von Schreibkompetenz zuvorderst davon, wie Schreibende die für das erfolgreiche Schreiben erforderlichen Prozesse in ihrem Verbund zielgerichtet nutzen und koordinieren. Kompetentes Schreiben ist demnach ein zuvorderst selbstreguliertes Schreiben (vgl. Abschn. 4.1.1.1), eines, das sich durch die Fähigkeit auszeichnet, das angestrebte Schreibprodukt zu erreichen, indem die dafür nötigen Prozesse angemessen und effektiv initiiert, durchgeführt und reguliert werden.

Trotz aller unterschiedlicher Modelle aus der Schreibprozessforschung besteht ein Konsens darin, dass drei Hauptprozesse das Schreiben auszeichnen: Planen, Formulieren und Revidieren. Einen Überblick über diese drei Prozesse, ihre

Tab. 1.1 Hauptprozesse des Schreibens mit ihren Funktionen und Teilprozessen. (Quelle: modifizierte Darstellung von Philipp, 2017, S. 45; basierend auf: Alamargot & Chanquoy, 2001)

Prozess	Planen	Formulieren	Revidieren
Klassifikation	Hierarchiehoch (wegen Zielbezug und hoher Steuerbarkeit)	Hierarchieniedrig (wegen Automatisierung und geringer Steuerbarkeit)	Hierarchiehoch (wegen hoher metakognitiver Aktivität und Steuerbarkeit)
Funktion innerhalb des gesamten Schreibprozesses	Textinhalte und Vorgehensweisen in Bezug auf Prozesse und Produkte festlegen	Schriftlichen Text produzieren	Probleme an Texten erkennen und beheben
Teilprozesse	1. *Pragmatische Verarbeitung:* Publikum, Ziel und Funktion des Schreibens klären und rhetorische Absichten entwickeln 2. *Inhaltsgenerierung:* potenzielle Inhalte bereitstellen 3. *Inhaltsorganisation:* Inhalte kohärent strukturieren	1. *Elaboration der Inhalte aus dem Schreibplan:* ausgestaltende Konkretisierung bislang abstrakt geplanter Inhalte 2. *Linearisierung der Inhalte:* Überführen der Inhalte in eine Sequenz sinnvoller Inhalte 3. *Formulieren von Sätzen:* Übersetzen der Inhalte in syntaktisch und semantisch sinnvolle sprachliche Einheiten 4. *Grafomotorische Ausführung:* Aufschreiben der Inhalte unter Berücksichtigung schriftsprachlicher Konventionen (Rechtschreibung) und leserlichen Outputs (Handschrift, Tastaturschreiben)	1. *Problemidentifikation:* Lesen des Textes und metakognitives Überprüfen 2. *Entscheiden über Veränderungen:* metakognitive Prüfung der Akkuratheit bzw. Adäquanz der Schreibprodukte 3. *Ausführung der Veränderungen:* Modifikation der Schreibprodukte

Funktion und die sie beinhaltenden Teilprozesse enthält Tab. 1.1. Die darin vorgenommene Klassifikation in hierarchiehohe bzw. -niedrige Prozesse wird im Kasten „Planen, Formulieren und Revidieren – wie passen die typischen Schreibprozesse in eine binäre Logik von hierarchieniedrigen und -hohen Prozessen?" vertieft behandelt.

> **Planen, Formulieren und Revidieren – wie passen die typischen Schreibprozesse in eine binäre Logik von hierarchieniedrigen und -hohen Prozessen?**
> Die Grenzziehung zwischen sogenannten *hierarchieniedrigen* und *hierarchiehohen Prozessen* stammt aus der kognitionspsychologisch grundierten Forschung und ist besonders deutlich in den sogenannten Zwei-Prozess-Theorien bearbeitet worden. Kennzeichnend ist, dass zwei Verarbeitungsrouten angenommen werden, nämlich zum einen automatisch ablaufende Prozesse, die nicht (mehr) willentlich beeinflussbar sind und unbewusst ablaufen (sogenannte automatisierte Prozesse; Moors & de Houwer, 2006), und zum anderen solche Prozesse, die metakognitiv beeinflussbar sind und bewusst ablaufen. Im Zusammenhang mit schriftsprachlichen Leistungen werden diese Prozesse im Falle der automatisierten Prozesse als hierarchieniedrig bezeichnet – hierunter fallen die Prozesse des Formulierens. Die bewusst ablaufenden Prozesse werden als hierarchiehoch etikettiert und beinhalten zuvorderst die selbstregulatorisch ablaufenden Prozesse des Planens und Revidierens (Graham & Harris, 2000).
> Diese Unterteilung ist – zumal aus einer Erwerbsperspektive – natürlich nicht in Stein gemeißelt: Auch hierarchieniedrige Prozesse von der Handschrift oder dem Tastaturschreiben über den Zugriff auf Wortschreibungen, Formulierungen oder gar Textbausteine sind durchaus kognitiv derart aufwendig, dass sie zum einen die inhaltliche Gestaltung von Texten erschweren können und zum anderen aus der Erwerbsperspektive zunächst einmal und zeitweise kognitiv ähnlich fordernd sind wie die hierarchiehohen Prozesse (Berninger et al., 1996; Graham & Harris, 2000).

Mit dem Verständnis von Schreibkompetenz als Fähigkeit, die Hauptprozesse des Schreibens – Planen, Formulieren und Revidieren – selbstständig zu meistern und dabei vor allem die hohen Belastungen des Arbeitsgedächtnisses zu bewältigen, ist ein kognitiver Zugang zum Thema Schreiben und Schreibkompetenz leitend.

Das kognitive Geschehen beim Schreiben ist relativ unstrittig der Kern dessen, was in der Schreibforschung aus einer Prozessperspektive den Gegenstand Schreiben ausmacht. Zur Wahrheit gehört aber auch, dass Schreibkompetenz – analog zur Schwesterndomäne, dem Lesen, die Lesekompetenz – in der Fachdidaktik als umfassenderes Konstrukt modelliert werden kann, indem beispielsweise motivationale und soziale Komponenten zum Teil als eigenständige Kompetenzdimensionen angenommen werden (Philipp, 2017). Hinzu kommen technische und historische Kontextmerkmale, die ihrerseits mitbeeinflussen, was als kompetentes Schreiben gilt, etwa durch den technologischen Wandel oder auch die soziale Gemeinschaft, innerhalb derer schriftliche Kommunikation stattfindet (Graham, 2018; Klein, 2019). Wenn in diesem Buch der Fokus auf kognitive Aspekte des Schreibens gelegt wird, negiert dies nicht die Bedeutsamkeit weiterer Faktoren, sondern stellt lediglich eine inhaltliche Fokussierung dar.

1.3 Der Fokus auf die Lehrperson und ihr schreibdidaktisches Wissen

Einer der weltweit führenden Schreibforscher, Steve Graham (2019), hat in einem aktuellen Beitrag eine Sichtung der Schreibforschung vorgenommen, um die Erfordernisse einer verbesserten Schreibförderung zu kartieren und zu systematisieren. Dabei spielen auch und gerade die Lehrpersonen eine besonders wichtige Rolle, andere Akteure sind die Bildungspolitik, Schulleitungen und weitere Vertreter auf verschiedenen Ebenen des Bildungssystems. Mit Blick auf die Lehrpersonen und die Nutzung dessen, was die Schreibforschung an didaktisch relevanten Erkenntnissen in Gänze erbracht hat, benennt Graham (2019) sehr deutlich, welche Handhabe Lehrpersonen haben, um die Schreibkompetenz effektiv zu fördern:

- *häufiges Schreiben in echten und verschiedenen Absichten* – sprich: das breite Spektrum der verschiedenen Funktionen des Schreibens ausnutzen;
- verschiedentliche Formen der technischen, sozialen und personellen *Unterstützung beim Schreiben;*
- Kreieren einer *unterstützenden, motivierenden Schreibumgebung* im Sinne einer Gemeinschaft von Leserinnen und Schreibern;
- *Vermittlung der benötigten Wissensbestände sowie hierarchieniedrigen und -hohen Schreibprozesse* (Schreibflüssigkeit und Schreibstrategien);
- die *enge Verknüpfung von Lesen, Schreiben und Lernen.*

Wer einer solchen Agenda von Schreibdidaktik folgen und damit nichts weniger als eine Form der Unterrichtsentwicklung in Angriff nehmen will, braucht fachdidaktisches Wissen, vor allem zum Schreiben. Das klingt banaler, als es ist, denn es gibt in der internationalen Forschung zur Realität des Schreibunterrichts drei stabile Befundmuster aus Befragungen mit Hunderten Lehrpersonen aus verschiedenen Bildungssystemen. Erstens scheint sich die Vermittlung von Schreibkompetenz studienübergreifend an jeweils einem Extrempol zu vollziehen: entweder kaum oder sehr umfassend. Der Schreibunterricht gemäß Selbstauskünften findet damit entweder in keinem nennenswerten Maß oder im Gegenteil sogar sehr stark statt, wobei dieser letztgenannte Fall in den Studien deutlich die Ausnahme bildete. Zweitens gibt es positive Zusammenhänge von Intensität der schreibdidaktischen Aus- sowie Weiterbildung und Merkmalen guten Schreibunterrichts bzw. personenbezogenen Merkmalen der Lehrpersonen (z. B. ihrer Selbstwirksamkeit in puncto Schreibunterricht). Drittens fühlt sich zum Teil nur ein sehr geringer Teil der befragten Pädagoginnen und Pädagogen ausreichend auf die Erfordernisse des Vermittelns der Schreibkompetenz bzw. der adäquaten Nutzung des Schreibens für die Zwecke des Fachlernens vorbereitet.

Die Konsequenz dessen liegt auf der Hand: Eine Optimierung der systematischen schreibdidaktischen Ausbildung sowie der Aus- und Aufbau umfassenden schreibdidaktischen Wissens erscheinen geboten, damit zunächst Lehrpersonen das nötige Rüstzeug erwerben, welches sie dazu nutzen können, einen sinnvollen und kompetenzorientierten Schreibunterricht durchzuführen. Um hierfür einen Beitrag zu leisten, ist das vorliegende Buch entstanden.

Fazit

Kompetentes Schreiben ist ein zuvorderst, aber nicht ausschließlich kognitives Geschehen, bei dem Schreibende Text produzieren. Hierfür benötigen sie die Fähigkeit, die dafür erforderlichen Prozesse Planen, Formulieren und Revidieren samt den vielen beteiligten Teilprozessen im hochdynamischen Gesamtprozess möglichst selbstständig zu nutzen und zu orchestrieren. Diese Prozesse lassen sich nach ihren Funktionen unterscheiden und danach, ob sie als kognitiv hierarchieniedrig oder -hoch gelten. Planen und Revidieren werden als bewusst steuerbare hierarchiehohe Prozesse konzeptualisiert, während das Formulieren überwiegend den hierarchieniedrigen Prozessen zugeschlagen wird.

Literatur

Weiterführende Literatur

Alamargot, D., & Chanquoy, L. (2001). *Through the models of writing*. Kluwer. *(Dieses Buch ist sicher keine Einstiegslektüre, aber die bisher immer noch unangefochtene kritische Sichtung verschiedener Schreibprozessmodelle, die kompakt miteinander verglichen werden. Es eignet sich daher eher für fortgeschrittene Leserinnen und Leser.)*
Philipp, M. (Hrsg.). (2017). *Handbuch Schriftspracherwerb und weiterführendes Lesen und Schreiben*. Beltz Juventa. *(Dieses Handbuch folgt der in diesem Kapitel vorgeschlagenen Trennung von hierarchiehohen und -niedrigen Prozessen. Jeweils zwei Kapitel im Handbuch widmen sich der Entwicklung dieser beiden Prozessgruppen zum einen und deren Förderung zum anderen.)*

Einzelnachweise

Alamargot, D., & Chanquoy, L. (2001). *Through the models of writing*. Kluwer.
Berninger, V. W., Fuller, F., & Whitaker, D. (1996). A process model of writing development across life span. *Educational Psychology Review, 8*(3), 193–218.
Graham, S. (2018). A revised writer(s)-within-community model of writing. *Educational Psychologist, 53*(4), 258–279.
Graham, S. (2019). Changing how writing is taught. *Review of Research in Education, 43*(1), 277–303.
Graham, S., & Harris, K. R. (2000). The role of self-regulation and transcription skills in writing and writing development. *Educational Psychologist, 35*(1), 3–12.
Hartig, J., & Klieme, E. (2006). Kompetenz und Kompetenzdiagnostik. In K. Schweizer (Hrsg.), *Leistung und Leistungsdiagnostik* (S. 127–143). Springer.
Klein, P. D. (2019). Integrating social and psychological perspectives on writing as a learning activity. In C. Bazerman, B. Y. González Pinzón, D. Russell, P. Rogers, L. B. Peña, E. Narváez, P. Carlino, M. Castelló, & M. Tapia-Ladino (Hrsg.), *Knowing writing. Writing research across borders* (S. 393–415). Pontifica Universidad Javeriana.
Moors, A., & de Houwer, J. (2006). Automaticity. A theoretical and conceptual analysis. *Psychological Bulletin, 132*(2), 297–326.
Philipp, M. (2017). Lese- und Schreibkompetenz. In M. Philipp (Hrsg.), *Handbuch Schriftspracherwerb und weiterführendes Lesen und Schreiben* (S. 36–50). Beltz Juventa.

Was sind schreibdidaktische Designprinzipien? 2

Zusammenfassung

Wie funktioniert Schreibförderung? Um diese Frage zu beantworten, bietet sich ein System an, Schreibfördermaßnahmen auf eine stringente Art abstrahiert zu beschreiben: in Form der „didaktischen Designprinzipien". Diese dienen dazu, die Schreibfördermaßnahmen konsequent als begründete Wirkkette zu modellieren: von a) der Schreibfördermaßnahme hin zu b) den zentralen Lernaktivitäten von Schülerinnen und Schülern sowie von diesen Aktivitäten schließlich zu c) den Ergebnissen der Fördermaßnahme. Die Lernaktivitäten sind damit das Gelenk, und es muss zudem überzeugend geklärt werden, wie die Bestandteile miteinander über kausale Schlüsselelemente verknüpft sind. Dieser systematische, strenge Blick auf die Fördermaßnahmen wird in der Schreibforschung unter dem Aspekt der Replizierbarkeit und Transparenz diskutiert und erscheint auch für (angehende) Lehrpersonen hilfreich. Denn er zwingt dazu, Wirkmechanismen durchgängig zu modellieren und so noch stärker für Gelingensbedingungen und Potenziale einzelner Schreibfördermaßnahmen sensibilisiert zu werden.

Den Kern dieses Buches bilden „didaktische Designprinzipien". Hinter diesem etwas sperrigen Begriff, den man generell auch als „Prinzipien" abkürzen kann, stehen Überlegungen aus der Schreibforschung. Diese hat das Problem, dass es zwar viele einzelne Studien zu wirksamen Schreibfördermaßnahmen gibt, die inzwischen in zahlreichen Metaanalysen ausgewertet wurden. Dennoch unterscheiden sich diese Fördermaßnahmen bei genauerem Hinsehen in einer

Vielzahl von Merkmalen, sind also heterogen. Das Problem, das daraus erwächst, betrifft die Einschätzbarkeit, welche die essenziellen Merkmale sind, die zu einer Steigerung in der Schreibkompetenz führen, die Art, warum und wie die Wirkung genau besteht, welche dieser Merkmale Zentrum und welche Peripherie sind und wie die Fördermaßnahme auch zeitlich in der Abfolge von welchen Komponenten möglichst optimal gestaltet wird. Solche durchaus ganz praktischen Fragen stellen sich ebenso für Lehrpersonen, die einen effektiven Schreibunterricht durchführen wollen und sich berechtigt fragen, ob sie bestimmte Merkmale tilgen oder hinzufügen können, um Anpassungen vorzunehmen. Für solche Entscheidungen braucht es Grundlagen, etwa in der Form der didaktischen Designprinzipien.

▶ **Didaktische Designprinzipien** Die didaktischen Designprinzipien fungieren als Grundpfeiler von Fördermaßnahmen, in diesem Fall mit dem Bezugspunkt Schreiben – sei es zur Förderung der Schreibkompetenz, sei es zur Nutzung des Schreibens für das Fachlernen. Sie beinhalten als Ziel-Mittel-Verknüpfung eine Erklärung, wie sich instruktionale Aktivitäten (didaktische Fördermaßnahmen) über (meta-)kognitive Lernaktivitäten in Ergebnissen niederschlagen. Diese Wirkkette, die sich analog zu wissenschaftlichen Hypothesen als „Wenn-dann"-Aussagen ausdrücken lässt („Wenn ich X im Unterricht tue, um dadurch Y bei den Schülerinnen und Schülern auszulösen, wird sich in der Folge Z als Fähigkeit/Wissen/Kompetenz erhöhen"), bildet die Essenz der didaktischen Designprinzipien: eine möglichst lückenlose Erläuterung, wie Fördermaßnahmen – vermittelt über die Lernaktivitäten der Lernenden – die angestrebten Fähigkeiten begründet steigern (Bouwer & de Smedt, 2018, S. 117 f.; im Detail genauer beschrieben bei Philipp, 2021, S. 38–50).

Die obige Definition ist in den Worten der Wissenschaft gehalten. Der Kern der Definition, die Wirkkette von Maßnahmen, die begründet zu mentalen Lernaktivitäten führen, welche ihrerseits Lernoutcomes nach sich ziehen, lässt sich besser nachvollziehen, wenn man ein authentisches Beispiel für einen Schreibförderansatz konsultiert. Dieser im nachstehenden Teilkapitel beschriebene Förderansatz ist deshalb auffällig, weil er bereits deutlich dargelegte Grundüberlegungen in der Architektur enthält, die zum Teil kompatibel sind mit der Logik von didaktischen Designprinzipien.

2.1 Ein Einstiegsbeispiel aus der Schreibstrategievermittlung

Systematische Schreibfördermaßnahmen sind in aller Regel komplexe didaktische Settings, in denen eine Vielzahl von Überlegungen kulminiert. Sie betreffen das Förderungsziel, die Zielgruppen, Entscheidungen für und gegen Inhalte, Scaffolding-Maßnahmen und Umsetzungspläne, Erfolgsüberprüfungen, Adaptionsmöglichkeiten etc. Jede Lehrperson kann davon ein Lied singen, und auch die Schreib- und Bildungsforschung steht vor ähnlichen Fragen, wenn es darum geht, Fördermaßnahmen unter Realbedingungen im Schulfeld erfolgreich und lernwirksam umzusetzen. Um dies einmal zu verdeutlichen, folgt ein etwas ausführlicheres Fallbeispiel, welches schon vieles von dem enthält, was schreibdidaktische Designprinzipien ausmacht. Die Zielgruppe bildete eine heterogene, von ihren soziodemografischen Merkmalen als Risikopopulation geltende Gruppe von Primarschulkindern, die ein Bündel von Schreibstrategien erlernten, um Sachtexte zu schreiben.

The POWER of Writing – vergleichende und erklärende Sachtexte schreiben lernen
Schülerinnen und Schülern der vierten und fünften Klassen aus multiethnischen und eher sozioökonomisch schwach gestellten Familien nahmen an einer Fördermaßnahme zum Schreiben von Sachtexten teil, mittels derer sie ihre Schreib- und Leseleistungen steigerten. Diese Kinder repräsentierten verschiedene Leistungsgruppen, teils wiesen sie Lernschwierigkeiten auf. Die Kinder, welche die im Folgenden beschriebene Fördermaßnahme durchliefen, steigerten sich in ihrer produktbezogenen Schreibkompetenz sowohl bei jenen Textsorten, die im Fokus der Fördermaßnahme standen, als auch in vergleichbarem Ausmaß bei einem offenen Schreibanlass, der bereits eine Transferleistung darstellte. Insbesondere schlossen die Kinder mit Lernschwierigkeiten stark in ihren Leistungen zu ihren Peers ohne Lernschwierigkeiten auf.

Die Fördermaßnahme wurde als Teil einer größeren curricularen Intervention geplant, in welcher das Verstehen und Verfassen von Sachtexten im Vordergrund standen (Englert et al., 1991; detaillierter beschrieben in: Englert, 1990, und Raphael & Englert, 1990). Herzstück war ein Strategiebündel namens POWER (vgl. Tab. 2.1), d. h. eine Kombination von zielbezogenen Handlungsschritten, die vor allem das Planen und das Revidieren betrafen und strukturiert sukzessive absolviert wurden. Dieses Vorgehen, den umfassenden und kognitiv anspruchsvollen Schreibprozess zu portionieren

Tab. 2.1 Überblick über das POWER-Strategiebündel. (Quelle: eigene Übersetzung und leichte Modifikation von Englert, 1990, S. 195)

Plan	• Adressaten: Für/an wen? • Absicht: Warum? • Wissen: Was weiß ich?
Organize	Nach Zieltextsorte: Erklärung, Vergleich etc. • Ideen gruppieren: Wie kann ich meine Ideen inhaltlich gruppieren? • Ideen reihen: Wie kann ich meine Ideen in eine Reihenfolge bringen?
Write	Aufschreiben des ersten Entwurfs: Erweitern, Hinzufügen, Ausarbeiten
Edit/Editor	Überwachen: Ist alles sinnvoll? Habe ich meine Pläne erreicht? Ist es interessant?
Revise	Den Text revidieren/überarbeiten

und dadurch überhaupt zu einem geglückten Textprodukt zu gelangen, ist bei aller Individualität im Vorgehen ein allgemeines Merkmal kompetenten, selbstregulierten Schreibens.

Die Vermittlung dieser Strategien erfolgte für verschiedene Zieltextsorten (hier: Erklärung und Vergleich) mit dem gleichen Phasenmuster: Textanalyse, Modellieren, angeleitetes Üben und unabhängiges Üben. In der ersten Phase der *Textanalyse* standen prototypische Beispiele für die Textsorte im Vordergrund. Die Kinder analysierten diese mithilfe von zieltexttypischen Fragen (z. B. „Was wird verglichen?") und mit Blick auf typische Konjunktionen und Konnektoren (z. B. „X ist anders als Y", „Y ist gleich wie X" etc.). Die Antworten auf solche Fragen bzw. die Suche nach typischen Konnektoren im Textbeispiel demonstrierten die Lehrpersonen im Angesicht der Schülerinnen und Schüler, indem sie ihre Gedanken beim Lesen und Analysieren des Textes verbalisierten. Die Basis waren an die Wand projizierte Textbeispiele, die entweder typisch oder untypisch für die Textsorte waren. Bald wurden diese Demonstrationen Gegenstand eines Dialogs mit den Kindern, die ihrerseits die Texte aktiv mitanalysierten und später immer eigenständiger vorgingen, indem sie autonomer die Beispiele analysierten.

Derlei präpariert begann die zweite Phase, das *Modellieren*. Hierbei spielten sogenannte „Denkblätter" eine große Rolle. Sie enthielten metakognitive Hinweise (z. B. „Für wen schreibst du?" oder „Was weißt du über das Thema?" im Falle des Planen-Denkblatts) sowie Platz für das Notieren von individuellen Inhalten bzw. im Falle der Revisionsdenkblätter Möglichkeiten, Einschätzungen anzukreuzen. Das Entscheidende beim Modellieren war, dass die Lehrperson erklärte und demonstrierte, was sie beim Schreiben tat, wie sie es tat und warum sie es tat.

Die darauffolgende, sich nahtlos anschließende dritte Phase bestand aus dem *angeleiteten Üben*. Die Lehrperson assistierte den Kindern dabei, die nun in kooperativen Settings versuchten, die Strategien jeweils selbst anzuwenden. Die Kinder konnten zunächst mit Assistenz der Lehrperson die Strategieschritte befolgen, während die Lehrperson überwachte, die Denkblätter ausfüllte und den Kindern dabei half, die Schritte bei selbstgewählten Themen anzuwenden. In dieser Phase spielte der Austausch eine große Rolle. Zum einen sollten die Schülerinnen und Schüler sich in Kleingruppen bzw. Tandems darüber verständigen, wie sie vorgegangen waren und welche Ideen sie für die Texte hatten, um sich so formatives Feedback geben zu können. Zum anderen wurden auch immer wieder Beispiele und Vorgehensweisen einzelner Kinder im Klassenverband besprochen, um so viele authentische Positivbeispiele zu nutzen, wobei hier durchaus auch Schwierigkeiten – und vor allem der Umgang mit ihnen – öffentlich thematisiert wurden. In dieser Phase entstand allmählich ein individueller Text, dessen Inhalt die Kinder schrittweise im Klassenverband erarbeiteten und jeweils für sich verfassten. Dieser Text entsprach der aktuellen Textsorte, für welche die Kinder die jeweiligen Strategien erwarben.

Die letzte Phase sah vor, dass die Kinder eine Art Transferleistung erbrachten, indem sie *selbstständig die Strategieanwendung nutzten*. Dabei schrieben sie einen eigenen Text, der in einem Klassenbuch veröffentlicht wurde. Die Lehrperson assistierte, wo es notwendig war, und gab formatives Feedback bei der Strategieanwendung. Dieser Zyklus von vier Phasen wurde für jede Zieltextsorte einzeln absolviert.

Bemerkenswert ist an diesem Förderansatz, dass das Team der Forscherinnen sehr deutlich in einer der zentralen Veröffentlichungen (Englert et al., 1991, S. 338–341) benannt hat, welchen drei Grundsätzen es beim Erstellen der Fördermaßnahmen gefolgt war:

- *Dialogisches Lernen beim Schreiben.* Hierunter fällt, dass Personen ihre innere Rede als Triebkraft für den eigenen Text und die eigene Regulation der schreibbezogenen Prozesse ebenso für das Schreiben wie den Dialog mit anderen über das jeweilige Vorgehen als Teil der Vermittlung von Schreibstrategien nutzen. Dabei soll der äußere Dialog mit anderen zu einem inneren Dialog mit sich selbst avancieren.
- *Schreiben als soziale Praxis.* Statt auf solitär stattfindendes Schreiben setzt der Förderansatz auf die Zusammenarbeit, vor allem mit anderen

Schülerinnen und Schülern. Dies diente zwei Zwecken: dem Üben des inneren Dialogs mit sich selbst beim Schreiben, indem die Vorgehensweisen behandelt und besprochen wurden, und dem gemeinsamen Lösen von Problemen beim Schreiben, etwa dem Strukturieren von Ideen für einen kohärenten Text.
- *Nutzung von temporären Lerngerüsten.* Damit ist gemeint, dass die jeweilig aktuelle Unterstützungsleistung seitens der Lehrperson dazu dient, die Lernenden in die Zone der nächsten Entwicklung zu führen. Dialogisch inszenierte Fragen, die den Kindern die Bürde der metakognitiven Selbstüberwachung abnehmen sollen, fallen darunter ebenso wie Feedback, die Denkblätter, aber auch das Demonstrieren des Vorgehens.

Diese drei Merkmale sind nicht deckungsgleich mit dem Ablaufschema der Vermittlung – sie sind sogar unabhängig von den konkreten Strategien gemäß dem POWER-Akronym. Vielmehr bezeichnen sie allgemeinere, an diversen Stellen der Fördermaßnahme auffindbare Eigenheiten der Architektur dieses Föderansatzes. Und das macht sie ausgesprochen interessant für das, was man als „didaktische Designprinzipien" bezeichnet. Zwei der drei allgemeinen Merkmale, nämlich die ersten beiden, lassen sich als didaktische Designprinzipien ausdrücken, und sogar nur das erste Merkmal fügt sich dabei recht nahtlos in die Logik von didaktischen Designprinzipien ein. Der Grund dafür liegt darin, wie spezifisch und zweifelsfrei die Merkmale die Wirkkette von den Bestandteilen der Fördermaßnahme hin zu den erwarteten Ergebnissen bei den Lernenden nachvollziehbar machen (Rijlaarsdam et al., 2018). ◀

2.2 Worauf sich didaktische Designprinzipien beziehen und wie sie sich darstellen lassen

2.2.1 Die Elemente und die Logik didaktischer Designprinzipien

Im Teilkapitel zuvor bildet das Beispiel des Föderansatzes, in dem die Schreibstrategie POWER vermittelt wurde, eine erste Annäherung an das, was gegenwärtig die Schreibforschung als Konzept stärker zu interessieren beginnt: didaktische Designprinzipien. Designprinzipien sind nichts anderes als ausformulierte Richtlinien, welche die Architektur und Wirkweise von Schreibfördermaßnahmen erklären wollen. Das Entscheidende dabei ist die

2.2 Worauf sich didaktische Designprinzipien beziehen …

Verknüpfung von drei verschiedenen Elementen im Sinne einer Wirkkette, wobei die Wirkkette über verbindende Schlüsselelemente erläutert werden muss (vgl. Abb. 2.1; Rijlaarsdam et al., 2018). Konkret bedeutet dies, dass die drei Bestandteile

1. eigentliche Fördermaßnahme,
2. Lernaktivitäten als intentionale Handlungen mit dem Ziel des Lernzuwachses und
3. Lernergebnisse

nicht nur klar benannt werden, sondern die Zusammenhänge von Fördermaßnahmen und Lernaktivitäten zum einen sowie Lernaktivitäten und Lernergebnisse zum anderen über die Schlüsselelemente miteinander kausal verknüpft werden, was über „Wenn-dann"-Formulierungen geschehen sollte. Dabei ist diese Wirkkette nicht als Funktionsmechanismus im Sinne einer strikt universellen Mechanik zu denken, weshalb in der Abb. 2.1 auch von einer hohen Wahrscheinlichkeit die Rede ist, dass die Schlüsselelemente zu einer angestrebten Folge führen. Jede Lehrperson kennt die Situation, dass trotz intensiver Vorbereitung und penibler Durchführung nicht jede gewünschte Folge eintritt, was zunehmend dazu führt, dass auch die Schreibforschung fordert, die Kontextbedingungen möglichst genau zu beschreiben (Bouwer & de Smedt 2018).

Wenn didaktische Designprinzipien möglichst genau die Wirkweise von verschiedenen Elementen und Komponenten von unterschiedlich komplexen Fördermaßnahmen beschreiben sollen, dann verbirgt sich hinter diesem Anspruch zugleich eine Grundschwierigkeit: Wie genau und wie umfassend

Abb. 2.1 Grundaufbau von didaktischen Designprinzipien als Wirkungskette. (Quelle der Darstellung: nach Rijlaarsdam et al. 2018, S. 286)

soll was beschrieben und erklärt werden? Damit ist das Korngrößenproblem angesprochen. Dieses ist alles andere als irrelevant, da Fördermaßnahmen oftmals Kombinationen von verschiedenen Bestandteilen sind und das jeweilige Konglomerat verschiedentlich in Bezug auf die Detailliertheit, die Vollständigkeit, die Begründung und die Kontextsensitivität der Designprinzipien beschrieben werden kann (Bouwer & de Smedt, 2018).

Hier ist eine Differenzierung von *Makro- und Mikroprinzipien* hilfreich (Bouwer & de Smedt, 2018). Diese Differenzierung dient dazu, dass zusammengehörige, aber analytisch trennbare Ebenen der Fördermaßnahmen separiert werden können, um so eine genauere Darstellung zu ermöglichen und Ebenen der Fördermaßnahmen zu trennen, wobei in jedem Fall die Lernaktivitäten den zentralen Punkt bilden.

- Die *Makroprinzipien* betreffen den Förderansatz in seiner Gesamtheit und dabei vor allem die grundsätzlichen Inhalte (Was wird gelehrt/gelernt? – z. B. die Strategien zum Planen und Revidieren im Strategiebündel POWER aus dem Abschn. 2.1), die Vermittlungsform (Wie wird vermittelt? – bei POWER durch die Kombination von Merkmalen sozial-kognitiver Erwerbsprozesse in Phasenlogiken und durch soziokulturelles Lernen) und die Reihenfolge der Elemente innerhalb des Förderansatzes.
- Die *Mikroprinzipien* beinhalten hingegen deutlich detailliertere Konkretisierungen der jeweiligen einzelnen Lehr- und Lernaktivitäten sowie die zum Einsatz gelangten Materialien – etwa die jeweiligen Geschehnisse zu spezifischen definierten Zeitpunkten der Vermittlung mit Denkblättern, die sich beispielsweise für die jeweiligen Zieltextsorten unterscheiden, um deren Eigenheiten gerecht zu werden. Ebenso sind die Mikroprinzipien der Ort, an dem sich die Kombination von Makroprinzipien zeigen kann, wenn es denn zu einer Kombination kommt.

Damit sind beide Prinzipienarten grundsätzlich komplementär, wobei die Mikroprinzipien die generellen Überlegungen hinter dem Förderansatz im Kleinen widerspiegeln und die Gedanken zur übergeordneten Funktionsweise auf der Makroebene zu den Umsetzungen passen müssen. In diesem Buch werden die Makroprinzipien fokussiert, was allein schon aus Gründen der Verständlichkeit erfolgt, da Mikroprinzipien in der Darstellung zusätzliche Ressourcen benötigen, die dem Zweck des Buches weniger dienen als eine Fokussierung auf die Makroprinzipien. Dies ist keineswegs als Abwertung der Mikroprinzipien gedacht, sondern folgt zuvorderst darstellerischen Überlegungen und der Notwendigkeit, auf der konzeptionellen Makroebene von Schreibfördermaßnahmen die Wirkmechanismen zu modellieren.

2.2.2 Didaktische Designprinzipien und das Eingangsbeispiel – eine Vertiefung

Das Eingangsbeispiel zur Schreibstrategie POWER (vgl. Abschn. 2.1) hilft dabei, die Logik der didaktischen Designprinzipien zu verstehen. Die drei von den Autorinnen des Förderansatzes explizit benannten Grundsätze – 1) dialogisches Lernen, 2) soziale Praxis und 3) Lerngerüste – sind offensichtliche Konstituenten der wirksamen Fördermaßnahme. Allerdings ist nur der erste dieser Grundsätze in die Form der Designprinzipien überführbar, weil er ausreichend bestimmt ist. Das nachstehende Beispielprinzip 1 „Dialogisches Lernen beim Schreiben" zeigt dies, insbesondere die „Wenn-dann"-Logik, welche die Bestandteile miteinander sach-logisch verbindet (Abb. 2.2).

> **Beispielprinzip 1: Dialogisches Lernen beim Schreiben**
> Wenn Schülerinnen und Schüler Dialoge für das Schreiben internalisieren sollen, dann muss die Rolle des Dialogs als Lernaktivität in didaktischen Settings betont werden (umformulierte Variante nach Rijlaarsdam et al., 2018, S. 283).

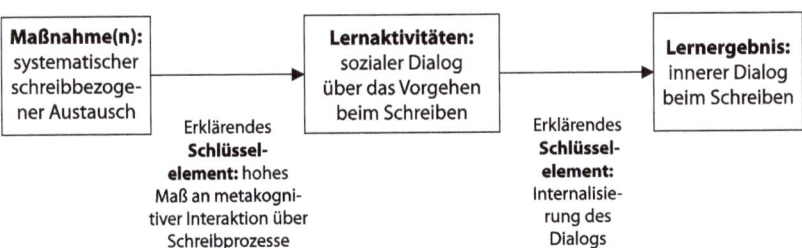

Abb. 2.2 Visualisiertes Beispielprinzip 1 – dialogisches Lernen beim Schreiben. (Eigene Darstellung)

Das Beispielprinzip 1 reiht konsequent die Maßnahme – hier: ein systematisch angedachter Austausch von Mitschülerinnen und -schülern sowie Lehrperson mit den Lernenden – über die zentrale Lernaktivität eines metakognitiven Dialogs hin zur verinnerlichten Form der inneren Rede. Der äußerlich beobachtbare metakognitive Dialog mit anderen dient der externalen Anleitung von Schreibprozessen, Ziel ist jedoch die Internalisierung, also die Verinnerlichung, als inneres Gespräch zur Steuerung der kognitiven Prozesse des Schreibens. Diese Fokussierung auf verbale Lenkung und Einflussnahme der zentralen Schreibprozesse bildet zugleich die Klammer zwischen den Schlüsselelementen – sei es von der Maßnahme zu den Lernaktivitäten oder von den Lernaktivitäten zu den Ergebnissen. Diese stringente Verquickung der Elemente, die sich lerntheoretisch sowohl über sozial-kognitive Theorien wie das Modelllernen als auch über das soziokulturelle Lernen absichern lässt, ist der Grund dafür, warum aus der Beschreibung des ersten Grundsatzes der Fördermaßnahme und seiner Umsetzung unproblematisch ein didaktisches Designprinzip destillierbar ist.

Dieser Fall ist deutlich anders gelagert bei dem zweiten Grundsatz, der das Schreiben als soziale Praxis proklamiert. So nachvollziehbar – aus der Perspektive des soziokulturellen Lernens und in der Umsetzung markant – dieser Grundsatz bei dem POWER-Förderansatz auch in Erscheinung tritt, so sehr ist doch sein Ergebnis unbestimmt (Rijlaarsdam et al., 2018). Deshalb ist das nachstehende Beispielprinzip 2 „Schreiben als soziale Praxis" bereits eine interpretierte und begründbar angereicherte Variante, worin das Schreiben innerhalb einer literalen Gemeinschaft münden soll, nämlich in diesem Falle in eine erhöhte Adressatenorientierung. Wegen dieser eigenständigen Ergänzung ist der Teil rechts in der Darstellung in Abb. 2.3 heller gesetzt. Aus Sicht eines umfassenden Beschreibungssystems von didaktischen Designprinzipien ist dieser Fall nicht ideal, da die Wirkkette unvollständig und lückenhaft ist.

Beispielprinzip 2: Schreiben als soziale Praxis
Wenn Schülerinnen und Schüler ihre Doppelrolle als lesende und schreibende Person für eine erhöhte Adressatenorientierung nutzen sollen, dann müssen sie aktiv in einer literalen Gemeinschaft die Komplementarität von den sozialen Rollen als Leser und Leserin bzw. Schreiber und Schreiberin kennenlernen (stark modifizierte und angereicherte Variante nach Rijlaarsdam et al., 2018, S. 283).

2.2 Worauf sich didaktische Designprinzipien beziehen …

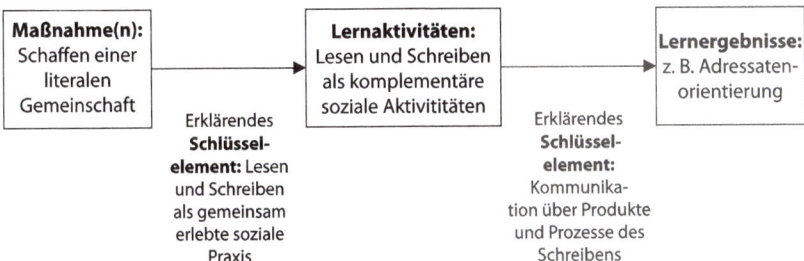

Abb. 2.3 Visualisiertes Beispielprinzip 2 – Schreiben als soziale Praxis (die Lernoutcomes sind grau dargestellt, weil dieser Teil in der Originalbeschreibung zu unbestimmt ist; eigene Darstellung)

Der dritte Grundsatz des POWER-Förderansatzes, die Nutzung von Lerngerüsten, weist aus Sicht derjenigen Forscherinnen und Forscher, die sich für das Etablieren der didaktischen Designprinzipien als Beschreibungssystem von Schreibfördermaßnahmen stark machen, noch eklatantere Mängel auf, wenn es um die Übersetzung in Designprinzipien geht (Rijlaarsdam et al., 2018, S. 283 f.). Denn hier ist nur die Fördermaßnahme selbst – das temporäre Anbieten von Lerngerüsten – benannt. Weder die dadurch induzierten Lernaktivitäten noch die daraus resultierenden -ergebnisse sind hingegen eindeutig. Dass damit ebenfalls keine verbindenden Schlüsselelemente expliziert werden können, sei nur der Vollständigkeit halber erwähnt. Dieser Mangel an zwingend nötigen Informationen macht es unmöglich, ein präzises Designprinzip zu formulieren, obwohl der Einsatz von Lerngerüsten eine sinnvolle, häufig anzutreffende Komponente von Schreibfördermaßnahmen darstellt. Allerdings illustriert die mangelnde Explikation eindrucksvoll, welchen Anspruch die Designprinzipien haben, der sowohl für die Wissenschaft als auch für die Praxis gilt: Die zentralen Annahmen für Schreibfördermaßnahmen müssen begründbar, nachvollziehbar und vollständig in eine Form von Aussagen überführbar sein, welche genauen Prüfungen standhalten.

▶ **Die Logik der Designprinzipien als Mittel der eigenen Unterrichtsentwicklung nutzen** Mögen die didaktischen Designprinzipien zunächst als Konzept etwas sperrig anmuten, so richten sie doch den Blick auf etwas, das die Belange der empirischen Bildungsforschung mit denen des Schulfelds zusammenführt. Es handelt sich um die *genauen Überlegungen zu den Wirkmechanismen,* die nicht als direkte Folge einer wie auch immer gearteten Fördermaßnahme auf den Lernerfolg zu verstehen sind, sondern von einer Lernaktivität bzw. mehreren Lernaktivitäten vermittelt werden. Diese Lernaktivität steht also im Zentrum der didaktischen Designprinzipien. Zugleich, und das ist ihr zweites wichtiges Merkmal, muss über die verbindenden Schlüsselelemente plausibel geklärt werden, wie die Lernaktivität durch die Fördermaßnahme hervorgerufen wird und wie sie sich auf die Lernergebnisse auswirkt. Dadurch können begründete schreibdidaktische Entscheidungen erleichtert werden, gilt es doch, sich über den Aufbau von Schreibfördermaßnahmen grundsätzliche Gedanken zu machen. Dieser Zugang, der als Grundmotor für die Entwicklung des eigenen (Schreib-)Unterrichts fungieren kann, erscheint besonders gewinnbringend, da er die Tiefenstrukturen von Schreibfördermaßnahmen betrifft.

2.3 Die didaktischen Designprinzipien dieses Buchs im Überblick

Die eigentlichen didaktischen Designprinzipien werden in diesem Buch in fünf Kapiteln entfaltet, und es wird ein ähnlicher Aufbau gewählt. Dabei stehen die didaktischen Designprinzipien recht zu Anfang der einzelnen (Teil-)Kapitel und werden von typischen instruktionalen Bestandteilen flankiert sowie an Beispielen verdeutlicht. Um dennoch schon früh einen Überblick zu vermitteln, was als Rückgrat dieses Buches dient, enthält die Tab. 2.2 die insgesamt neun Prinzipien nebst ihrem zugehörigen Förderbereich und der konkreten jeweiligen Fundstelle.

2.3 Die didaktischen Designprinzipien dieses Buchs im Überblick

Tab. 2.2 Überblick über die didaktischen Designprinzipien zur Förderung des Schreibens bzw. zur Nutzung des Schreibens für Fachlernen

Förderbereich	Prinzip	Abschn.
Schreibkompetenz erwerben: hierarchieniedrige Prozesse	1. Wenn Schülerinnen und Schüler ihre Grafomotorik beim Schreiben per Hand automatisieren sollen, dann sollten jeweils für sich kurze, aber mittel- und längerfristig angelegte Handschriftübungen erfolgen, um durch ein Training die Leserlichkeit so zu steigern, dass die Arbeitsgedächtniskapazitäten für inhaltliche Prozesse des Schreibens frei werden.	3.1.1
	2. Wenn Lernende ihr mentales Lexikon um weitere Einheiten systematisch erweitern sollen, dann sollten sie Wissen über lexikalische Einheiten so vermittelt bekommen, dass sie dieses Wissen über Semantisierungsprozesse im sprachlichen Handeln aktiv nutzen (darunter auch Strategien zur Erschließung der Bedeutung) und dadurch ihr Wissen zu neuen lexikalischen Einheiten vernetzen.	3.2.1
Schreibkompetenz erwerben: hierarchiehohe Prozesse	3. Wenn Lernende metakognitives Wissen über Strategien erwerben und beim Schreiben aktiv anwenden sollen, dann sollten sie sich dieses Wissen im Rahmen einer expliziten, phasenweise ablaufenden Strategievermittlung aneignen und mit abnehmender externer Steuerung zunehmend selbstreguliert anwenden.	4.1.2
	4. Wenn Lernende Wissen über Textsorten erwerben und beim Schreiben aktiv anwenden sollen, dann sollten sie das Wissen über die Textsorte und ihre Bestandteile (vor allem: der Struktur) explizit vermittelt bekommen und anhand der Analyse von Textmodellen konsolidieren.	4.2.1

(Fortsetzung)

Tab. 2.2 (Fortsetzung)

Förderbereich	Prinzip	Abschn.
Lernen durch Schreiben fördern: konservieren	5. Wenn Lernende die Hauptinhalte von Texten besser verstehen sollen, dann bildet die explizite Vermittlung von makroregelbasierten Strategien des Zusammenfassens den Ausgangspunkt, damit die Lernenden bei verschiedenen Anlässen diese Regeln im Verbund selbstreguliert anwenden.	5.1.2
	6. Wenn Lernende die Hauptinhalte von Texten (in Abhängigkeit von Textsorten) besser verstehen sollen, dann ist die explizite Vermittlung von Organisationsstrategien des komprimierenden grafischen Zusammenfassens mit Graphic Organizers nötig, damit sie Texte selbstständig grafisch zusammenfassen.	5.2.2
Lernen durch Schreiben fördern: transformieren	7. Wenn Lernende durch das argumentative Schreiben zu einer kognitiv tiefen Vernetzung und Repräsentation von Lerninhalten und Vorwissen gelangen sollen, dann sind dialogisch geprägte Anwendungen von epistemischen Kriterien in Wissensdomänen bei strittigen oder zumindest offenen Fragen und Problemen notwendig.	6.1.2
	8. Wenn Lernende inhaltlich transformierende Diskurssynthesen auf der Basis des intertextuellen Auswählens, Organisierens und Verknüpfens verfassen und dadurch ein vertieftes Verstehen der multiplen Materialien erzielen sollen, dann müssen ihnen strategische Prozesse des textübergreifenden Textverstehens und des (textsortenspezifischen) Planens vermittelt werden, um dadurch einen flexibel nutzbaren Schreibplan zu entwickeln.	6.2.2
Lernen durch Schreiben fördern: Lernjournal	9. Wenn Lernjournale zu einer vertieften Repräsentation des Lerngegenstands im Langzeitgedächtnis führen sollen, dann sollten metakognitive Hinweise als Teil der regelmäßigen Aufgabenbearbeitung gezielt den Einsatz von kognitiven und metakognitiven Strategien auslösen, ohne das Ergebnis der Strategieanwendung inhaltlich oder in puncto Textprodukt zu stark vorzugeben.	7.2

Fazit

Didaktische Designprinzipien sind eine in der neueren empirischen Schreibforschung diskutierte und schreibdidaktisch attraktive Möglichkeit, die essenziellen Überlegungen zur (intendierten) Wirkweise von Schreibfördermaßnahmen in eine strenge Form zu übersetzen. Die entscheidende Frage, auf die didaktische Designprinzipien Antwort geben, lautet: Was wirkt in Bezug auf das Schreiben worauf und wodurch? Dabei müssen die Fördermaßnahmen, die durch sie hervorgerufenen Lernaktivitäten und die wiederum aus ihnen resultierenden Lernergebnisse mittels Schlüsselelementen plausibel erklärt und begründet werden. Die Lernaktivitäten sind das zentrale Element der didaktischen Designprinzipien, denn über sie wird der Effekt der Schreibfördermaßnahmen auf die Lernergebnisse bei den Lernenden ermöglicht. Die didaktischen Designprinzipien lassen sich auf verschiedenen Ebenen beschreiben, von denen in diesem Buch diejenigen auf der Makroebene von Belang sind, also die tragenden Pfeiler der Fördermaßnahmen. Didaktische Designprinzipien sind außerdem grundsätzlich kombinierbar, das heißt, eine Schreibfördermaßnahme kann auf verschiedenen komplementären Prinzipien basieren.

Literatur

Weiterführende Literatur

Bouwer, R., & de Smedt, F. (2018). Introduction special issue: Considerations and recommendations for reporting writing interventions in research publications. *Journal of Writing Research, 10*(2), 115–137. *(Dieser einleitende Beitrag in einer Open-Access-Zeitschrift bündelt essenzielle Gedanken zu Designprinzipien, die aus Schreibfördermaßnahmen in einer Spezialausgabe der Zeitschrift stammen und die Förderung der Schreibkompetenz fokussieren. Hervorzuheben ist, dass Herausforderungen und Anforderungen an Designprinzipien ausführlich und genau thematisiert werden.)*

Fidalgo, R., Harris, K. R., & Braaksma, M. A. (Hrsg.). (2018). *Design principles for teaching effective writing. Theoretical and empirical grounded principles.* Brill. *(Dieses Buch ist eine Sammlung von Kapiteln, die sich damit befassen, wie strategisches Schreiben vermittelt bzw. für das Fachlernen genutzt werden kann. Das entscheidende Kapitel ist das Resümee von Gert Rijlaarsdam und Kolleginnen am Ende des Buches, welches jenes Beschreibungssystem für didaktische Designprinzipien vorschlägt, auf das sich auch dieses Buch hier stützt.)*

Philipp, M. (2021). *Lesen – Schreiben – Lernen. Prozesse, Strategien und Prinzipien des generativen Lernens.* Beltz. *(Der Open-Access-Band orientiert sich an Designprinzipien, hier: jenen für das generative Lernen durch Lesen und Schreiben. Ein eigenes Kapitel – Kapitel 3 – widmet sich ausschließlich den didaktischen Designprinzipien und arbeitet zentrale Merkmale heraus.)*

Einzelnachweise

Bouwer, R., & de Smedt, F. (2018). Introduction special issue: Considerations and recommendations for reporting writing interventions in research publications. *Journal of Writing Research, 10*(2), 115–137.

Englert, C. S. (1990). Unraveling the Mysteries of Writing through Strategy Instruction. In T. E. Scruggs & B. Y. L. Wong (Hrsg.), *Intervention Research in Learning Disabilities* (S. 186–223). Springer.

Englert, C. S., Raphael, T. E., Anderson, L. M., Anthony, H. M., & Stevens, D. D. (1991). Making strategies and self-talk visible: Writing instruction in regular and special education classrooms. *American Educational Research Journal, 28*(2), 337–372.

Philipp, M. (2021). *Lesen – Schreiben – Lernen. Prozesse, Strategien und Prinzipien des generativen Lernens.* Beltz.

Raphael, T. E., & Englert, C. S. (1990). Writing and reading. Partners in constructing meaning. *The Reading Teacher, 43*(6), 388–400.

Rijlaarsdam, G., Janssen, T., Rietdijk, S., & van Weijen, D. (2018). Reporting design principles for effective instruction of writing: Interventions as constructs. In R. Fidalgo, K. R. Harris & M. A. Braaksma (Hrsg.), *Design principles for teaching effective writing. Theoretical and empirical grounded principles* (S. 280–313). Brill.

Teil II

Schreiben lernen: Schreibkompetenz fördern

Prinzipien zur Förderung hierarchieniedriger Prozesse (Schreibflüssigkeit)

3

Zusammenfassung

Der vielleicht offensichtlichste Prozess des Schreibens ist jener, in dem sich Text manifestiert, sei es als Buchstaben-, Wort- und Satzfolge auf einem Blatt Papier beim Schreiben per Hand, sei es unter Zuhilfenahme einer Tastatur. Aber was ist, wenn jemand Text mittels Speech-to-Text-Tools produziert? Ist das dann noch Schreiben? Auch wenn diese Fragen nicht im Vordergrund dieses Kapitels stehen, rücken sie doch den Gedanken ins Zentrum, dass das Aufschreiben (bzw. „Formulieren") eine grafomotorische Komponente hat. Zugleich geht es aber auch darum, flüssig auf Rechtschreibwissen und auf Formulierungsbausteine sowie passende Wörter zuzugreifen. Es handelt sich also um einen Verbund von Prozessen, der unter dem Begriff „Schreibflüssigkeit" zusammengefasst wird. Flüssiges Schreiben als Prozessverbund erfordert eine Förderung der einzelnen beteiligten Teilprozesse, weshalb in diesem Kapitel zwei prototypische Bereiche herausgegriffen werden: *Handschrift* und *Schreibwortschatzförderung*. An diesen beiden Teilprozessen und ihrem aus Sicht der Förderung benennbaren Zielzustand – einerseits automatisiertes, müheloses Führen des Stifts als Ausführung der zu schreibenden Inhalte im Falle des Handschrifttrainings (und dessen Pendant beim digitalen Schreiben), andererseits ein zwar schneller Zugriff auf treffende Formulierungen, die aber durchaus noch bewusst mit Blick auf ein Schreibziel gesteuert werden sollen – lässt sich erkennen, dass die Förderung hierarchieniedriger Prozesse unterschiedlichen Prinzipien folgt.

© Der/die Autor(en), exklusiv lizenziert durch Springer Fachmedien Wiesbaden GmbH, ein Teil von Springer Nature 2021
M. Philipp, *Schreiben lernen, schreibend lernen,*
https://doi.org/10.1007/978-3-658-33253-2_3

Warum lohnt es sich, die hierarchieniedrigen Prozesse zu fördern? Das schriftliche Formulieren bildet einen eigenen Prozess bzw. eine ganze Gruppe interagierender Teilprozesse, dessen offensichtlichster Output das Textprodukt ist. Diese Teilprozesse setzen vor allem sprachliches Wissen voraus, erfordern einen möglichst reibungslosen, die Textproduktion adäquat unterstützenden Zugriff auf dieses Wissen und münden in eine grafomotorische Übersetzung in Text. Hierbei spielt die effektive Nutzung des Arbeitsgedächtnisses die entscheidende Rolle, damit das Formulieren tatsächlich den Status einer automatisierten, wenig bewusste Steuerung erforderlichen Aktivität innehat. Um dies besser zu verständlich zu machen, bietet der nachstehende Kasten zum „Not-so-Simple-View of Writing" Hintergrundinformationen, die zeigen, warum die im Folgenden dargestellten Fördermaßnahmen und die ihnen zugrunde liegenden Designprinzipien auf die Automatisierung fokussieren, um den „kognitiven Fluss" dort nicht ins Stocken geraten zu lassen, wo es unerwünscht ist.

Die Anforderungen des Formulierens an das Arbeitsgedächtnis: der *Not-so-Simple-View of Writing*

Das Formulieren zieht zunehmende Aufmerksamkeit auf sich in der Schreibforschung. Hintergrund ist, dass es in der Forschung zunächst ein Nischendasein fristete, was eine Nebenwirkung der impliziten Orientierung an kompetenten Schreibenden darstellte. Diese Personen hatten die grafomotorischen und kognitiven Fähigkeiten des schriftlichen Formulierens bereits derart automatisiert (und damit schnellen Zugriff auf hierarchieniedrige Prozesse), dass diese unterbelichtet blieben. Diesem blinden Fleck der Forschung wird zunehmend die berechtigte Zuwendung geschenkt, sei es in der Theorie oder der Empirie.

Ein wichtiges Modell hierbei ist der *Not-so-Simple-View of Writing* (NSSVW; Berninger & Winn, 2008) aus Abb. 3.1. Das NSSVW-Modell geht davon aus, dass die Prozesse des Schreibens um die begrenzten Kapazitäten des Arbeitsgedächtnisses konkurrieren – gerade bei jüngeren Schreibenden, die wenig auf sonstige andere kognitive Ressourcen zurückgreifen können, wie etwa ein ausgeprägtes Schreibwissen (McCutchen, 2000). Zentral ist dabei, das Nadelöhr Arbeitsgedächtnis bzw. dessen Funktionsweise so zu verwenden, dass ein ungestörter Fluss beim Schreiben stattfindet. Diesen Grundgedanken betonen ebenfalls weitere Modelle. Eines dieser theoretischen Modelle, welches gegenwärtig in immer mehr Studien getestet wird, ist das „Direct and Indirect

3 Prinzipien zur Förderung hierarchieniedriger Prozesse ...

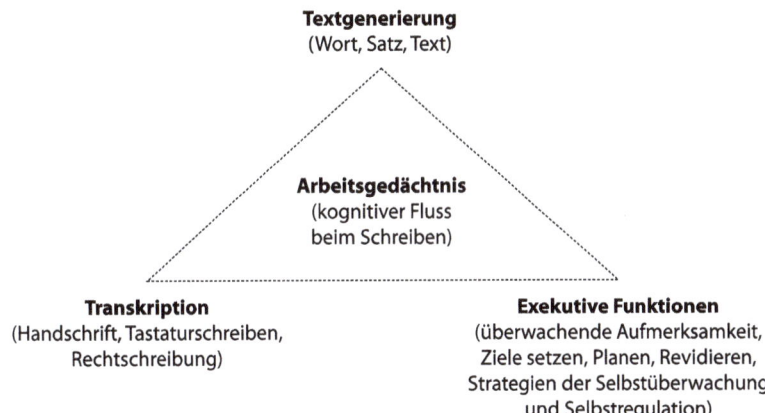

Abb. 3.1 Modell zum *Not-so-Simple-View of Writing*. (NSSVW; Quelle der Darstellung: Berninger & Winn, 2008, S. 97)

Effects Model of Writing" (DIEW; Kim & Park, 2019; Kim, 2020; ohne Abbildung). Dieses Modell ordnet die Komponenten aus dem NSSVW-Modell als hierarchisch an und ergänzt sie um weitere. Der zentrale Gedanke ist hierbei, dass das Arbeitsgedächtnis und weitere Elemente der exekutiven Funktionen die allgemeine kognitive Basis bilden, auf der automatisierte (hierarchieniedrige) sprachliche Prozesse sowie selbstregulatorische Kognitionen aufbauen, die dann wiederum für die Textproduktion bedeutsam sind. Die zum DIEW-Modell vorgelegten Studien sprechen für diese Grundannahmen, und sie werfen einen präziseren Blick auf die Zusammenhänge, als das NSSVW-Modell dies als eher heuristischer Zugang ermöglicht.

Doch zurück zum NSSVW-Modell: Rund um das Arbeitsgedächtnis im Zentrum des NSSVW-Modells sind drei kognitive Bestandteile angeordnet, von denen die ersten beiden dem schriftlichen Formulieren zugeschlagen werden:

- *Textgenerierung* (die Fähigkeit, Ideen in eine linguistische Form zu überführen – dies entspricht weitestgehend den Fähigkeiten der Inhaltselaboration und -linearisierung sowie dem Formulieren

von Sätzen aus den Teilprozessen des Formulierens aus Tab. 1.1 in Abschn. 1.2),
- *Transkription* (die Fähigkeit, Ideen sprachsystematisch und grafomotorisch korrekt in Schrift umzusetzen – vgl. grafomotorische Ausführung in Tab. 1.1 in Abschn. 1.2),
- *exekutive Funktionen,* welche dazu dienen, eigene kognitive Schreibprozesse des metakognitiv gesteuerten Planens und Revidierens sowie der Metakognition beim Schreiben allgemein zu steuern und zu regulieren; diese Prozesse werden als hierarchiehohe Prozesse bezeichnet.

Das NSSVW-Modell postuliert demnach eine Konkurrenz von verschiedenen beim Schreiben benötigten Fähigkeiten um die limitierten kognitiven Ressourcen, in diesem Fall das Arbeitsgedächtnis als Speicher einer begrenzten Anzahl der schreibenden Person zur aktuellen Verarbeitung zugänglichen Informationen vor allem in der phonologischen Schleife. Die jüngeren Schreibenden bemühen hierbei eine für sie kognitiv effiziente Vorgehensweise des „Wissen-Erzählens", die zu additiven, wenig adressatenorientierten und wenig tiefenstrukturell elaborierten Texten führen, welche das Resultat einer kleinschrittigen, schematisch ablaufenden Vorgehensweise sind, die ihrerseits das Arbeitsgedächtnis bereits stark fordert. Erst ältere Schreibende mit einer stärker vernetzten Wissensbasis vermögen prinzipiell die Limitationen des Arbeitsgedächtnisses zu überwinden, indem sie gezielter auf Langzeitgedächtnisinhalte zugreifen können, die sie im Arbeitsgedächtnis verarbeiten, und die Schreibprozesse insgesamt besser orchestrieren (McCutchen, 2011).

Wie oben erwähnt, ist auch die empirische Forschung zur Bedeutung der Fähigkeiten im schriftlichen Formulieren aktiver geworden. Inzwischen liegen diverse Studien vor, die in Metaanalysen gebündelt ausgewertet wurden. Einige aktuelle Metaanalysen widmeten sich den Zusammenhängen von hierarchieniedrigen Fähigkeiten und Textqualitäten beim Schreiben auf Englisch, sei es als Erst- (Kent & Wanzek, 2016), als Zweit- oder Fremdsprache (Graham & Eslami, 2020) oder in puncto Schreiben per Hand und diversen Merkmalen von Texten (Feng et al., 2019). Hinzu kommen metaanalytische Befunde, bei denen die Lesefähigkeiten erfasst und deren Effekt zusätzlich statistisch berücksichtigt wurden (Ahmed & Wagner, 2020).

Dabei sind die Befunde insgesamt einhellig: Die Fähigkeit, leserlichen Text (unter Zeitdruck) herzustellen (= leserliche Handschrift), orthografisch korrekt zu schreiben (= Rechtschreibung) bzw. eine Mischung aus beidem (= Schreibflüssigkeit im engen Sinne), korrespondiert mit inhaltlich besseren und teils auch besser strukturierten Texten, also Tiefenmerkmalen von Textprodukten. Dabei sind die Zusammenhänge zwischen flüssigem Schreiben per Hand und der Textqualität bei Primarschulkindern enger als bei Sekundarschuljugendlichen, bleiben aber auch im höheren Alter noch substanziell (Kent & Wanzek, 2016). Diese Altersgruppenunterschiede in den empirischen Befunden stehen in Einklang mit Entwicklungsmodellen, nach denen das schriftliche Formulieren für junge Schreibende den dominanten Schreibprozess bildet (Berninger, 1999; Berninger et al., 1996), was stärkere Zusammenhänge von diesem Prozess und dem Produkt erwarten lässt.

Der *Not-so-Simple View of Writing* und andere aktuelle Modelle unterstreichen die hohe Bedeutung des schriftlichen Formulierens als eigenen Schreibprozess. Die Fähigkeit zum schriftlichen Formulieren – bzw. besser: die dabei benötigten Fähigkeiten in ihrem Bündel – bedürfen wie andere kognitive Prozesse beim Schreiben einer gezielten Förderung. Das hat durchaus mit ihrer Hybridität zu tun: Einzelne Fähigkeiten wie die Handschrift oder die sich in der Textgenerierung verbergenden sprachsystematischen Fähigkeiten (wie Grammatik oder Rechtschreibung) sollen maximal automatisiert erfolgen, was erst durch viel Übung und vor allem mittels der expliziten Vermittlung sinnvoll erreichbar wirkt (Graham & Santangelo, 2014; Santangelo & Graham, 2016).

Umgekehrt sind beim Formulieren nicht unbedingt alle Prozesse zwangsläufig in einer automatisierten Variante zielführend und wünschenswert, z. B. bei der Auswahl treffender Formulierungen auf der Mikroebene des Texts (Sturm et al., 2017). In diesem Fall verwischen die Grenzen zwischen den Prozessgruppen aus einer funktionalen Warte auf die Prozesse. Wenn das Formulieren nämlich als bewusste Auswahl von möglichen Optionen erfolgt, um eine gewünschte Wirkung zu erzielen (etwa durch den Einsatz von bildungssprachlichen Elementen, Textprozeduren oder auch ungewöhnlicher Ausdrucksweisen), dann ragt dies hinein in die inhaltliche Planung auf einer Mikroebene des Textes auf Wort-, Phrasem- und Satzebene. Diesem Doppelcharakter trägt die folgende Definition von Schreibflüssigkeit Rechnung, bei der die Ebene bis zum Satz dem automatisierten (Transkriptionsflüssigkeit) und die Ebene Text dem bewussten Formulieren (Formulierungsflüssigkeit) zugeschlagen wird:

▶ **Schreibflüssigkeit** „Schreibflüssigkeit umfasst sowohl 1) die automatisierte Fertigkeit, auf Buchstaben-, Wort- und Satzebene sprachliche Einheiten leserlich und grammatikalisch korrekt sowie mühelos zu verschriften (= Transkriptionsflüssigkeit), als auch 2) auf Textebene das zügige Formulieren kohärenter Propositionen (= Formulierungsflüssigkeit). Flüssigkeit im Allgemeinen lässt sich als Interaktion zwischen automatisierten (unbewussten) und aufmerksamkeitsfordernden (kontrollierten) Prozessen modellieren. Schreibflüssigkeit umfasst damit das Zusammenwirken der automatisierten Transkriptionsflüssigkeit mit der kontrollierten Formulierungsflüssigkeit." (Stephany et al., 2020, S. 163)

Aus der Definition der Schreibflüssigkeit geht das Zusammenspiel von teils automatisierten, teils bewusst steuerbaren und damit mindestens tendenziell hierarchiehohen Prozessen hervor. Entsprechend lassen sich die Förderansätze zur Verbesserung des schriftlichen Formulierens anhand ihrer Zielpunkte voneinander trennen: zum einen Handschrifttrainings und Rechtschreibförderung als Schulung der Transkriptionsflüssigkeit, zum anderen Wortschatzförderung und Förderung angewandter Grammatik durch Sätzekombinieren für die Formulierungsflüssigkeit (Graham & Harris, 2018; Philipp, 2015; Sturm, 2017). Aus diesen vielfältigen Förderansätzen sollen zwei herausgegriffen werden. Erstens handelt es sich um Handschrifttrainings, die auf die Transkriptionsflüssigkeit abzielen (vgl. Abschn. 3.1); zweitens werden zur Förderung der Formulierungsflüssigkeit Maßnahmen fokussiert, die dabei helfen, den (Schreib-)Wortschatz zu erweitern (vgl. Abschn. 3.2).

3.1 Zügiger per Hand leserlichen Text produzieren

▶ Texte entstehen, indem Personen – sofern sie nicht Speech-to-Text-Tools nutzen – grafomotorische Aktivitäten ausführen: einen Stift führen oder eine Tastatur bedienen. Dabei werden kognitive Inhalte motorisch über- und ausgeführt. Das Schreiben per Hand steht als eine Variante des flüssigen Schreibens im Zentrum dieses Teilkapitels. Förderansätze, die auf die Erstellung leserlicher Texte fokussieren, setzen hauptsächlich daran an, durch wiederholtes

Üben und Automatisieren die Leserlichkeit von Buchstaben und Wörtern zu erhöhen und so den Zugriff auf die Gedächtnisinhalte zu erleichtern. Diese Förderansätze ähneln stark dem Training von sportlichen Fähigkeiten und funktionieren nach ähnlichen Grundsätzen.

3.1.1 Das didaktische Designprinzip zur Förderung der automatisierten Grafomotorik beim Handschreiben

Schreiben ist Kommunikation, und damit diese Kommunikation glückt, müssen Texte leserlich sein, also von der lesenden Person möglichst leicht dechiffriert werden können. Ein solches Hindernis kann die äußerliche Form sein, da schwer lesbare, von grammatischen oder orthografischen Fehlern geplagte Texte ihre kommunikative Funktion schlechter erfüllen und als qualitativ minderwertiger eingestuft werden (Graham et al., 2011). Neben diesen Gründen – unliebsamen „Präsentationseffekten" auf der Produktebene – für die Förderung des flüssigen Handschreibens gibt es zwei weitere, die nicht nur die Primarstufe betreffen und innerhalb der schreibenden Person anzusiedeln sind (Limpo & Graham, 2020):

- Bei zu geringer Fähigkeit, Text handschriftlich zu erstellen, besteht die Gefahr, dass das Handschreiben zu viel kognitive Ressourcen des Arbeitsgedächtnisses benötigt und deshalb mit den anderen Prozessen negativ interferiert. Wer zu viele Probleme beim flüssigen Aufschreiben hat, hat demnach kaum die Möglichkeit, seine Aufmerksamkeit inhaltlichen Aspekten zu widmen.
- Bestehen zu lange Zeit Probleme beim Handschreiben, können Schreibende das Schreiben als eine buchstäblich körperlich anstrengende Mühsal empfinden. Dies kann sich dann ungünstig auf die Schreibmotivation auswirken, weil man über mangelnde Erfolge beim Schreiben geringere Kompetenzüberzeugungen entwickelt, die sich zu ungünstigen Selbstkonzepten bis hin zur Vermeidung des Schreibens verfestigen könnten. Es besteht damit die Gefahr der motivationalen Nebenwirkungen.

Erschwerte Kommunikation, sei es über das Produkt oder bei dessen Erstellung, und ungünstige motivationale Spätfolgen sprechen also dafür, das Schreiben per Hand systematisch zu fördern. Das didaktische Designprinzip 1 zur Automatisierung des Handschreibens durch ein systematisches Training greift dies auf.

Didaktisches Designprinzip 1: Automatisierung des Handschreibens durch systematisches Training
Wenn Schülerinnen und Schüler ihre Grafomotorik beim Schreiben per Hand automatisieren sollen, dann sollten jeweils für sich kurze, aber mittel- und längerfristig angelegte Handschriftübungen erfolgen, um durch ein Training die Leserlichkeit so zu steigern, dass die Arbeitsgedächtniskapazitäten für inhaltliche Prozesse des Schreibens frei werden (Abb. 3.2).

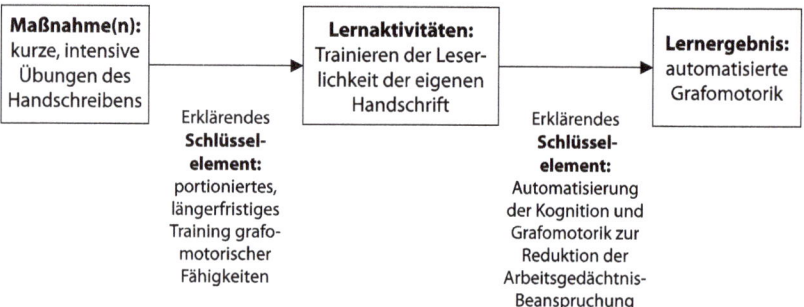

Abb. 3.2 Visualisiertes didaktisches Designprinzip 1 – Automatisierung des Handschreibens. (Eigene Darstellung)

Das didaktische Designprinzip zur Automatisierung der Handschrift zielt insgesamt darauf ab, dass bei den Lernenden eine automatisierte Grafomotorik erreicht wird. Das bedeutet, sie sollen Buchstaben und Wörter leserlich und zügig aus ihrem Gedächtnis in handschriftlichen Text übersetzen. Dass es hierzu auch orthografisches Wissen benötigt, sei an dieser Stelle lediglich der Vollständigkeit halber erwähnt. Um dieses Ziel zu erreichen, setzen die Fördermaßnahmen verschiedene Elemente ein, deren gemeinsamer Nenner darin besteht, dass es sich um wiederholte, zeitlich kurze, aber doch jeweils für sich intensive Übungen handelt. Diese Langfristigkeit und Wiederholung bilden den Kern und zugleich das Schlüsselelement der Lernaktivitäten: ein buchstäblich technisch anmutendes bzw. der Logik von sportlichen Übungen ähnelndes Vorgehen, nämlich das

Training von Bewegungsabläufen, die ihrerseits Ausdruck des Wissens über das Schreiben von Buchstaben und Wörtern darstellen. Durch das Wiederholen von Bewegungsabläufen soll es dazu kommen, dass die jeweilige Ausführung der Grafomotorik als Gelenkstelle von Kognition und motorischen Fähigkeiten das Arbeitsgedächtnis weniger belastet. Diese Automatisierung in Abruf und Ausführung der Grafomotorik bildet das verbindende Schlüsselelement zwischen Lernaktivität und deren Ergebnis.

3.1.2 Typische Lehraktivitäten bzw. Elemente bei Handschrifttrainings

Das erklärte Ziel bei den Förderansätzen zur Förderung der Handschrift als Teil der Schreibflüssigkeit besteht darin, dass die Handschrift automatisiert wird. Das bedeutet, dass sie durch wiederholtes Üben eine immer weniger bewusste Auseinandersetzung mit der Grafomotorik und dem Abruf des Wissens über die entsprechenden motorischen Bewegungen erfordern soll. Dadurch soll die Schreibflüssigkeit in einem Maße gesteigert werden, das eine flüssige Handschrift (bzw. analog dazu beim Tastaturschreiben: ein zügiges Tastaturschreiben) ausmacht. Es geht also nicht um eine Steigerung ins unermesslich Schnelle, sondern in einen Bereich der motorisch sinnvoll realisierbaren Übersetzung von Kognitionen in Schriftsprache. Um dieses Ziel zu erreichen, bieten sich verschiedene Übungen bzw. Lernaktivitäten an, die in Tab. 3.1 systematisiert wurden. Die Basis dieser Systematisierung bildet die Menge und Größe an Text, nämlich ausgehend von einzelnen Buchstaben über Wörter und Sätze hin zu ganzen Texten, was wiederum damit einhergeht, dass Fähigkeiten in der Orthografie ab der Wort- und Satzebene ebenso benötigt werden (Limpo & Graham, 2020).

Das Training der Handschrift ist in einer Vielzahl von Studien untersucht worden, was es ermöglicht, nicht nur die allgemeine Effektivität festzuhalten, sondern auch vertiefend zu überprüfen, welche Merkmale der Handschrifttrainings essenziell sind, darunter auch die Lehraktivitäten. In der bislang größten Metaanalyse zu Effekten der Handschrifttrainings (Santangelo & Graham, 2016) ergaben sich diverse empirisch begründete Hinweise auf Bestandteile einer

Tab. 3.1 Beispiele für verschiedene Lernaktivitäten auf Ebenen des Schreibens. (Quelle: eigene modifizierte Übersetzung von Alves et al., 2018, S. 216)

Ebene des Schreibens	Aktivtäten	Beispiele für die Übungen (Lernaktivitäten) zum Automatisierungszweck
Isolierte Buchstaben	Buchstaben benennen und schreiben	• Reproduktion von Buchstaben nach Analyse von Buchstaben bzw. demonstriertem Vorgehen • Buchstaben gedächtnisbasiert aufschreiben lassen, nachdem man Beispiele mit variierender Betrachtungslänge gesehen hat • Kombination von Demonstrationen des Schreibens durch Lehrpersonen und Nachahmung durch Schülerinnen und Schüler • Mit Pfeilen versehene Darstellungen von Buchstaben dazu nutzen, die Art, Reihenfolge und die Richtungen von Bewegungen zu lernen
	Alphabet schreiben	• Ein Bildrätsel lösen, indem die Buchstaben in der alphabetischen Reihenfolge miteinander per Linie verbunden werden, dabei jeden Buchstaben benennen • Vorgängige bzw. nachfolgende Buchstaben des Alphabets benennen und/oder schreiben, bevor oder während man den Zielbuchstaben schreibt • Listen von Wörtern nach dem Anfangsbuchstaben alphabetisch sortieren • Schnell das Alphabet von einem Buchstaben aus zu Ende schreiben
Wörter und Sätze	Wörter und Sätze abschreiben	• Farbige Wörter abschreiben und sie nach ihrer Farbe sortieren • Nummerierte Wörter in zufällig durchnummerierte Kästen schreiben • Leerstellen in Sätzen füllen, indem man die Zielwörter aus einer Liste farbiger Wörter abschreibt (mit oder ohne Abschreiben des ganzen Satzes) • Einzelne Sätze oder Gruppen von Sätzen abschreiben lassen

(Fortsetzung)

Tab. 3.1 (Fortsetzung)

Ebene des Schreibens	Aktivtäten	Beispiele für die Übungen (Lernaktivitäten) zum Automatisierungszweck
	Wörter und Sätze generieren	• Schnell Wörter generieren und aufschreiben, die bestimmte Buchstaben oder Laute enthalten bzw. die semantischen Kategorien angehören • Einen Satz finden, der ein Bild am treffendsten charakterisiert, und diesen Satz schnellstmöglich aufschreiben
Text	Text generieren	• So viel wie möglich über motivierende Themen schreiben, ohne Wert auf andere Aspekte des Schreibens zu legen (z. B. Grammatik, Orthografie oder Qualität)

effektiven Förderung (der letzte Punkt der Aufzählung ergibt sich aus einer weiteren Sichtung der Empirie):

- *Handschrifttrainings sollten direkt die Handschrift adressieren.* Dieser trivial wirkende Befund besagt, dass Handschrift direkt adressiert werden sollte, um sich positiv auszuwirken. Er ergibt sich aus einem doppelten Resultat, dass die Förderung allgemeiner feinmotorischer Fähigkeiten weder im Vergleich zu Handschrifttrainings noch im Vergleich zu Gruppen ohne Förderung eine positive Wirkung auf Leserlichkeit und Schreibmenge hat. Demgegenüber sind alleinig Handschrifttrainings nachweislich hilfreich dafür, die Leserlichkeit und Schreibmenge zu steigern.
- *Vorbilder für das Schreiben von Buchstaben sind hilfreich.* Effektiv für die Leserlichkeit ist es, wenn die Handschrifttrainings darauf setzen, dass die Lernenden explizit Zugriff auf Modelle haben. Das können Vorbilder sein, die das Schreiben demonstrieren, aber auch technische Hilfen wie Karten mit Pfeilen zu den notwendigen Bewegungen.
- *Schülerinnen und Schüler sollten Buchsstaben handschriftlich kopieren.* Ein Bestandteil, der sich als hilfreich für die Leserlichkeit erweist, ist das kopierende Schreiben, wobei dies einerseits von Modellen (z. B. Kärtchen mit dem Zielbuchstaben) bzw. andererseits aus dem Gedächtnis erfolgen kann. Mit Blick auf die Lernaktivitäten auf der Wort- und Satzebene kommen das Abschreiben von Wörtern und Sätzen hinzu.
- *Individualisierte Förderung ist hilfreich.* Für die Leserlichkeit und die Schreibmenge ist es effektiv, wenn die Schreibenden an ihren spezifischen Defiziten in der Handschrift gezielt arbeiten.

- *Lernende profitieren von Selbstevaluationen.* Die Leserlichkeit profitiert davon, wenn Schülerinnen und Schüler im Rahmen von Handschrifttrainings dazu angehalten werden, die Leserlichkeit ihrer eigenen Handschrift zu beurteilen. Dieses Feedback an sich selbst hilft dabei, den Zielzustand des Trainings mithilfe der eigenen Leistungen zu erkennen und zu merken, ob und welche Leistungssteigerungen noch notwendig sind.
- *Eine längere Förderungsdauer steigert die Leserlichkeit.* Die jeweiligen Übungssitzungen sind insgesamt eher kurz, aber die Gesamtdauer erwies sich als vorteilhaft: Wenn die Trainings länger waren, gab es bessere Leistungen in der Leserlichkeit. Dies lässt sich darüber erklären, dass die Automatisierungsleistung dadurch wahrscheinlicher wird, wenn mehr Training stattfindet und so die Automatisierung unterstützt wird. Mit Limpo und Graham (2020) lässt sich ergänzen, dass die durchschnittliche Länge einzelner Fördersitzungen 10–30 min beträgt.
- *Handschrifttrainings beinhalten auch das Vermitteln des Wissens über das Alphabet.* Auch darauf machen Limpo und Graham (2020) aufmerksam. Denn Handschrift stellt die Übersetzung von Wissen dar, was geschrieben werden soll, weshalb das Vermitteln von Wissen über das Alphabet, vor allem die Reihenfolge der Buchstaben, ein typisches Element ist.

Zusammengenommen ergibt sich aus alldem ein Muster bei den Lehraktivitäten bzw. den Elementen der jeweiligen Fördermaßnahmen: Diese dienen dazu, Wissen über Buchstaben und deren grafomotorischer Ausführung beim Handschreiben explizit zu vermitteln und den Zugriff darauf (durchaus angepasst an den jeweiligen Entwicklungsstand der Lernenden) zu fördern. Dabei sind externe Vorbilder für das Handschreiben ebenso wichtig wie interne Ressourcen der Lernenden, welche die Förderung zusammenbringen, indem die Lernenden zusehends selbstständig schreiben sowie dies automatisierter und in Bezug auf größere Einheiten tun. Eine längere Laufzeit scheint hierbei angezeigt, die jeweiligen Übungen sind allerdings eher kurz.

3.1.3 Zwei Beispiele für Handschrifttrainings

Die im Abschn. 3.1.2 beschriebene Trennung von drei Ebenen gemäß Tab. 3.1 findet sich auch in Interventionsstudien wieder, in denen das isolierte Handschrifttraining bis hin zum Schreiben von Texten erweitert wird. Im Segment von der Buchstaben- bis zur Wortebene (wegen der (Teil-)Verbundenheit von Buchstaben in Wörtern) befindet sich das Zentrum dessen, was gemeinhin in

3.1 Zügiger per Hand leserlichen Text produzieren

der Förderung der Handschrift aktuell erforscht wird. Die Textebene ist hingegen häufiger in solchen Studien anzutreffen, die aus diversen Komponenten bestehen und die damit weit mehr sind als ein rein grafomotorisches Trainieren (Santangelo & Graham, 2016). Zwei beispielhafte Förderansätze sollen dieses Spektrum verdeutlichen. Sie stehen für die Zielgrößen, die sich in den drei Ebenen niederschlagen und die als die zentralen abhängigen Variablen untersucht und durch Handschrifttrainings positiv beeinflusst wurden: 1) die Leserlichkeit von Buchstaben, 2) die Menge an geschriebenem Text und 3) die Textqualität. Letztere stellt dabei schon ein Maß dar, welches einen Transfer misst, geht es bei Handschrifttrainings doch primär um Leserlichkeit und mittelbar um eine erhöhte Schreibmenge (aufgrund der automatisierten Erstellung von leserlichem Text). Hier weisen Interventionsstudien freilich auf konsistente positive Effekte hin: Handschrifttrainings wirken sich positiv auf die Textqualität aus (Santangelo & Graham, 2016).

Enger Fokus: Das Training der Grafomotorik für schreibschwache Schülerinnen und Schülern der fünften Klasse
Eine Fördermaßnahme spezifisch für handschriftlich schwache Schülerinnen und Schüler der fünften Klasse wurde in einer portugiesischen Studie überprüft, in der drei Jungen das Sample bildeten (Limpo et al., 2018). Diese Studie wurde in ähnlicher, etwas kindgerechterer Form bereits mit jüngeren Primarschulkindern erfolgreich durchgeführt. Die Fördermaßnahme bestand aus einem fünfwöchigen Programm, in dem pro Woche jeweils drei zwanzigminütige Sitzungen durchgeführt wurden. Diese drei Sitzungen folgten einem ähnlichen Schema, indem sie in eine Alphabet-Aufwärm-Übung (5 min) und eine Abschreibübung (15 min) miteinander kombinierten.

Die *Alphabet-Aufwärm-Übung* bestand je nach Lektion aus verschiedenen Schreibaktivitäten, die aber allesamt dem Zweck dienten, zügig auf alphabetisches Wissen zuzugreifen und es automatisiert grafomotorisch umzusetzen. Dazu schrieben die Schüler in der ersten Sitzung das Alphabet in Kleinbuchstaben von verschiedenen Buchstaben als Startpunkt, in der zweiten Sitzung den Vorgänger oder Nachfolger von Buchstaben und in der letzten Lektion das gesamte Alphabet über 60 s und überwachten die Anzahl leserlich geschriebener Buchstaben.

Die *Abschreibübungen* zielten darauf ab, die Akkuratheit und Geschwindigkeit beim Schreiben zu erhöhen. Wie bei den Aufwärmübungen variierten die Schreibaktivitäten innerhalb eines Wochenzyklus, um die Motivation aufrechtzuerhalten. In der ersten Lektion schrieben die Kinder insgesamt zwanzig Wörter ab, die sie nach oberflächlichen Merkmalen

(Schriftart, Farbe) sortierten. Lektion 2 sah vor, dass die Kinder jeweils an einer Leerstelle eines Satzes das fehlende Wort aus einer Liste eintrugen und danach den Satz vollständig abschrieben. In Lektion 3 konnten sie zehn Sätze abschreiben und hatten pro Satz 60 s Zeit. Die Anzahl korrekt abgeschriebener Wörter wurde von den Kindern selbst erfasst und überprüft. ◄

Weiter Fokus: Das Training des (Hand-)Schreibens mit Schülerinnen und Schülern der ersten Klasse
Mit Schülerinnen und Schülern der ersten Klasse wurden verschiedene Formen des Handschrifttrainings evaluiert (Berninger et al., 1997), von denen die effektivste Variante das Kombinieren von Schreibmodellen und dem Schreiben von Buchstaben aus dem Gedächtnis war, welche im Folgenden kurz beschrieben wird. Die Fördermaßnahme bestand aus zwei wöchentlichen Sitzungen von zwanzig Minuten Länge, die über einen Zeitraum von zwölf Wochen absolviert wurden, sodass die Gesamtnettozeit acht Stunden betrug. Die zwanzigminütigen Sitzungen, die in Kleingruppen durchgeführt wurden, folgten einem erwartbaren Aufbau. Die erste Hälfte bestand aus Aufwärmübungen, in denen die zentrale Lernaktivität des Handschreibens – das unterstützte leserliche Schreiben einzelner Kleinbuchstaben – im Zentrum stand. Die zweite Hälfte widmete sich dem Schreiben zu vorgegebenen Themen, einem Austausch und einer Schlussaktivität.

Die *Aufwärmübung* sah vor, dass die Kinder mit Bleistiften ohne Radierer ein liniertes Blatt mit den 26 Kleinbuchstaben des Alphabets erhielten, die in randomisierter Reihenfolge zu Beginn der Linien standen. Diese Buchstaben sollten sie dann in einem vorgezeichneten Kreis selbst schreiben, wobei sie dies mindestens einmal und mit steigender Automatisierung bis zu dreimal in den Aktivitäten taten, also bis zu drei Alphabete schrieben. Die Modellbuchstaben zu Beginn der Zeilen enthielten durchnummerierte Pfeile, welche die Richtung, Art, Start- und Zielpunkte der Striche visualisierten. Die Kinder sollten diese Pfeile genau betrachten und die durch sie nahegelegten Bewegungen nachvollziehen. Hinzu kam, dass sich die Kinder sowohl die Buchstabenform als auch die Pfeile merken sollten, um die Buchstaben zunehmend gedächtnisbasiert zu schreiben. Dafür verdeckten sie die Buchstaben mit Kärtchen, um sie dann auf ein Signal hin selbst zu schreiben. Die Abdeckdauer wurde sukzessive erhöht (eine Sekunde in den Lektionen 1–6, drei Sekunden in den Lektionen 7–12, sechs Sekunden in den Lektionen 13–18 und neun Sekunden in den Lektionen 19–24). Dieser gesamte Vorgang wurde analog zum Training von Sportlerinnen und Sportlern gerahmt,

damit die Kinder verstanden, warum sie vergleichsweise repetitive Aktivitäten absolvierten.
Die *zweite Aktivität* bzw. eher ein Bündel aus einzelnen Aktivitäten bestand aus dem Schreiben selbst. Dazu erhielten die Kinder in jeder Sitzung ein anderes kurzes Thema, z. B. „Meine Lehrerin", „Meine Schule", „Frühling", „Eiscreme". Hierzu schrieben sie drei Minuten lang, und sie sollten sich nur auf das Thema konzentrieren statt auf die Rechtschreibung. Danach lasen sie ihren Text vor, und die Lehrperson fungierte als Skribentin, schrieb also den Text auf, während das Kind las. Jedes Kind aus den Dreiergruppen konnte so den geschriebenen Text mit den anderen teilen. Dieses Teilen dauerte ebenfalls drei Minuten. Den Rest der Zeit verbrachten die Kinder damit, auf einem Deckblatt eine in 24 Segmente unterteilte Rakete auszumalen, um mit dem jeweils neu farbig gestalteten Segment den Fortschritt zu dokumentieren. Das war das Deckblatt der jeweiligen Ordner für die Kinder, in denen die Lehrperson deren Arbeiten dokumentierte. Sie sammelte also die Buchstabenblätter und die Texte, die sie am Ende jeder Sitzung abheftete. ◄

▶ **Eine Checkliste für eine glückende Handschriftförderung** Die nachstehende Liste enthält Merkmale von Schreibfördermaßnahmen zur Verbesserung der Handschrift. Diese Liste beinhaltet die gebündelten Erkenntnisse der Schreibforschung zum Thema Handschrift und kann dazu genutzt werden, die eigentliche Unterrichtspraxis zu prüfen und weiterzuentwickeln.

a) **Lehren, wie man jeden Buchstaben schreibt**
   - Lehrperson zeigt, wie man Buchstaben formt
   - Gemeinsamkeiten und Unterschiede zu anderen Buchstaben besprechen
   - Visuelle Hinweise wie nummerierte Pfeile als Hilfsmittel nutzen
   - Übungen zum Nachverfolgen, Kopieren und Schreiben der Buchstaben durchführen
   - Kurze Sequenzen bei gleichzeitig häufiger Gelegenheit zum Üben und Überprüfen
   - Kinder identifizieren ihre am besten geformten Buchstaben
   - Kinder schreiben unleserliche Buchstaben neu oder korrigieren sie

- Kinder überwachen fortlaufend, wie leserlich sie ihre Buchstaben schreiben
- Korrektives Feedback durch Lehrperson
b) **Maßnahmen zur Entwicklung der Schreibflüssigkeit.**
- Viele Möglichkeiten zum Schreiben im Unterrichtsalltag
- Beseitigung störender Gewohnheiten, welche die Handschriftlichkeit beeinträchtigen
- Abschreibübungen mit dem Ziel, jedes Mal etwas schneller zu werden
c) **Förderung der individuellen Entwicklung von Handschrift**
- Entwicklung eines angemessenen und bequemen Stiftgriffs bei allen Lernenden
- Förderung einer guten Schreibsitzhaltung (aufrechtes Sitzen, leichtes Nach-vorne-Lehnen)
- Demonstration, wie man das Papier positioniert
- Vermitteln des Wissens über die alphabetische Reihenfolge der Buchstaben
- Explizite Vermittlung des handschriftlichen Schreibens von Groß- und Kleinbuchstaben
- Ausreichende Zeit für Handschrift im Unterricht (wöchentlich 75–100 min in der Grundschule empfohlen)
- Zahlreiche Möglichkeiten, verschiedene Schreibgeräte und Papierarten zu verwenden
- Lernende legen Ziele für die Verbesserung bestimmter Aspekte ihrer Handschrift fest
- Nutzung geeigneter Verfahren für Linkshänderinnen und Linkshänder (z. B. ordnungsgemäße Platzierung des Papiers)
- Überwachung der individuellen Handschrift unter besonderer Berücksichtigung von Buchstabenbildung, -größe, -abstand sowie -ausrichtung und Lineatur
- Darstellung der handschriftlichen Fortschritte bei der Handschrift durch Diagramme, Grafiken, Lob bzw. das Aufheben geglückter Texte/Übungsmaterialien
- Unterstützung einer positiven Einstellung zur Handschrift

(Quelle: Auszug und leichte Modifikation der Liste aus Graham et al., 2000, S. 91)

Fazit

Das Schreiben ist auf ein Mindestmaß von Transkriptionsflüssigkeit angewiesen. Handschrifttrainings setzen hieran gezielt an. Sie dienen dazu, das technische, grafomotorische Erstellen von Texten so zu automatisieren, dass das Arbeitsgedächtnis für inhaltliche Auseinandersetzungen mit dem Schreiben zur Verfügung steht. Für dieses Automatisieren auf Buchstaben-, Wort-, Satz- und sogar auf der Textebene setzen Förderansätze auf eine dem Sporttraining ähnliche Herangehensweise: wiederholtes Üben von Abläufen, in diesem Fall: Handschrift.

3.2 Den (Schreib-)Wortschatz ausbauen

▶ Wer Texte flüssig herstellen will, braucht Formulierungen. Auf das Wissen über Formulierungen, über Wörter und ihre Bedeutung nebst ihrem Einsatz im Kontext wird in diesem Teilkapitel fokussiert, denn der Schreibwortschatz ist wichtig, aber in der Schreibdidaktik noch zu wenig beleuchtet. Das ist anders, wenn man die Perspektive weitet und Studien zum Lesen konsultiert, die das Schreiben als einen Bestandteil dafür nutzen, Lexeme korrekt in einem Kontext zu verwenden. Die Beispiele und Ausführungen verdeutlichen, dass sich Lese- und Schreibförderung am Beispiel der Wortschatzförderung sinnvoll kombinieren lassen und so beide Schriftsprachdomänen voneinander profitieren können.

3.2.1 Das didaktische Designprinzip zur Verbesserung des Wortschatzes (und der Wortschatzkompetenz)

Das Thema Schreiben und Wortschatz wird von einer paradoxen Situation geplagt. Der Wortschatz gilt als generische sprachliche Ressource für alle (schrift-)sprachlichen Handlungen, darunter das Schreiben. Dies spiegelt sich empirisch darin wider, dass sich in Metaanalysen moderate bis hohe Zusammenhänge – Letztgenannte vor allem im Bereich des Schreibens in der Zweitsprache – zwischen Wortschatz und Textqualität haben nachweisen lassen (Ahmed & Wagner, 2020; Graham & Eslami, 2020). Dennoch fällt auf, dass die Förderung des Schreibwortschatzes (gerade im Vergleich zur Schwesterndomäne Lesen; Ash & Baumann, 2017) ein Nischendasein fristet (Graham & Harris, 2018), obwohl dem Wortschatz allgemein eine hohe Bedeutsamkeit für sprachliche Kompetenzen allgemein zugestanden wird, da er für alle sprachlichen Handlungen benötigt wird, sei es rezeptiv oder produktiv, sei es mündlich oder schriftlich (Steinhoff, 2013).

▶ **Wortschatz und Wortschatzkompetenz** Der Ausdruck *Wortschatz* bezeichnet das mentale Lexikon von Personen. Dieses vernetzte, dynamische Lexikon enthält die Lexeme einer Sprache, welche der Person zugänglich sind. Die Lexeme beziehen sich sowohl auf einfache Wörter („Tür"), Komposita („Haustür") und Phraseme („mit der Tür ins Haus fallen").

Der Wortschatz wird als Teil der *Wortschatzkompetenz* insofern verstanden, als ein möglichst breiter Wortschatz (viele Lexeme), aber auch tiefer Wortschatz (vernetzte Lexeme) in (schrift-)sprachlicher Rezeption und Produktion ein wichtiges schulisches Ziel darstellt. Ein tiefer und breiter Wortschatz wird zudem als Basis für eine zweite Komponente verstanden: die Fähigkeit, unbekannte Lexeme zu analysieren, sie zu verstehen und sie in das eigene mentale Lexikon dauerhaft aufzunehmen (Philipp & Efing, 2018, S. 199).

Der Wortschatz, darunter der Schreibwortschatz, ist im Verständnis der obigen Definition am besten als ein Netzwerk verbundener lexikalischer Einheiten vorstellbar. Diese lexikalischen Einheiten, die im Gesamt das mentale Lexikon ausmachen, benötigen Schreibende zum einen für präzise Inhalte und zum anderen für einen abwechslungsreichen Ausdruck. Die Erweiterung des Wortschatzes (auch mithilfe der Wortschatzkompetenz) steht entsprechend im Fokus dessen, worauf die Förderung des Schreibwortschatzes abzielt. Das didaktische Designprinzip 2 hebt dies deutlich hervor.

> **Didaktisches Designprinzip 2: Erweiterung des mentalen Lexikons durch aktive Verwendung von Wissen zu lexikalischen Einheiten und deren Erschließung**
> Wenn Lernende ihr mentales Lexikon um weitere Einheiten systematisch erweitern sollen, dann sollten sie Wissen über lexikalische Einheiten so vermittelt bekommen, dass sie dieses Wissen über Semantisierungsprozesse im sprachlichen Handeln aktiv nutzen (darunter auch Strategien zur Erschließung der Bedeutung) und dadurch ihr Wissen zu neuen lexikalischen Einheiten vernetzen (Abb. 3.3).

3.2 Den (Schreib-)Wortschatz ausbauen

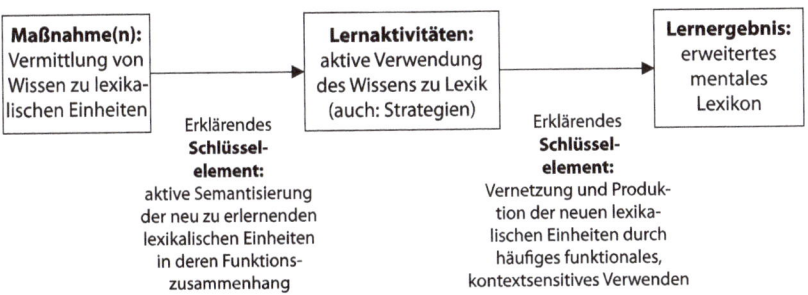

Abb. 3.3 Visualisiertes didaktisches Designprinzip 2 – Erweiterung des (Schreib-)Wortschatzes. (Eigene Darstellung unter Zuhilfenahme von Steinhoff, 2013, S. 23)

Das Ziel der Maßnahmen zur Verbesserung des Schreibwortschatzes im Besonderen bzw. des mentalen Lexikons im Allgemeinen wird gemäß dem didaktischen Designprinzip dadurch erreicht, dass diese Maßnahmen auf eine *aktive Verwendung* der zu lernenden lexikalischen Einheiten fokussieren. Diese aktive Verwendung kann den rezeptiven oder produktiven, kognitiven oder metakognitiven Einsatz betreffen, sie kann aber auch – ganz im Sinne der oben definierten Wortschatzkompetenz – die Erschließung der Wortbedeutung einerseits durch vorhandenes (morphologisches) Wissen und andererseits dessen strategische Nutzung zur Klärung und zur Semantisierung (paraphrasierende Umschreibung zur Annäherung des Wortverstehens) der unbekannten lexikalischen Einheiten beinhalten. Durch diese Schlüsselelemente als Bindeglied zwischen der eigentlichen Fördermaßnahme und der individuellen aktiven Auseinandersetzung mit der Bedeutung von lexikalischen Einheiten als Lernaktivität wird der zweite Teil der Wirkkette angebahnt: die Integration der Bedeutung neuer lexikalischer Einheiten im mentalen Lexikon und die Stabilisierung des Netzwerks. Beides erfolgt durch (re-)produzierenden Abruf und die rezeptive und expressive Verwendung der lexikalischen Einheiten in einem funktionalen Verwendungszusammenhang.

Dabei – das zeigen Überblicksarbeiten zur Wortschatzförderung (Ash & Baumann, 2017) oder auch praktische Hinweise für Lehrpersonen (z. B. Manyak et al., 2014) immer wieder aufs Neue – gibt es weder bei den Fördermaßnahmen selbst noch bei den Lernaktivitäten eine einzige bzw. die alleinige Variante. Stattdessen ergibt sich aus dem Feld der Leseforschung ein reichhaltiges Bild zu verschiedenen, durchaus kombinierbaren Förderansätzen. Daher lohnt es sich, die diversen Förderansätze hinsichtlich der Lehraktivitäten und Elemente zu sichten und diese Elemente zu systematisieren. Dies erfolgt nun.

3.2.2 Typische Lehraktivitäten bzw. Elemente bei der Vermittlung lexikalischen Wissens

Wenn es im Folgenden darum geht, wie sich das mentale Lexikon von Personen fördern lässt, so geht es bei alledem nicht darum, isolierte Einträge wie in einem Wörterbuch hinzufügen. Es ist in der Forschung ein relativ durchgängiges Leitmotiv, dass Wortschatzförderung kein Selbstzweck ist, sondern das sprachliche Handeln verbessern soll. Dies kann beispielsweise dazu dienen, Fachtexte besser zu verstehen bzw. in Sachfächern Wissen adäquat schriftlich darstellen zu können. Aus diesem Grund ist die Vermittlung der Semantik einzelner lexikalischer Einheiten nur eine (wenn auch häufig anzutreffende) Komponente umfassenderer Fördermaßnahmen (Graves, 2016).

Überblickt man die Forschungsliteratur zur Wortschatzförderung – vor allem systematische Forschungsüberblicke und teils metaanalytische Auswertungen –, so lassen sich die zum Einsatz gelangten Bestandteile studienübergreifend extrahieren und verschiedenen Vermittlungsansätzen zuschlagen (vgl. Tab. 3.2). In der Tab. 3.2 sind vier solcher grundsätzlichen Vermittlungsansätze mit ihrem jeweiligen Ziel und Lehraktivitäten zusammengestellt. Wie die Darstellung es verdeutlicht, haben die jeweiligen Ansätze bei der Vermittlung verschiedene Ziele, die teils komplementär sind, teils aber auch nicht. Der Hintergrund ist, dass sich hinter diesen Vermittlungsansätzen zum Teil vorwissensbasierte Voraussetzungen der Lernenden verbergen – etwa das hohe Wissen, das für den Lexemerwerb durch extensives Lesen (vgl. Ansatz 4) bzw. partiell für das Erschließen der Wortbedeutung (vgl. Ansatz 3) nötig ist, bzw. das Wissen über Lexeme, das über die explizite Vermittlung überhaupt erst aufgebaut wird (vgl. Ansatz 1). Dies unterstreicht, dass die vier Vermittlungsansätze sich nicht für alle Personen gleichermaßen eignen. Gleichwohl bildet eine Klammer, dass häufige Kontakte mit den Ziellexemen und ihrer entweder vorgegebenen oder zu erschließenden Semantik in einem Kontext als Mechanismus den Vermittlungsansätzen (vor allem den Nummern 2 bis 4 aus Tab. 3.2) innewohnen.

Aus der Warte, wie sich der *Schreib*wortschatz fördern lässt, liegen die ersten beiden Vermittlungsansätze besonders nahe. Sie fokussieren auf die gezielte Vermittlung des Wissens über Lexeme in Verbindung mit der Konsolidierung des lexikalischen Wissens in Anwendungssituationen, darunter zum Schreiben. Der wiederholte Kontakt mit neuen Lexemen auch und gerade in der produktiven Anwendung schlägt den Bogen zum Schreiben und zur Formulierungsflüssigkeit als Teil der Schreibflüssigkeit. Deshalb wirkt eine Kombination der ersten beiden Vermittlungsansätze aus der Tab. 3.2 als günstiger Ansatzpunkt. Das Schreiben mit den neuen Lexemen wird in aller Regel in den entsprechenden Fördermaßnahmen als eine von verschiedenen Lernaktivitäten eingesetzt.

3.2 Den (Schreib-)Wortschatz ausbauen

Tab. 3.2 Überblick über Bestandteile aus empirisch auf Wirksamkeit getesteten Fördermaßnahmen zur Verbesserung des Wortschatzes im Schreiben und vor allem im Lesen (Elleman et al., 2009, 2019; Ford-Connors & Paratore, 2015; Graham et al., 2015; National Institute of Child Health and Human Development, 2000; Stahl & Fairbanks, 1986; Wright & Cervetti, 2017)

Grundsätzlicher Vermittlungsansatz	Ziel	Lehraktivitäten
1. Explizite Vermittlung der Semantik der Ziellexeme	Lernen der eindeutigen Bedeutung bzw. der Bedeutungen von Lexemen	• Vermittlung der Semantik der Lexeme mittels eindeutiger Definitionen • Zurverfügungstellen der Lexemdefinitionen direkt vor der Rezeptions-/Produktionssituation • Sprachreflexive Diskussionen über Wortbedeutungen mit anderen Personen
2. Wiederholter Kontakt und Mehrfachbegegnung in einem sinnvollen Kontext	Konsolidieren des Netzwerks im mentalen Lexikon	• Mehrfacher Kontakt (v. a. rezeptiv) in der Wissensdomäne • Nutzen der neu erworbenen Lexeme in eigenen Texten
3. Strategien zur Erschließung von Wortbedeutungen vermitteln	Linguistisches Wissen für das Erschließen der Semantik von unbekannten Lexemen strategisch nutzen	• Konsultieren und Nutzen von Hinweisen aus dem Kontext für die Bedeutungserschließung • Morphologische Analyse von Wörtern durch Zergliederung in Morpheme • Erhöhung des Bewusstseins für die Bedeutung polysemer Lexeme
4. Lexemerwerb über extensives Lesen	Selbstständiger Ausbau des (schon stark ausgeprägten) mentalen Lexikons über selbstständiges Erschließen der Wortbedeutung	• Weitgehend didaktisch wenig gesteuerte selbstständige Lektüren mit selbstregulatorischer Anwendung von Strategien zur selbstständigen Erschließung der Lexembedeutung

3.2.3 Zwei Beispiele für die (Schreib-) Wortschatzförderung

Im Abschn. 3.2.2 wurde herausgearbeitet, dass sich die Verbesserung des (Schreib-)Wortschatzes mittels verschiedener Fördermaßnahmen erzielen lässt. Die aus der Lese- und Schreibforschung extrahierten, wirksamen Ansätze folgen unterschiedlichen Zielen und haben entsprechend spezifische Lernaktivitäten, die sie initiieren wollen – nicht bei allen diesen Fördermaßnahmen wird das Schreiben genutzt bzw. der Schreibwortschatz adressiert, da beispielsweise einige Föderansätze die Produktion der neu erworbenen Lexeme mündlich realisieren. Die beiden Beispiele in diesem Teilkapitel nehmen diese Vorüberlegungen auf, indem sie die explizite Vermittlung neuer Lexeme und deren funktionale Anwendung ins Zentrum stellen.

Wortschatzerweiterung am Beispiel Weltraum – ein Förderansatz mit Schülerinnen und Schülern der siebten Klasse
Rund um das Thema Weltraum bewegte sich ein Förderansatz, der mit Schülerinnen und Schülern der siebten Klasse erfolgreich getestet wurde (Duin & Graves, 1988). Dieser Förderansatz folgte in seiner Konstruktion sieben verschiedenen Überlegungen: Erstens sollten Lexeme innerhalb eines verbreiteten Themas (Weltraum) vermittelt werden. Dabei handelte es sich um dreizehn Lexeme („Aufbau", „Befürworter", „bewohnbar", „durchführbar", „einquartieren", „Fähigkeit", „Kriterien", „Modul", „Suche", „Tragkraft", „Unordnung", „vorhersehen", „zurückgewinnen"). Zweitens wurden Beispiele bei der Vermittlung der Lexembedeutung genutzt, die an die Erfahrungen der Jugendlichen anknüpften. Drittens wurden verschiedene Aktivitäten durchgeführt, welche die Ziellexeme miteinander verbanden. Viertens gab es gezielt zeitlich begrenzte Aktivitäten, welche dazu dienten, dass die Jugendlichen automatisiert auf die Lexembedeutung zurückgriffen. Fünftens dienten diverse Aktivitäten dazu, die Lexeme aktiv zu verwenden. Sechstens sah der Förderansatz ebenso eine regelmäßige Beschäftigung vor, wie er auch versuchte, durch verschiedene Maßnahmen das Interesse der Jugendlichen aufrechtzuerhalten. Siebtens und letztens gab es diverse außerschulische Aktivitäten, welche das Wiedererkennen und Verwenden der Ziellexeme erhöhen sollten.

Mit diesen Vorüberlegungen zur Architektur der insgesamt siebentägigen Fördermaßnahme ist der Gesamtaufbau besser zu verstehen, der sich in Tab. 3.3 niederschlägt. Die explizite Vermittlung der Wortbedeutungen erfolgte in den Lektionen 1, 3 und 4. In der ersten Lektion wurden nach dem

3.2 Den (Schreib-)Wortschatz ausbauen

Tab. 3.3 Überblick über die Aktivitäten bei der Schreibwortschatzförderung. (Modifizierte Darstellung nach Duin & Graves, 1988, S. 207)

Tag/Lektion	Aktivitäten
1	• Eröffnungsdiskussion über Vorwissen zum Thema Weltraum • Textpassage über Weltraumpendeln vorlesen, Jugendliche schreiben für sie neue Wörter auf und tauschen sich darüber aus • Einführung der ersten fünf Ziellexeme mit leitenden Fragen • Vervollständigung offener Sätze mit Ziellexemen • Motivationsaktivitäten „Spaceshuttle-Ladung" und „Momentmanöver"
2	• Rückblick auf die außerschulischen Aktivitäten • Countdown 1 – Zusammenpassen-Aktivität • Wortassoziationsaktivität • Industrieastronauten – Schreibaktivität • „Spaceshuttle-Ladung" und „Momentmanöver"
3	• Textpassage über Weltraumstationen • Einführung der zweiten fünf Ziellexeme mit leitenden Fragen • Vervollständigung offener Sätze mit Ziellexemen • Synonyme-Routine • Kooperative Schreibaktivität zu Ziellexemen • „Spaceshuttle-Ladung" und „Momentmanöver"
4	• Countdown 2 – Zusammenpassen-Aktivität • Textpassage über bemannte Manöver • Einführung der letzten drei Ziellexeme • Vervollständigung offener Sätze mit Ziellexemen • „Spaceshuttle-Ladung" und „Momentmanöver"
5	• Rückblick auf die dreizehn Ziellexeme • Gastvortrag, wobei dieser die Ziellexeme enthielt • „Spaceshuttle-Ladung" und „Momentmanöver"
6	• Schriftliche Notizen zu dem Gastvortrag aus der Lektion zuvor • Countdown 3 – Zusammenpassen-Aktivität • Wortauswahlaktivität • Schreibaktivität zu Weltraumstationen
7	• Abschließende Schreibaktivität

Vorlesen einer Textpassage die fünf ersten Lexeme mit Fragen eingeführt, indem die Wortbedeutungen mittels Fragen und in Verbindung mit anderen Ziellexemen geklärt wurden. Das Ziellexem „durchführbar" wurde beispielsweise mit „Suche" gezielt verknüpft, indem die Lehrperson Fragen stellte wie: „Ist eure *Suche* möglich? Könnt ihr eure *Suche* erfolgreich durchführen? Ist eure Suche *durchführbar? Durchführbar* ist das neue Wort." Diese Ziellexeme notierten die Jugendlichen nebst den Definitionen in ein Journal und verwendeten diese neuen Lexeme in Sätzen mit Leerstellen, in welche sie das jeweils passende Lexem eintrugen.

In der zweiten Lektion mit neuen Ziellexemen (in der Sequenz der Lektionen handelte es sich um die dritte) wurde die explizite Bedeutungsvermittlung ebenfalls anhand eines mündlich vorgetragenen Textes realisiert. Allerdings schrieben die Jugendlichen nun für sie neue Wörter in eine Abbildung zum Thema Weltraumstationen und erhielten für die Ziellexeme eine vorgängige Definition, ehe sie die Definition und die Ziellexeme im Journal festhielten. Das Beispiel für das Ziellexem „Aufbau" war hier bezüglich der Art der Definition: „Wenn sich der Shuttle-Flug der Raumstation nähert, sehen die Astronauten einen Stern, dessen Größe und Brillanz zunimmt, bis sie fast plötzlich eine bestimmte Anordnung von Formen sehen: Rechtecke, Quadrate und Zylinder. Bald erkennen sie, dass diese helle Anordnung von Formen kein Stern ist, sondern die Hauptanordnung einer Raumstation. Es ist der *Aufbau* der Raumstation." Im Fall der letzten Lektion mit den drei finalen Ziellexemen wurden die Definitionen nach dem Vorlesen schnell und explizit gegeben, und die Schülerinnen und Schüler notierten sie.

Viele der anderen Lernaktivitäten, welche über die gesamte Förderzeit verteilt waren, dienten der reflektierten Anwendung der Ziellexeme.

- Dazu zählte die *Wortassoziationstätigkeit,* bei der die Ziellexeme Teil von Fragen waren, auf welche die Jugendlichen antworten und in ihrer Replik das Ziellexem angemessen verwenden sollten.
- Die *Zusammenpassen-Aktivität* („Countdown" genannt) verlangte von den Jugendlichen, im Tandem im Wechsel zu arbeiten. Eine Person musste dabei auf Zeit die Lexeme so schnell wie möglich mit ihren Definitionen zusammenfügen, und über den Erfolg wurde Buch geführt. Diese Aktivität basierte auf zunehmend mehr Lexemen, und Ziel der Übung war der automatisierte lexikalische Zugriff.
- Die *Synonymaktivität* verlangte es, einzelne Absätze zu lesen, in denen Ziellexeme und nahe Begriffe aus dem Wortfeld (wie „Kriterien" und „Richtlinien") zum Einsatz gelangten. Die Jugendlichen lasen danach zwei Sätze, in denen die beiden in den Absätzen verwendeten Wörter eingesetzt werden konnten, um einen sinnvollen Satz zu bilden.
- In eine ähnliche Richtung des reflektierten Umgangs mit Lexemen ging die *Wortauswahlaktivität,* bei der die Jugendlichen kriterienbasiert Wörter auswählen sollten (z. B. sich zwischen „Traum" und „Suche" für

3.2 Den (Schreib-)Wortschatz ausbauen

das dramatischere Wort entscheiden), und für die Begründung waren sie angehalten, die Ziellexeme zu nutzen.
- Eher motivationaler Art waren die *Aktivitäten „Spaceshuttle-Ladung"* und *„Momentmanöver"*. Erstere war ein Quiz eines zu enträtselnden Ziellexems, welches die Jugendlichen korrekt erraten sollten; letztere Aktivität diente dazu, den Kontakt mit den Ziellexemen außerhalb der Schule zu suchen und zu belegen. Beide Formate arbeiteten mit Verstärkungen in Form von Belohnungen.

Die *Schreibaktivitäten* in Lektion 2, 3, 6 und 7 waren unterschiedlich, setzten aber allesamt darauf, dass die Jugendliche die neuen Lexeme schriftlich verwendeten, platzierten das Schreiben prominent und wiesen ihm eine kommunikative Funktion zu.

- In *Lektion 2* lasen sie Absätze über Industrieastronauten und beantworteten Fragen unter den Absätzen. Im Klassenzimmer wurden die fünf Ziellexeme verteilt, und die Jugendlichen konnten sich für eines der Wörter entscheiden. Sie versammelten sich bei ihrem Zielwort und teilten ihre Antworten mit ihren Mitschülerinnen und Mitschülern.
- In *Lektion 3* arbeiteten die Jugendlichen in Vierergruppen. Sie erhielten den Auftrag, sich im Themengebiet Weltraumstationen auf ein Thema zu einigen und für den eigenen Text die Ziellexeme zu verwenden. Nach dem Schreiben suchte jede Person in der Gruppe sich eine Rolle mit zugehörigem Auftrag aus: a) VorleserIn (den eigenen Text der Klasse mit Übung des Vorlesens vorlesen), b) ZählerIn (bei allen Gruppentexten die Anzahl der Verwendung der Ziellexeme an der Tafel zählen), c) KontrolleurIn (die richtige Verwendung der Ziellexeme mittels Definitionen überprüfen), d) PreisrichterIn (Kriterien für die gesamthafte Beurteilung der Texte unter Berücksichtigung der Ergebnisse von zählenden und kontrollierenden Person festlegen). Die Texte wurden mit den Rollen vorgetragen, von neu gebildeten Gruppen mit gleicher Rolle beurteilt und der beste Text gekürt.
- Die *Lektion 6* sah erneut ein kooperatives Schreiben mit vier Schülerinnen und Schülern vor, dieses Mal aber als Bericht über die Arbeit auf einer Raumstation. Dieser Bericht war situiert als Arbeitsbericht an eine vorgesetzte Person, und er wurde nach dem Schreiben mit den anderen Mitschülerinnen und Mitschülern geteilt.

- Die finale Schreibaktivität in *Lektion 7* war als schriftliche Antwort auf den externen Gastvortrag gedacht. Die Jugendlichen sollten einen Text über das Thema Weltraum verfassen und darin insbesondere darlegen, was sie für weitere Vorträge interessieren würde. Die Lehrperson regte die Verwendung der Ziellexeme an, half beim Überarbeiten und regte den Austausch über die Texte mit anderen Gruppen an. ◄

Bildungssprachliche Lexeme vermitteln – Academic Language Instruction for All Students (ALIAS)

Schülerinnen und Schüler der sechsten Klasse (mehr als die Hälfte aus sozioökonomisch schwach gestellten Haushalten, für die meisten von ihnen war Englisch nicht die Muttersprache) wurden in einer längerfristigen Fördermaßnahme über 18 Wochen mit 72 Ziellexemen umfassend vertraut gemacht (Kelley et al., 2010; Lesaux et al., 2010). Die Auswahl dieser Lexeme, welche auf einer Sichtung von Zeitungsartikeln der Zeitung *Time for Kids* basierte und in acht bis neun ausgewählten Lexemen pro Zyklus mündete, erfolgte unter dem Gesichtspunkt, dass sie nicht zu fachsprachlich waren, allerdings im schulischen Kontext zu den höherfrequenten Lexemen zählten und in verschiedenen Kontexten genutzt werden konnten. Damit setzte diese Auswahl an Lexemen aus dem Register der Schul- bzw. Bildungssprache an. Um ein Beispiel für diese Lexeme zu geben: Die ersten Lexeme waren „Ansässige", „beeinträchtigen", „beitragen", „einführen", „ethnisch/Ethnizität", „Gemeinschaft", „Gemeinwohl" und „Kultur".

Die Förderung erfolgte in einem Durchlauf mehrerer Zyklen, die jeweils einen vergleichbaren Aufbau aufwiesen. Im Zentrum dieser acht Zyklen, welche von zwei Rückblickzyklen flankiert wurden, stand das Ablaufschema aus Tab. 3.4. Da die Fördermaßnahme insgesamt sehr komplex war, wird aus Platzgründen an dieser Stelle nur ein allgemeiner Abriss gegeben, indem die Stationen der Vermittlung anhand der acht Lektionen konturiert werden.

- Nach dem Schema aus Tab. 3.4 diente die *erste Lektion* dazu, mit einem sorgsam ausgewählten Text, der von der Lehrperson vorgelesen wurde, zu einem interessanten Thema eine erste Auseinandersetzung mit den Ziellexemen zu initiieren. Dabei strukturierten Fragen zum Text klassenweit geführte Diskussionen zum Inhalt. Hinsichtlich der Lexeme war vor allem das Erkennen, das Hören und die Betrachtung der Schreibung des Wortes bedeutsam, nicht aber die abschließende Semantisierung.
- Dieser Semantisierung widmete sich die *zweite Lektion*. Dabei wurden verschiedene Quellen bemüht, um sich der korrekten Bedeutung anzunähern.

3.2 Den (Schreib-)Wortschatz ausbauen

Tab. 3.4 Überblick über den Ablauf eines Zyklus im ALIAS-Förderansatz. (Modifizierte Darstellung von Lesaux et al., 2010, S. 204–207; unter Hinzunahme von Kelley et al., 2010)

Lektion	Aktivitäten
1	• Erstkontakt mit Ziellexemen im Zusammenhang mit einem authentischen, altersgerechten Text, in dem die Ziellexeme typografisch hervorgehoben waren
2	• Semantisierung der Ziellexeme über Interaktion mit Mitschülerinnen und Mitschülern sowie mit der Lehrperson • Kontextuelles Erschließen der Ziellexeme
3	• Erhalt einer wörterbuchartigen Definition • Fragen zur Verwendung der Ziellexeme im Text • Schriftliche Antworten, die nach einer Partnerarbeit notiert wurden
4	• Anwendung der Ziellexeme in Einzelarbeit
5	• Vermittlung und Anwendung morphologischen Wissens
6	• Anwendung der Ziellexeme in neuen Kontexten
7	• Planen von (argumentativen) Texten mit Ziellexemen
8	• Schreiben und Revidieren eines kurzen Textes mit den Ziellexemen

Die Kinder nutzten ihr Vorwissen und schrieben Arbeitsdefinitionen auf Zettel, sie wurden für die Erschließung der Wortbedeutung im Kontext (etwa durch die Suche nach Erläuterungen in vorgängigen oder nachfolgenden Sätzen) sensibilisiert, die vorläufigen Wortbedeutungen wurden in der Klasse zusammengetragen, und dadurch gab es eine Annäherung an die Definition.

- Diese wörterbuchartige Definition folgte in der *dritten Lektion*, in welcher auch im Zentrum stand, Fragen zu den Ziellexemen zu beantworten sowie die Ziellexeme in den Antworten zu verwenden. Dabei unterstützten Fragen die Reflexion und Anwendung, die zudem erst mündlich in Partnerarbeit erfolgte, ehe die Kinder ihre Antworten schriftlich notierten.
- Derart präpariert ging es für die Kinder in der *vierten Lektion* darum, in Einzelarbeit die Lexeme zu verwenden, indem beispielsweise Sätze mit Leerstellen ergänzt werden sollten.
- Die *fünfte Lektion* setzte einen anderen Akzent, indem sie sich auf morphologische Aspekte konzentrierte. Durch die Analyse von Wortbestandteilen wie Prä- und Suffixe sowie Wortstämme wurden die Kinder dazu angehalten, die Wortbedeutung durch morphologisches Wissen zu klären

bzw. selbstständig Wörter zu bilden, darunter auch Nonsens-Wörter, die aber morphologisch betrachtet korrekt waren.
- Die *sechste Lektion* diente dazu, die Ziellexeme in neuen Kontexten anzuwenden, indem die Kinder interaktive Interviews führten, bei dem sie eine Rolle einnahmen und dabei die Ziellexeme im Gespräch verwenden sollten.
- Auf das Schreiben wurde deutlich in der siebten und achten Lektion fokussiert. In *der siebten Lektion* wurde – ausgehend von Antworten der Schülerinnen und Schüler – das Schreiben von argumentativen Texten in Absatzlänge dafür genutzt, die Lexeme in längeren schriftlichen Äußerungen zu verwenden – fünf Lexeme galt es zu nutzen. Dabei diente die siebte Lektion der Klärung des Inhaltes mithilfe diverser Unterstützungen der Lehrpersonen, die unter anderem das Planen modellierte, um dadurch die inhaltliche Angemessenheit zu gewährleisten. Für das Planen kamen grafische Hilfsmittel zum Einsatz, um provisorische Inhalte festzuhalten und zu organisieren. Die *achte Lektion* wurde dafür verwendet, dass die Kinder ihre Texte schrieben, sie überprüften und wenn nötig überarbeiteten. Das Schreiben erfolgte also am Ende und diente – auch aus Sicht der teilnehmenden Personen – als guter Indikator für den angemessenen Umgang mit den Ziellexemen. Es bildete den Abschluss jedes der acht Zyklen. ◄

▶ **Klasse statt Masse – auf die Auswahl der Lexeme kommt es an** Es ist weitestgehend Konsens, dass in der Vermittlung von Lexemen ein Auswendiglernen von Lexemen und ihrer Wörterbuchdefinition ohne Kontext wenig zielführend ist. Die Folge ist eine Fokussierung auf Mehrfachkontakte mit einer geringeren Anzahl von Ziellexemen in verschiedenen Kontexten und sprachlichen Handlungen und Modalitäten. Es geht also weniger um Masse als um Klasse, und das führt zu der Frage, welche Ziellexeme infrage kommen, um von den Lernenden dann intensiv erlernt zu werden. Graves (2016, S. 44–46) benennt vier Kriterien für das Lernen mit Sachtexten:

1. Wörter müssen *essenziell* sein, also unverzichtbar für das aktuell geforderte Verstehen von Sachverhalten und Texten.
2. Wörter müssen *weit einsetzbar* sein, das heißt, sie müssen auch außerhalb des aktuellen Verwendungszusammenhangs von Belang sein; es geht also um eine Anschlussfähigkeit.

3. Wörter sollten eher *hochfrequent* sein, also in der Sprache häufig zum Einsatz kommen, was weitestgehend kompatibel zur schulischen Einsetzbarkeit ist.
4. Wörter sollten – im Kontext mit dem textbasierten Lernen – als *übergeordnete Konzepte und Abstrakta nicht zwangsläufig im Text vorkommen*, aber die übergeordneten Konzepte bezeichnen, um so ein tiefes Verständnis zu ermöglichen. Dadurch sollen implizite Themen zudem deutlicher erkennbar werden.

Mit solchen Kriterien ist eine sinnvolle Auswahl von Lexemen möglich, und Fokussierungen werden so abgestützt. Dies gilt nicht nur für das Sprach-, sondern auch für das Fachlernen.

Fazit
Wie jedes sprachliche Handeln ist auch das Schreiben nicht ohne lexikalische Fähigkeiten sinnvoll denkbar. Selbst wenn die genuine Förderung des Schreibwortschatzes in der empirischen Forschung noch ausbaufähig wirkt, so weisen Forschungsbefunde zur Wortschatzförderung im Allgemeinen und zum rezeptiven Wortschatz beim Lesen im Besonderen doch einen Weg, der für die Schreibförderung gangbar wirkt. Die Vermittlung einer limitierten Anzahl breit einsetzbarer Lexeme bei einer Fokussierung auf tiefes Verstehen und Vernetzen dieser Lexeme nebst deren kontextsensitiver Verwendung bildet einen deutlich erkennbaren Schwerpunkt der effektiven Wortschatzförderung. Das Schreiben längerer Texte stellt in den Fördermaßnahmen einen relativ spät zum Einsatz gelangenden Bestandteil dar. Ihm gehen andere, die Erweiterung des mentalen Lexikons direkt unterstützende Maßnahmen voran. Der Rückgriff auf die neu zu lernenden Lexeme zu Zwecken des Schreibens wird in bisherigen Fördermaßnahmen vor allem für die Konsolidierung genutzt.

Literatur

Weiterführende Literatur

Graves, M. F. (2016). *The vocabulary book. Learning and instruction.* (2. Aufl.). Teachers College Press. *(Dieses Buch richtet sich direkt an Lehrpersonen und beschreibt ein aus vier Komponenten bestehendes Programm der Wortschatzförderung. Der Band schafft den Spagat zwischen wissenschaftlichem Anspruch und Praxisnähe.)*

Philipp, M. (2020). *Grundlagen der effektiven Schreibdidaktik und der systematischen schulischen Schreibförderung.* (8., erw. Aufl.). Schneider Hohengehren. *(Das Buch beinhaltet ein eigenes Kapitel zur Förderung von hierarchienniedrigen Prozessen, wobei das Sätzekombinieren und Handschrifttraining als Ausschnitt aus diesen Fähigkeiten fokussiert werden.)*

Sturm, A. (2017). Förderung hierarchienniedriger Schreibprozesse. In M. Philipp (Hrsg.), *Handbuch Schriftspracherwerb und weiterführendes Lesen und Schreiben* (S. 266–284). Beltz Juventa. *(Dieses Kapitel entfaltet die Förderung der hierarchienniedrigen Prozesse des Schreibens systematisch und kompakt. Behandelt werden Rechtschreibförderung und Handschrifttraining zur Förderung der automatisierten Transkription und das flüssige Formulieren mithilfe der Wortschatzförderung und des Sätzekombinierens sowie die Routinisierung des Schreibens als Möglichkeit, Schreibflüssigkeit zu entwickeln.)*

Einzelnachweise

Ahmed, Y., & Wagner, R. (2020). A "simple" illustration of a joint model of reading and writing using metaanalytic structural equation modeling (MASEM). In R. A. Alves, T. Limpo, & R. M. Joshi (Hrsg.), *Reading-writing connections: Towards integrative literacy science* (S. 55–75). Springer.

Alves, R. A., Limpo, T., Salas, N., & Joshi, R. M. (2018). Handwriting and spelling. In S. Graham, C. A. MacArthur, & M. Hebert (Hrsg.), *Best practices in writing instruction* (3. Aufl., S. 211–239). Guilford.

Ash, G. E., & Baumann, J. F. (2017). Vocabulary and reading comprehension. The Nexus of meaning. In S. E. Israel (Hrsg.), *Handbook of research on reading comprehension* (2. Aufl., S. 377–405). Routledge.

Berninger, V. W. (1999). Coordinating transcription and text generation in working memory during composing: Automatic and constructive processes. *Learning Disability Quarterly, 22*(2), 99–112.

Berninger, V. W., Fuller, F., & Whitaker, D. (1996). A process model of writing development across life span. *Educational Psychology Review, 8*(3), 193–218.

Berninger, V. W., Vaughan, K., Abbott, R. D., Abbott, S., Rogan, L., Brooks, A., Reed, E., & Graham, S. (1997). Treatment of handwriting problems in beginning writers: Transfer from handwriting to composition. *Journal of Educational Psychology, 89*(4), 652–666.

Berninger, V. W., & Winn, W. D. (2008). Implications of advancements in brain research and technology for writing development, writing instruction, and educational evolution. In C. A. MacArthur, S. Graham, & J. Fitzgerald (Hrsg.), *Handbook of writing research* (S. 96–114). Guilford.

Duin, A. H., & Graves, M. F. (1988). Teaching vocabulary as a writing prompt. *Journal of Reading, 32*(3), 204–212.

Elleman, A. M., Lindo, E. J., Morphy, P., & Compton, D. L. (2009). The impact of vocabulary instruction on passage-level comprehension of school-age children: A meta-analysis. *Journal of Research on Educational Effectiveness, 2*(1), 1–44.

Elleman, A. M., Oslund, E. L., Griffin, N. M., & Myers, K. E. (2019). A review of middle school vocabulary interventions. Five research-based recommendations for practice. *Language, Speech, and Hearing Services in Schools, 50*(4), 477–492.

Feng, L., Lindner, A., Ji, X. R., & Malatesha Joshi, R. (2019). The roles of handwriting and keyboarding in writing. A meta-analytic review. *Reading and Writing, 32*(1), 33–63.

Ford-Connors, E., & Paratore, J. R. (2015). Vocabulary instruction in fifth grade and beyond: Sources of word learning and productive contexts for development. *Review of Educational Research, 85*(1), 50–91.

Graham, K. M., & Eslami, Z. R. (2020). Does the simple view of writing explain L2 writing development? A meta-analysis. *Reading Psychology, 41*(5), 485–511.

Graham, S., & Harris, K. R. (2018). Evidence-based writing practices: A meta-analysis of existing meta-analyses. In R. Fidalgo, K. R. Harris, & M. A. Braaksma (Hrsg.), *Design principles for teaching effective writing. Theoretical and empirical grounded principles* (S. 13–37). Brill.

Graham, S., Harris, K. R., & Fink, B. (2000). Extra handwriting instruction. Prevent writing difficulties right from the start. *Teaching Exceptional Children, 33*(2), 88–91.

Graham, S., Harris, K. R., & Hebert, M. (2011). It is more than just the message: Presentation effects in scoring writing. *Focus on Exceptional Children, 44*(4), 1–12.

Graham, S., Harris, K. R., & Santangelo, T. (2015). Research-based writing practices and the common core: Meta-analysis and meta-synthesis. *The Elementary School Journal, 115*(4), 498–522.

Graham, S., & Santangelo, T. (2014). Does spelling instruction make students better spellers, readers, and writers? A meta-analytic review. *Reading and Writing, 27*(9), 1703–1743.

Graves, M. F. (2016). *The vocabulary book. Learning and instruction* (2. Aufl.). Teachers College Press.

Kelley, J. G., Lesaux, N. K., Kieffer, M. J., & Faller, S. E. (2010). Effective academic vocabulary instruction in the urban middle school. *The Reading Teacher, 64*(1), 5–14.

Kent, S. C., & Wanzek, J. (2016). The relationship between component skills and writing quality and production across developmental levels: A meta-analysis of the last 25 years. *Review of Educational Research, 86*(2), 570–601.

Kim, Y.-S. G. (2020). Interactive dynamic literacy model. An integrative theoretical framework for reading-writing relations. In R. A. Alves, T. Limpo, & R. M. Joshi (Hrsg.), *Reading-writing connections: Towards integrative literacy science* (S. 11–34). Springer.

Kim, Y.-S.G., & Park, S.-H. (2019). Unpacking pathways using the direct and indirect effects model of writing (DIEW) and the contributions of higher order cognitive skills to writing. *Reading and Writing, 32*(5), 1319–1343.

Lesaux, N. K., Kieffer, M. J., Faller, S. E., & Kelley, J. G. (2010). The effectiveness and ease of implementation of an academic vocabulary intervention for linguistically diverse students in urban middle schools. *Reading Research Quarterly, 45*(2), 196–228.

Limpo, T., & Graham, S. (2020). The role of handwriting instruction in writers' education. *British Journal of Educational Studies, 68*(3), 311–329.

Limpo, T., Parente, N., & Alves, R. A. (2018). Promoting handwriting fluency in fifth graders with slow handwriting. A single-subject design study. *Reading and Writing, 31*(6), 1343–1366.

Manyak, P. C., von Gunten, H., Autenrieth, D., Gillis, C., Mastre-O'Farrell, J., Irvine-McDermott, E., Baumann, J. F., & Blachowicz, C. L. Z. (2014). Four practical principles for enhancing vocabulary instruction. *The Reading Teacher, 68*(1), 13–23.

McCutchen, D. (2000). Knowledge, processing, and working memory: Implications for a theory of writing. *Educational Psychologist, 35*(1), 13–23.

McCutchen, D. (2011). From novice to expert: Implications of language skills and writing-relevant knowledge for memory during the development of writing skill. *Journal of Writing Research, 3*(1), 51–68.

National Institute of Child Health and Human Development (2000). *Report of the national reading panel: Teaching children to read. An evidence-based assessment of the scientific research literature on reading and its implications for reading instruction. Reports of the subgroups.* U.S. Government Printing Office.

Philipp, M. (2015). *Schreibkompetenz. Komponenten, Sozialisation und Förderung.* Francke.

Philipp, M., & Efing, C. (2018). Förderung von Sprache und Schriftsprache im Sekundarbereich. In C. Titz, S. Geyer, A. Ropeter, H. Wagner, & S. Weber (Hrsg.), *Konzepte zur Sprach- und Schriftsprachförderung entwickeln* (S. 198–213). Kohlhammer.

Santangelo, T., & Graham, S. (2016). A comprehensive meta-analysis of handwriting instruction. *Educational Psychology Review, 28*(2), 225–265.

Stahl, S. A., & Fairbanks, M. M. (1986). The effects of vocabulary instruction: A model-based meta-analysis. *Review of Educational Research, 56*(1), 72–110.

Steinhoff, T. (2013). Wortschatz – im Zentrum von Sprachgebrauch und Kompetenzförderung. In S. Gailberger & F. Wietzke (Hrsg.), *Handbuch Kompetenzorientierter Deutschunterricht* (S. 12–29). Beltz.

Stephany, S., Lemke, V., Linnemann, M., Goltsev, E., Bulut, N., Claes, P., Roth, H.-J., & Becker-Mrotzek, M. (2020). Lese- und Schreibflüssigkeit diagnostizieren und fördern. In C. Titz, P. Claes, S. Weber, H. Wagner, A. Ropeter, S. Geyer, M. Hasselhorn, J. Brandenburg, T. Brosowski, & N. Bulut (Hrsg.), *Sprach- und Schriftsprachförderung wirksam gestalten. Innovative Konzepte und Forschungsimpulse* (S. 156–181). Kohlhammer.

Sturm, A. (2017). Förderung hierarchieniedriger Schreibprozesse. In M. Philipp (Hrsg.), *Handbuch Schriftspracherwerb und weiterführendes Lesen und Schreiben* (S. 266–284). Beltz Juventa.

Sturm, A., Nänny, R., & Wyss, S. (2017). Entwicklung hierarchieniedriger Schreibprozesse. In M. Philipp (Hrsg.), *Handbuch Schriftspracherwerb und weiterführendes Lesen und Schreiben* (S. 84–104). Beltz Juventa.

Wright, T. S., & Cervetti, G. N. (2017). A systematic review of the research on vocabulary instruction that impacts text comprehension. *Reading Research Quarterly, 52*(2), 203–226.

Prinzipien zur Förderung hierarchiehoher Prozesse

4

Zusammenfassung

In diesem Kapitel steht die Vermittlung von Schreibwissen im Zentrum, denn Wissen über das Schreiben fungiert als wichtige Ressource für die Ausgestaltung hierarchiehoher Schreibprozesse. Dieses Wissen über das Schreiben hat verschiedene Bezugspunkte, von denen zwei an dieser Stelle leitend sind. Der erste Bezugspunkt sind die beim Schreiben ablaufenden *Prozesse,* und zwar nicht nur hinsichtlich der Bezeichnungen (deklaratives Wissen), sondern auch der dafür nötigen Schritte und Vorgehensweisen (prozedurales Wissen) und – ebenso wichtig – der sinnvollen, kontextsensitiven Anwendungssituationen (konditionales Wissen). In diesem Verbund ermöglicht das metakognitive Strategiewissen eine Übersetzung in gelingende kognitive und metakognitive Schreibprozesse. Dies wird im ersten Teilkapitel unter dem Stichwort *Schreibstrategiewissen* diskutiert und mit dem übergeordneten Konzept des selbstregulierten Schreibens verknüpft.

Den zweiten Bezugspunkt bildet das *Schreibprodukt.* In der Forschung wird dies vor allem als *Textsortenwissen* bezeichnet, meint aber allgemein das Wissen darüber, welche Merkmale der verlangte Text prototypisch aufweist. Dieses Wissen, das dazu dient, Inhalte in eine kommunikativ etablierte Form zu überführen, welche dem kommunikativen Schreibanlass gerecht wird, ist zugleich wichtig für das prozessbezogene Wissen. Das Wissen über die Erfordernisse des Produkts hilft dabei, die Prozesse günstig zu gestalten, indem die Parameter des Schreibens geklärt werden können. Zudem werden häufig beide Wissensarten kombiniert vermittelt, etwa bei textsortenspezifischen Schreibstrategien.

4.1 Perspektive Prozess: Schreibstrategiewissen vermitteln – oder: Wie sollte man beim Schreiben vorgehen?

▶ Schreiben setzt die Anwendung von Wissen über Prozesse voraus. Diese Wissensbestände betreffen nicht nur das Wissen über den Schreibgegenstand, sondern auch darüber, wie man als schreibende Person unter den Realbedingungen dazu kommt, tatsächlich den verlangten Text selbstständig zu erstellen. Dabei müssen viele Prozesse orchestriert werden, was unter dem Stichwort „selbstreguliertes Schreiben" behandelt wird. Selbstregulierte Schreibende nutzen Schreibstrategien, die sie aus eigenem Vermögen heraus aktivieren, kontrollieren und modifizieren. Diese Schreibstrategien wurden bislang vor allem für das Planen und das Revidieren als hierarchiehohe Prozesse untersucht. Schreibstrategien dienen dazu, Zielzustände zu erreichen (etwa: den Text mit definierten Merkmalen zu schreiben), und dafür sequenzieren und portionieren sie die dafür notwendigen Herangehensweisen in bewältigbare Arbeitspakete. Für das Lehren des dafür nötigen Schreibstrategiewissens gilt dabei die explizite Vermittlung als vielversprechend, die bei Lehrpersonen die Kenntnis von selbstregulierten Schreibprozessen ebenso voraussetzt wie die Fähigkeit, diese didaktisch zu inszenieren (Modellieren) und angemessen üben zu lassen.

4.1.1 Schreibstrategien und selbstreguliertes Schreiben

4.1.1.1 Was ist selbstreguliertes Schreiben?

Halten Sie kurz inne, ehe Sie weiterlesen, und beantworten Sie für sich folgende Frage (gerne auch in Notizform), die sich auf ein fiktives Szenario beziehen:

> Angenommen, Sie hätten die Möglichkeit, bei einer Stiftung Mittel einzuwerben, um in der Schule das digitale Lernen auszubauen. Da erwartbar sehr viele Schulen solche Mittel einzuwerben versuchen, kommt erstmals ein zweistufiges Verfahren zum Einsatz. In der ersten Stufe, um die es geht, sollen Sie auf einer DIN-A4-Seite eine Executive Summary zu dem Konzept einreichen, die die Grundlage für einen ausführlicheren Antrag bildet. Abgabetermin der Executive Summary ist in zwei Monaten bei normalem Schulbetrieb. Wie gehen Sie vor?

4.1 Perspektive Prozess: Schreibstrategiewissen vermitteln – oder ...

Ein solcher Schreibauftrag bzw. eine solche Vignette skizziert einen offenen und allein deshalb komplexen Schreibauftrag, der hohe Anforderungen an eine schreibende Person stellt. Denn wer erfolgreich schreiben will – zumal bei unvertrauten Schreibanlässen –, muss sich für und gegen Handlungsoptionen entscheiden, welche das Schreibziel, den Kontext und diverse Ressourcen betreffen. Das, nebst dem Umstand, dass Schreiben ein komplexer Prozessverbund ist, macht es zu einem kognitiv anstrengenden Unterfangen, für das gute Schreibende eine Handhabe besitzen. Schreibstrategien sind als kognitive Werkzeuge dazu da, autonome Handlungspläne zu generieren und einzusetzen, um beim Schreiben handlungsfähig zu werden und zu bleiben. Solche Schreibstrategien bilden den (meta-)kognitiven Kern dessen, was als „selbstreguliertes Schreiben" bezeichnet wird, das einen übergeordneten Zielzustand kompetenten Schreibens skizziert, bei dem Personen in vielen Situationen autonom und erfolgreich beim Schreiben vorgehen.

▶ **Selbstreguliertes Schreiben** Das selbstregulierte Schreiben bezeichnet die von der schreibenden Person selbst initiierten Gedanken, Emotionen und Handlungen, welche die Person dazu nutzt, verschiedene schreibbezogene Ziele zu erreichen, darunter das Verbessern der eigenen Schreibfähigkeiten bzw. die Qualität des zu schreibenden Texts (Zimmerman & Risemberg, 1997, S. 76). Selbstreguliertes Schreiben hat damit einen Zielbezug, und die schreibende Person nutzt optimalerweise aus einem Spektrum steuerbarer Vorgehensweisen (Strategien) jene, die ihr bei der Zielerreichung nützlich sind und für die sie über das entsprechende Wissen verfügen muss.

Die Definition des selbstregulierten Schreibens ist naturgemäß noch recht abstrakt. Das Konzept der Selbstregulation lässt sich besser verdeutlichen, wenn man professionelle Schreibende und ihre Vorgehensweisen beim Schreiben betrachtet. Denn es gibt dort diverse Hinweise darauf, dass sie ihr Schreiben auf individuelle Weise selbst regulieren und dabei auf einen für sie optimalen Mix von Vorgehensweisen zurückgreifen, der ihnen dabei hilft, beim Schreiben produktiv zu sein.

Professionelle selbstregulierte Schreibende als Vorbild – Strategien der Selbstregulation
Ein bis heute vielbeachtetes Modell zum selbstregulierten Schreiben stammt von Barry Zimmerman und Rafael Risemberg (1997, vgl. Abb. 4.1). Es handelt sich um eine Sammlung von untereinander zusammenhängenden Prozessen der Selbstregulation, die als Trias konzipiert ist. Entscheidend ist dabei, worauf sich die selbstregulatorischen Aktivitäten und Prozesse beziehen: erstens und zuoberst im Modell dargestellt auf die *eigene Person* – und hier vor allem die eigenen, internal ablaufenden (Meta-)Kognitionen –, zweitens auf das eigene *Verhalten* oder drittens auf die *Umwelt*. Diese Trias ist so angelegt, dass die Person im Optimalfall aufgrund umfassender selbstregulatorischer Fähigkeiten den Erfolg der selbstregulatorischen Bemühungen metakognitiv überwacht und die jeweiligen Prozesse bei Misserfolg modifiziert oder aber bei Erfolg beibehält. Auch Personen mit hoher Expertise im Schreiben zeichnen sich durch umfassende Selbstregulationsfähigkeiten aus (Kellogg, 2018).

Innerhalb der Trias im Modell aus Abb. 4.1 sind zehn Prozesse aufgeführt, die zum einen von erfolgreichen Schreibenden verwendet werden. Zum anderen lassen sich einige dieser Prozesse innerhalb schulischer schreibdidaktischer Maßnahmen nachweislich erfolgreich vermitteln. Die fünf unterstrichenen selbstregulatorischen Prozesse – vier die eigene Person betreffend und einer bzgl. der Umwelt – lassen sich im Schulalter laut (quasi-)experimentellen Interventionsstudien fördern und führen zu besseren Texten (Santangelo et al., 2016). Außerdem zeigen sich über diverse Wissensdomänen, darunter sprachliche, recht straffe positive Zusammenhänge von selbstregulatorischen Prozessen bei Aufgabenbearbeitungen und Schulleistungen (Dent & Koenka, 2016) – der Zusammenhang von Selbstregulation und Erfolg ist also nicht auf das Schreiben allein begrenzt.

Bei der Trias verschiedener strategischer Schreibprozesse dominieren im Modell, welches auf einem selektiven Literaturüberblick basiert, der stark den damaligen Zeitgeist und Erkenntnisstand widerspiegelt, deutlich kognitive Prozesse. Das zeigt sich wenig überraschend bei den *innerhalb der schreibenden Person zu situierenden (meta-)kognitiven Selbstregulationen,* die nicht nur die meisten Nennungen auf sich vereinen, sondern auch unter den schulisch erfolgreich förderbaren Ansätzen besonders vielversprechend wirken. Die am häufigsten im schulischen

4.1 Perspektive Prozess: Schreibstrategiewissen vermitteln – oder …

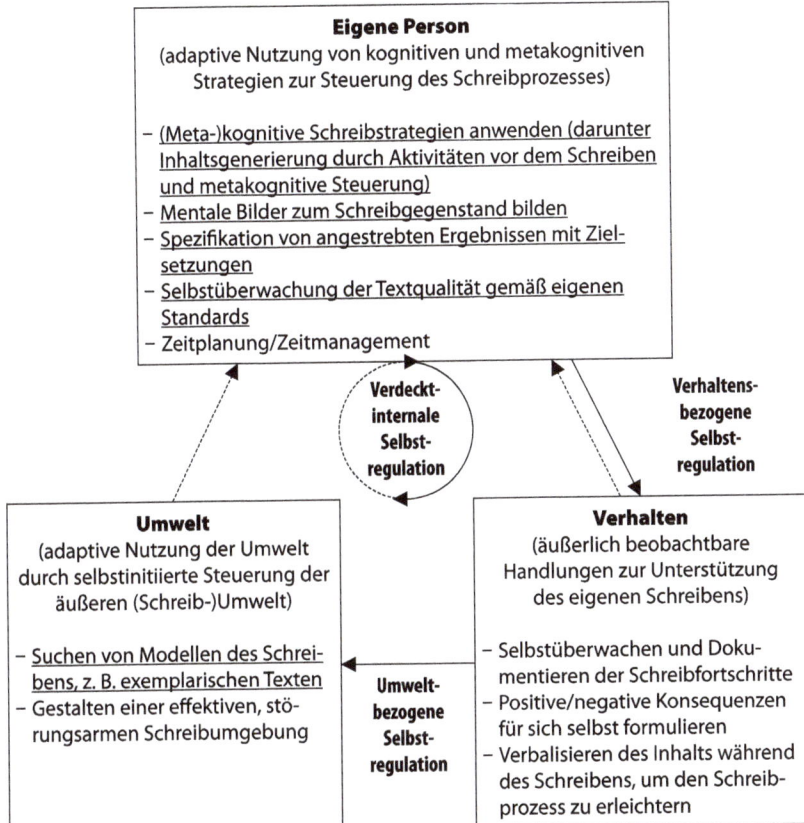

Abb. 4.1 Überblick über Prozesse der schreibbezogenen Selbstregulation. (Eigene Darstellung nach Zimmerman & Risemberg, 1997, S. 78 f.; Santangelo et al., 2016, S. 179; Legende: Pfeile mit durchgängiger Linie geben strategisch initiierte Prozesse an; Pfeile mit gestrichelter Linie deklarieren Rückkopplungen im Sinne von metakognitiven Feedbackschleifen; unterstrichene Vorgehensweisen gemäß der Metaanalyse von Santangelo et al., 2016, sind nachweislich effektiv für verbesserte Textqualität)

Kontext untersuchte Strategie besteht darin, selbstständig die kognitiven und metakognitiven Prozesse des Schreibens zu orchestrieren, also Schreibstrategien anzuwenden. Damit sind zuvorderst Planungs- und Revisionsstrategien gemeint, die als partiell kognitive, partiell bereits metakognitive Merkmale in sich tragende Handlungspläne fungieren und vom Skizzieren von Texten bis hin zu feinteiligen Planungen reichen und auch das Revidieren von Entwürfen beinhalten. Spezifische Strategien der Inhaltsgenerierung wie das Imaginieren der zu beschreibenden Inhalte – das Bilden mentaler Bilder – können zum Planen gezählt werden, aber auch das Setzen klarer Ziele für das Schreibprodukt, um Kriterien der Zielerreichung selbstständig zu überprüfen. Damit verwandt ist, dass man für sich selbst Qualitätsstandards anlegt, denen der eigene Text zu genügen hat, was ebenso wie das eigenständige Setzen von Produktzielen eine metakognitive Basis für das Revidieren darstellt. Die letzte, in Interventionsstudien noch nicht ausreichend abgesicherte Strategie ist eine Stützstrategie: Indem Personen ihre Schreibzeiten terminieren und von Störungen freihalten, können sie sich ganz dem Geschäft der Texterstellung widmen.

Die *verhaltensbezogenen Selbstregulationen,* für die aus Interventionsstudien noch keine ausreichende empirische Evidenz vorliegt, von denen aber erfolgreiche Autorinnen und Autoren berichten, sind vielgestaltig. Sie reichen von der Dokumentation eigener Fortschritte durch buchhalterisch wirkende Notationen der Schreibmenge über das Inaussichtstellen von tatsächlich stattfindenden Belohnungen für frühes Abschließen von (Etappen-) Zielen bzw. Bestrafungen im Negativfall hin zum lauten Mitsprechen beim Schreiben. Letzteres dient dazu, die Wirkung zu überprüfen und dadurch frühzeitig Texte zu revidieren und so den Schreibprozess zu entlasten.

Die letzte Kategorie von Selbstregulationsstrategien betrifft die gezielte, durch eigenes Verhalten gesteuerte Nutzung der *Umwelt.* Hier sind zwei Strategien (unter einer Vielzahl weiterer) angeführt worden. Zum einen können selbstreguliert schreibende Personen sich gezielt in eine für sie förderliche Schreibumgebung begeben, etwa einen ruhigen, störungsarmen Raum. Zum anderen können sie sich auch textuelle oder soziale Schreibmodelle suchen, d. h., sie können sich an exemplarischen Modellen orientieren, indem sie beispielsweise fremde Texte analysieren, geglückte Formulierungen und Textstrukturierungen aktiv suchen oder sich teils sogar daran orientieren, was andere Personen über ihr Vorgehen beim erfolgreichen Schreiben berichten. Gerade das Studieren von Beispieltexten hat sich als günstige Form selbstregulierten Schreibens erwiesen.

4.1.1.2 Was sind Schreibstrategien?

Nach dem Verständnis von selbstreguliertem Schreiben ist das Konzept dicht angelehnt an dasjenige der *Metakognition,* also jenem Sammelbegriff, der Kognitionen über Kognitionen bezeichnet (Dinsmore et al., 2008). Wenn jemand beispielsweise ein konkretes, scharf umrissenes Ziel mit dem Schreiben verfolgt und seine Schreibaktivitäten gesamthaft stringent danach ausrichtet, ist dies ein Indikator für die erfolgreiche Nutzung der eigenen Metakognition. Es gibt Modelle kompetenten Schreibens, nach denen Schreiben ein zutiefst angewandtes Beispiel für Metakognition ist (Hacker, 2018), und Schreiben gilt als Paradebeispiel dafür, dass Personen die verschiedenen kognitiven, motivationalen, sozialen und umweltbezogenen Prozesse selbst steuern müssen, um Erfolg zu haben (Graham et al., 2018a). Hierfür benötigen sie metakognitives Strategiewissen als eigene Ressource, und dieses Wissen müssen sie erwerben, da Schreibwissen wie auch die Fähigkeit zum Schreiben nicht angeboren ist. Metakognition und Schreibstrategien sind also aufs Engste verquickt, und das zeigt auch die nachstehende Definition.

▶ **Schreibstrategien und drei Arten des metakognitiven Strategiewissens** *Schreibstrategien* sind Handlungspläne, die dazu dienen, schreibbezogene Ziele aktiv zu erreichen. Diese Ziele können vielgestaltig sein, etwa das Verfassen des aktuellen Textes – sei es beim Planen, beim Formulieren oder beim Revidieren –, das Kreieren einer adäquaten Schreibumgebung oder das Verbessern der eigenen Schreibfähigkeiten etc. Um solche Ziele aktiv zu erreichen, wählen Schreibende selbstreguliert adäquate Handlungen aus einem Repertoire aus und überwachen den Einsatz dieser Handlungspläne hinsichtlich der Effektivität; ggf. modifizieren sie ihre Schreibstrategien, wenn diese nicht zielführend sind. Schreibstrategien sind nicht angeboren, sondern müssen mit einigem Aufwand von Personen erst einmal erworben werden (Philipp, 2014, S. 50).

Grundlage solcher Schreibstrategien sind *metakognitive Wissensbestände.* Metakognitives Wissen bezieht sich auf Kognitionen über Kognitionen und damit auch und gerade auf sinnvolle (zielbezogene und steuerbare) Schreibstrategien. Klassischerweise werden drei Arten von zusammenhängenden Wissensarten unterschieden:

- *Deklaratives Wissen* (Wissen über Strategien). Darunter fällt, dass jemand weiß, wie eine Strategie heißt, welche Merkmale eine verlangte Textsorte hat, das Wissen über ein Thema bzw. die Adressaten eines Textes etc. Für die Schreibstrategien ist wichtig, dass jemand Wissen darüber hat, dass Strategien dabei helfen, Schreibziele zu erreichen.

- *Prozedurales Wissen* (Wissen, wie man Strategien anwendet). Diese Form des Wissens betrifft die Kenntnis von Handlungsoptionen und vor allem Handlungsschritten, z. B. wie man plant, wie man eine Textsorte strukturiert, wie man beim Revidieren vorgeht, wie man sich eine günstige Schreibumgebung schafft – kurzum: Wissen über umsetzbare Vorgehensweisen, die einer Zielerreichung dienlich sind.
- *Konditionales Wissen* (Wissen über die Umstände für eine günstige Anwendung der Strategien). Dieses Wissen ist wichtig dafür, dass jemand die adäquate Strategie auswählt, welche unter den Kontextbedingungen und gemäß den Schreibzielen die optimale Variante darstellt (Harris et al., 2010, S. 227 f.).

Nach der obigen Definition sind Schreibstrategien Handlungspläne, also zielgerichtete schreibbezogene Aktivitäten des Problemlösens. Zur Problemlösung gehört, dass die jeweiligen übergeordneten Probleme in kleinere Teilprobleme (Arbeitspakete) zergliedert werden, die die Personen dann mithilfe ihrer kognitiven Ressourcen – hier vor allem: dem Arbeitsgedächtnis – bewältigen können. Dies nehmen die Schreibstrategien insofern gezielt auf, als sie in aller Regel als Bündel einzelner Strategien konzipiert sind, und jede Einzelstrategie dazu dient, ein spezifisches Problem zu lösen, wobei es aber auf die Gesamtheit und das Zusammenwirken dieser Teilproblemlösungen in ihrem Verbund ankommt. Das heißt: Die einzelnen Strategien in den Bündeln sind zwar funktional isolierbar, damit sie als Arbeitsschritte absolviert werden können, dennoch sind sie keine isolierten (und somit womöglich verzichtbar wirkenden) Schritte, sondern bilden in ihrer Kombination eine Einheit. Dies greifen diverse Schreibstrategiebündel ganz gezielt auf, indem sie die Schreibprozesse, primär diejenigen im Planen und Revidieren, portionieren.

Das lässt sich in diversen Schreibförderansätzen wiederfinden, die sich der Vermittlung von Schreibstrategien gewidmet haben, darunter das POWER-Strategiebündel aus dem Abschn. 2.1. Dieser Förderansatz vermittelte für zwei Sachtextsorten – vergleichende und erklärende Texte – Planungs- und Revisionsstrategien. Wie eng sich dies beispielsweise an die Teilprozesse des *Planens* anbinden lässt (vgl. Abschn. 1.2), zeigen die Denkblätter aus Abb. 4.2 für den ersten Schritt „Plan" und aus Abb. 4.3 für den zweiten Schritt „Organize". Das erste Denkblatt aus Abb. 4.2 – die Bezeichnung „Denkblatt" basiert darauf, dass diese Blätter als externale Speicher der aufgabenrelevanten Informationen fungieren und nur der schreibenden Person dienen – bezieht sich vor allem auf die zwei Teilprozesse der *pragmatischen Verarbeitung*. Denn es werden im oberen Teil des Denkblatts das Thema, die Adressaten (Frage „Für wen schreibe ich?"

Denkblatt – PLANEN

Name: _____ Datum: _____

THEMA: _____

Wer? Für wen schreibe ich?

_____
_____

Warum? Warum bzw. wozu schreibe ich?

_____
_____

Was? Was weiß ich zu dem Thema?

1. _____
2. _____
3. _____
4. _____
5. _____

Wie? Wie kann ich meine Ideen *gruppieren*?

[ ]   [ ]
_____ _____
_____ _____

[ ]   [ ]
_____ _____
_____ _____

Abb. 4.2 Planungsdenkblatt aus dem POWER-Strategiebündel, Schritt „Plan" – generisches Planen. (Quelle: eigene Übersetzung von Englert, 1990, S. 196 f.)

Denkblatt – VERGLEICH ORGANISIEREN

Was wird verglichen?

---

1. Bereich, der verglichen wird

1. Ähnlichkeit

1. Unterschied

---

2. Bereich, der verglichen wird

2. Ähnlichkeit

2. Unterschied

---

3. Bereich, der verglichen wird

3. Ähnlichkeit

3. Unterschied

Abb. 4.3 Planungsdenkblatt aus dem POWER-Strategiebündel, Schritt „Organize" – textsortenspezifisches Planen der Textsorte Vergleich. (Quelle: eigene Übersetzung von Englert, 1990, S. 203)

unter „Wer?") und Zweck des Schreibens (Frage „Warum bzw. wozu schreibe ich?" unter „Warum?") explizit geklärt. Direkt darunter steht der Leerraum für die Beantwortung der Frage „Was weiß ich zu dem Thema?" für die Bearbeitung eines anderen, inhaltlichen Teilprozesses, nämlich der *Inhaltsgenerierung*. Die Schreibenden notieren potenzielle Inhalte aus dem Gedächtnis oder anderen, externen Quellen. Die letzte Frage „Wie kann ich meine Ideen gruppieren?" führt bereits in die *Inhaltsorganisation* hinein: Es geht darum, dass thematisch zusammengehörige potenzielle Inhalte aus der Frage zuvor in eine erste geordnete Form von Notizen überführt werden. So findet eine thematische Sortierung statt, die später nochmals aufgegriffen wird, nämlich im Denkblatt aus Abb. 4.3. Dieses Denkblatt, das für das Organisieren steht, stellt den Brückenschlag dar zu den textsortenspezifischen Anordnungen von geplanten Inhalten. Im exemplarischen Fall, der Textsorte Vergleich, wird dies über die Vergleichsdimensionen („Bereiche" genannt) realisiert, die zudem noch nach Gemeinsamkeiten und Unterschieden unterteilt sind. Auf diese Weise werden die zuvor generierten Inhalte dann in eine zieltextsortenkonforme Variante überführt, es entsteht so ein schriftlich fixierter Schreibplan, der im Laufe des Schreibprozesses als Ressource fungiert.

Das *Revidieren* ist analog zum Planen ein Verbund beteiligter Teilprozesse, die ähnlich wie das Planen sowohl metakognitiv-selbstregulatorische als auch kognitive Bestandteile aufweisen. Die drei Teilprozesse des Revidierens greifen ebenfalls ineinander. Dies zeigt das Denkblatt aus Abb. 4.4, das für die Selbstbeurteilung von Vergleichen dient und von einem weitestgehend parallelisierten Pendant zur Fremdbeurteilung von Mitschülerinnen bzw. Mitschülern flankiert wird. So beurteilen jeweils die schreibende und eine begutachtende Person ein und denselben Text im Vier-Augen-Verfahren, wobei die Verfasser auch noch gezielte Fragen zum Text an den die jeweiligen Redakteur-Schüler und -Schülerinnen formulieren (vgl. 3b unten im Denkblatt), auf welche die begutachtende Personen achten und antworten sollen.

Aus der Sicht der Schreibprozessforschung löst das Denkblatt die zwei Teilprozesse Problemidentifikation und Entscheiden über die Veränderungen ein. Die *Problemidentifikation* erfolgt durch die gelenkte Aufmerksamkeit auf allgemein geglückte bzw. weniger geglückte Textteile, um so potenziell veränderungsnötige Stellen zu erkennen – und solche, die keiner Veränderung zu bedürfen scheinen (vgl. Teil 1 „Lies deinen Text nochmals und überprüfe ihn." in Abb. 4.4). Der zweite Teil mit fünf Fragen zu teils textsortenspezifischen Merkmalen (2a bis 2e) dient einer mehrstufigen Selbsteinschätzung, ob die Produktziele eingeholt wurden. Nach dieser Problemidentifikation folgt unter 3a eine Entscheidung zu den notwendig wirkenden Reparaturen, mithin die *Entscheidung über Veränderungen* als zweiten Teilprozess des Revidierens. Dies geschieht zusätzlich

Denkblatt – <u>VERGLEICH</u> <u>SELBST</u> <u>ÜBERPRÜFEN</u>

Name: _____ Datum: _____

---

1 Lies deinen Text nochmals und überprüfe ihn.

a) Was magst du am liebsten an deinem Text? Setz einen ★ an die Stelle.

_____

_____

b) Wo sind Teile noch unklar? Setz ein **?** an die Stelle.

_____

_____

---

2 Frag dich selbst und kringel deine Antwort ein: Habe ich …

a) … mitgeteilt, was ich vergleichen will?   *ja*   *zum Teil*   *nein*

b) … Bereiche benannt, in denen ich den Vergleich vornehme?   *ja*   *zum Teil*   *nein*

c) … geklärt, worin sich die verglichenen Dinge ähneln?   *ja*   *zum Teil*   *nein*

d) … worin sie sich unterscheiden?   *ja*   *zum Teil*   *nein*

e) … Signalwörter eindeutig benutzt?   *ja*   *zum Teil*   *nein*

---

3 Plane deine Überarbeitung.

a) Welche Teile willst du verändern? (Kläre für jedes unter 2 angekreuzte „nein" oder „zum Teil", ob du ergänzen, verzichten oder die Reihenfolge ändern solltest.)

1. _____

2. _____

b) Schreib zwei oder mehr Fragen an deinen Redakteur.

1. _____

2. _____

Abb. 4.4 Revisionsdenkblatt aus dem POWER-Strategiebündel, Schritt „Edit/Editor" – Selbstbeurteilung. (Quelle: eigene Übersetzung von Englert, 1990, S. 209)

zu dem Input der Feedback gebenden Mitschülerinnen bzw. Mitschülern und wird auch einem finalen Denkblatt (hier ohne eigene Abbildung) angeleitet. Auf dieser Basis kommt es dann zur endgültigen Entscheidung unter der Hoheit der schreibenden Person, welche Textteile tatsächlich überarbeitet werden. Die *Ausführung der Revisionen* als dritter Prozess wird also mehrschrittig angeleitet resp. vorbereitet.

4.1.1.3 Planungsstrategien als Arbeitspakete kognitiver und metakognitiver Leistungen für die Auswahl und Strukturierung angemessener Inhalte

In der obigen Definition von Schreibstrategien wurden sie als Handlungspläne mit einem Zielbezug bezeichnet. Dies nimmt die Schreibförderung zur Verbesserung des schreibstrategischen Vorgangs deutlich erkennbar auf. Denn häufig werden die übergeordneten Ziele wie „Schreibe eine Geschichte!" oder „Vergleiche X mit Y in deinem Text!" in Arbeitspakete und -schritte zergliedert. Das heißt, aus den übergeordneten Hauptzielen werden Teilziele, aus dem Gesamtprozess werden Teilpakete gebildet, und damit entsteht, allgemein gesprochen, eine portionierte Herangehensweise, die der Funktionsweise des Arbeitsgedächtnisses entgegenkommt, indem Schreibende nicht von der kognitiven Belastung überfordert werden. Das bedeutet aber auch, dass die Schreibprozesse sich durch die Nutzung der Schreibstrategien tendenziell verlängern bzw. sich in ihrem Verbund verändern. Denn die Grundlagenforschung zeigt, dass beispielsweise Prozesse des Planens und Revidierens ohne Förderung bei Kindern und Jugendlichen in nur geringem Maß vorkommen (López et al., 2019). Durch die Vermittlung von Strategien ändert sich dies – und steigert auch die Schreibleistungen (Fidalgo et al., 2008).

Strategievermittlung, die der Verhaltensmodifikation beim Schreiben dient (z. B. nicht sofort mit dem Schreiben zu starten, sondern sich über das Ziel Gedanken zu machen und einen Aufbau mit Inhalten festzulegen oder – beim Revidieren – sich nicht auf alle möglichen Merkmale des Textes gleichermaßen zu fokussieren und diese überarbeiten zu wollen), portioniert die Schritte zum Erfolg in Etappen und vermittelt dieses Vorgehen den Kindern und Jugendlichen. Entscheidend ist dabei, dass die Schritte nicht um ihrer selbst willen und unverbunden erfolgen, sondern einem übergeordneten Ziel dienen und einen sinnvollen Aufbau haben, da die Schritte in der Regel einer Progression folgen.

Planungsstrategien als Bündel einzelner Prozesse des Planens lassen sich grob unterteilen in zwei Gruppen, zum einen in jene *generischen Strategien* mit einem breiten Einsatzgebiet und zum anderen in *spezifische Strategien,* die sich vor allem auf Textsorten beziehen. Dies nimmt die Darstellung von sieben exemplarischen Strategien aus Tab. 4.1 auf, indem im oberen Teil der Tabelle

Tab. 4.1 In der Interventionsforschung verwendete Planungsstrategien mit ihren einzelnen Schritten. (Angereicherte Darstellung basierend auf McKeown & FitzPatrick, 2018, S. 266, ergänzt um Graham et al., 2007, S. 221 f., sowie Mason et al., 2012, S. 188)

Fokus: Planen allgemein	
STOP+LIST	• *S*top and *t*hink *o*f *p*urpose – Warte mit dem Schreiben und denk über dein Ziel nach • *L*ist *i*deas and *s*equence *t*hem – Schreib deine Ideen auf und bring sie in eine Reihenfolge
POW	• *P*ick an idea – Sammle Ideen • *O*rganize my notes – Leg eine Reihenfolge der Ideen fest • *W*rite and say more – Schreib deinen Text und schreib mehr, als du bislang geplant hast
RAFT	• *R*ole – Welche Rolle hat man als schreibende Person, d. h., aus welcher Perspektive heraus schreibt man? • *A*udience – Wer sind die Adressatinnen und Adressaten? • *F*ormat – Welche Textsorte bzw. welche Art von Text mit welchen Merkmalen wird verlangt? • *T*opic – Über welches Thema soll man schreiben?
Fokus: Genre-/textsortenspezifisches Planen	
Geschichte: W4H2	• *W*ho? – Wer? (Haupt- und andere Figur) • *W*hat? – Was? (Problem/Handlung) • *W*hen? – Wann? (Zeit) • *W*here? – Wo? (Ort) • *H*ow does it end? – Wie soll die Geschichte enden? • *H*ow does the character feel? – Wie fühlt sich die Hauptfigur am Ende?
Informierender Sachtext: TIDE	• *T*opic Sentence – Was ist das Thema des Textes? • *I*mportant *D*etails – Was sind mindestens drei wichtige Details zum Thema? • *E*nding – Was ist ein guter abschließender Satz?
Argumentation: TREE	• *T*opic sentence (Tell what you believe) – These: Schreib deine Meinung auf • *R*easons (three or more) – Argumente: drei oder mehr • *E*xplanations (three or more) – Beispiele für die Argumente: drei oder mehr • *E*nding (Wrap it up right), and Examine (Do I have all my parts?) – Abschluss (Fass es zusammen) und Überprüfen (Habe ich alle meine Teile im Text?)

(Fortsetzung)

Tab. 4.1 (Fortsetzung)

Fokus: Planen allgemein

Argumentation: STOP+DARE
- *S*uspense judgement – noch kein Urteil zu Beginn fällen
- *T*ake a side – Sich für die Pro- oder Kontra-Seite entscheiden
- *O*rganize ideas – Inhalte sinnvoll reihen
- *P*lan more – mit dem Planen von Argumenten weitermachen
- *D*evelop a topic sentence – themenbezogenen Satz (hier: These) formulieren
- *A*dd support – unterstützende Argumente und Beispiele für die These ergänzen
- *R*eject opposition – Gegenargumente entkräften
- *E*nd with conclusion – mit einem starken Schluss und einer klaren Position den Text beenden

allgemeine Planungsstrategien und im unteren Teil die textsortenspezifischen Strategien enthalten sind. In der Förderung sind häufig Kombinationen von Vertretern beider Strategiegruppen zum Einsatz gekommen (Graham et al., 2013).

Die Planungsstrategien aus der Tab. 4.1 gehen gezielt auf die drei Teilprozesse des Planens aus Abschn. 1.2 ein, wenn auch in unterschiedlichem Maße. Die pragmatische Verarbeitung zur Klärung der kommunikativen Absicht ist beispielsweise enthalten in den Strategien STOP+LIST (bei STOP) und RAFT (die ersten drei Schritte R, A und F), aber nicht in den anderen Strategien. Dabei überwiegen in den exemplarischen Strategien deutlich die Inhaltsgenerierung und insbesondere die Inhaltsorganisation, also die kohärente Reihung von vorgesehenen Inhalten. Diese Fokussierung auf die Inhaltsorganisierung lässt sich in den textsortenspezifischen Strategien als markantes Merkmal wiederfinden, und diese unterschiedliche Akzentuierung erklärt, weshalb die Kombination von allgemeinen und spezifischen Planungsstrategien üblich ist: Es geht um eine doppelte Komplementarität, nämlich einerseits bei den allgemein nötigen Prozessen des Planens und andererseits bei dem Erfüllen von schreibanlassbezogenen Anforderungen, worunter die adäquate inhaltliche Ausgestaltung der Textsortenspezifika fällt.

4.1.1.4 Revisionsstrategien als Arbeitspakete kognitiver und metakognitiver Leistungen der Textoptimierung

Das Revidieren hat im Schreibprozess die Funktion, entstehende Texte zu prüfen und etwaige Probleme zu beheben. Das zeigt sich in den drei prototypischen Teilprozessen, die beim Revidieren interagieren: 1) Problemidentifikation (als eigentliches Überprüfen, vor allem als genaues Lesen), 2) Entscheiden über die

Änderungsnotwendigkeit (Prüfen, ob die Probleme mit Blick auf das Schreibziel gravierend genug sind, um Änderungen nach sich zu ziehen) und schließlich 3) die Ausführung der Reparatur. Für das Gelingen der Revision in dem Sinne, dass Texte durch das Revidieren qualitativ besser werden – sei es inhaltlich, strukturell oder sprachformal –, sind die Anwendung und Nutzung klarer *Evaluationskriterien* essenziell (MacArthur, 2016). Entsprechend machen sich erfolgreiche Förderansätze dies zunutze, indem sie die Aufmerksamkeit der Personen auf die Problemdiagnose lenken. Dies erfolgt neben einer Sequenzierung auch über die in der Regel klar benannte Textmenge bzw. -ebene nebst zu prüfenden Merkmalen. Damit wird ein systematisches, vollständiges und genaues Überprüfen angebahnt, wobei sich die einzelnen Revisionsstrategien durchaus in ihrer Korngröße unterscheiden. Dies illustrieren die vier Beispiele aus Tab. 4.2. Speziell die CDO-Strategie (*C*ompare, *D*iagnose und *O*perate) adressiert die drei Prozesse des Revidierens explizit.

Zur Wahrheit zu den Revisionsstrategien gehört, dass dieser Prozess nicht nur auf Selbstevaluationen setzt. Die Förderansätze gehen vielmehr auf diverse Quellen der Evaluationen ein, was unter dem Schlagwort *formatives Feedback* diskutiert wird. Formatives Feedback setzt auf schreibprozessbegleitende Rückmeldungen mit dem Ziel der Optimierung von Produkten und Prozessen des Schreibens. Als Feedbackquellen fungieren automatische Rückmeldungen auf Basis von digitalen Schreibtools, aber auch von Mitschülerinnen und Mitschülern sowie Lehrpersonen (MacArthur, 2016). Diese Feedbackquellen sind mindestens so wirksam wie Einschätzungen von der schreibenden Person ohne weitere externe Feedbackquellen, teils sogar erheblich wirksamer (Graham et al., 2015; Graham et al., 2018b). Auf diese Möglichkeiten sei an dieser Stelle aus Platzgründen nur verwiesen – und darauf, dass dieses Feedback als externe Unterstützung auch Teil der Strategievermittlung ist, wenn es darum geht, die Anwendung von neuen Schreibstrategien zu erlernen.

4.1.2 Das didaktische Designprinzip zur Vermittlung von Schreibstrategien und metakognitivem Wissen über Schreibstrategien

Den Kern der gelingenden Anwendung von Schreibstrategien bzw. von Strategien allgemein bildet das Strategiewissen, auf das schreibende Personen zurückgreifen müssen, was anfänglich mühsam und absichtsvoll erfolgt oder auch durch häufige Anwendung weniger stark gesteuert werden muss. Gerade im Falle des selbstregulierten Schreibens wird in zyklischen Modellen angenommen, dass Personen

Tab. 4.2 In der Interventionsforschung verwendete Revisionsstrategien (Fokus: Selbstbeurteilungen) mit ihren einzelnen Schritten. (Quellen: CDO global und lokal: De La Paz et al., 1998, S. 451, leicht adaptiert; CDO lokal: Graham, 1997, S. 226; SCAN: Graham & MacArthur, 1988, S. 138; COPS: Schumaker et al., 1982, S. 176)

Fokus: globales und lokales Prüfen – genreunspezifisch	

CDO (global und lokal)	**Globale Einschätzungen**
	• Lies den Text und such die passende weiße Evaluationskarte heraus (*C*ompare und *D*iagnose – über Auswahl von Kärtchen mit vorgefertigten Aussagen)
	  – Zu wenige Ideen
	  – Teile des Textes passen nicht zum Rest
	  – Teile des Textes sind nicht in der richtigen Reihenfolge
	• Such eine blaue Karte für jede Evaluation aus (*D*iagnose und *O*perate)
	  – Schreib es anders
	  – Lösch es
	  – Füge etwas hinzu
	  – Verschieb es
	• Führ die Veränderungen aus (*O*perate)
	Lokale Einschätzungen
	• Lies nochmals den Text und markiere Probleme im Text (*C*ompare)
	• Such dir eine passende gelbe Evaluationskarte für jedes markierte Problem aus (*C*ompare und *D*iagnose – über Auswahl von Kärtchen mit vorgefertigten Aussagen)
	  – Das klingt nicht richtig
	  – Das wollte ich nicht sagen
	  – Diese Idee ist unvollständig
	  – Diese Idee ist schwach
	  – Dieser Teil ist unklar
	  – Das Problem ist _____
	• Such eine blaue Karte für jede Evaluation aus und führe dann die Überarbeitung aus (*O*perate)

(Fortsetzung)

Tab. 4.2 (Fortsetzung)

Fokus: globales und lokales Prüfen – genreunspezifisch

Fokus: satzweises, lokales Prüfen – genreunspezifisch

CDO (lokal)	• Lies den ersten Satz des Textes
	• Beurteile den Satz (*C*ompare – über Auswahl von Kärtchen mit vorgefertigten Aussagen)
	  – Das klingt nicht richtig
	  – Das wollte ich nicht sagen
	  – Dies ist für meinen Text nicht nützlich
	  – Das ist gut
	  – Die Leser verstehen diesen Teil möglicherweise nicht
	  – Die Leser werden sich nicht für diesen Teil interessieren
	  – Die Leser werden diesen Teil nicht glauben
	• Beschreibe, warum du dich so entschieden hast (*D*iagnose)
	• Entscheide dich für eine Überarbeitung, wenn nötig (*O*perate – über Auswahl von Kärtchen mit Hinweisen)
	  – Lass es so
	  – Sag mehr
	  – Lass diesen Teil weg
	  – Ändere den Wortlaut
	  – Streich es durch und schreib es um
	• Führe die nötigen Änderungen durch (*O*perate)
	• Wiederhole die Schritte bei jedem weiteren Satz

Fokus: satzweise stattfindendes, vor allem inhaltsbezogenes Prüfen – genrespezifisch (hier: in Argumentationen, die digital geschrieben wurden)

SCAN	• Read your essay. – Lies deinen Text
	• Find the sentence that tells what you believe – is it clear? – Finde den Satz mit deiner Meinung – ist dieser Satz verständlich?
	• Add two reasons why you believe it. – Füge zwei Argumente hinzu, warum du dieser Meinung bist
	• *S*CAN each sentence – Scanne jeden Satz
	  – Does it make *s*ense? – Ist er sinnvoll?
	  – Is it *c*onnected to my belief? – Hängt er mit meiner Meinung zusammen?
	  – Can I *a*dd more? – Kann ich etwas ergänzen?
	  – *N*ote errors. – Achte auf Fehler
	• Make changes on the computer. – Überarbeite deinen Text am Computer
	• Re-read the essay and make final changes. – Lies den Text erneut und führe letzte Änderungen durch

(Fortsetzung)

Tab. 4.2 (Fortsetzung)

Fokus: globales und lokales Prüfen – genreunspezifisch

Fokus: rein sprachformales Überprüfen

COPS	• *C*apitalization (Have I *c*apitalized the first word and proper names?) – Großschreibung: Habe ich alle Satzanfänge, Substantive und Eigennamen großgeschrieben? • *O*verall Appearance (How is the *o*verall appearance?) – Gesamteindruck: Wie ist der Gesamteindruck (Leserlichkeit, Abstand, Identifizierbarkeit von Absätzen)? • *P*unctuation (Have I put in commas and end *p*unctuation?) – Zeichensetzung: Habe ich Kommas und Satzzeichen gesetzt? • *S*pelling (Have I *s*pelled all the words right?) – Rechtschreibung: Habe ich alle Wörter korrekt geschrieben?

für den Schreibauftrag und generell für die Aufgabenanforderungen adäquate Strategien auswählen, diese metakognitiv überwacht verwenden und über sie nach dem Schreiben reflektieren, um dadurch besser für weitere Schreibaufgaben gewappnet zu sein (Philipp, 2014). In diesem Sinne ist das (veränderliche) Wissen über Schreibstrategien eine Ressource für glückende Selbstregulationen. Aber auch für die Schreibleistungen hat sich ein hohes Wissen über Schreibstrategien und Schreibprozesse in diversen Alters- und Personengruppen als bedeutsam erwiesen (Englert et al., 1988; Olinghouse et al., 2015; Wen & Coker, 2020). Damit stellt sich die Frage danach, wie diese Ressource in den Schülerinnen und Schülern angelegt und gefördert werden kann. Dies bildet den Gegenstand des dritten didaktischen Designprinzips.

Didaktisches Designprinzip 3: Erhöhung des metakognitiven Strategiewissens mittels expliziter Vermittlung und Erwerb selbstregulatorischer Fähigkeiten

Wenn Lernende metakognitives Wissen über Strategien erwerben und beim Schreiben aktiv anwenden sollen, dann sollten sie sich dieses Wissen im Rahmen einer expliziten, phasenweise ablaufenden Strategievermittlung aneignen und mit abnehmender externer Steuerung zunehmend selbstreguliert anwenden (Abb. 4.5).

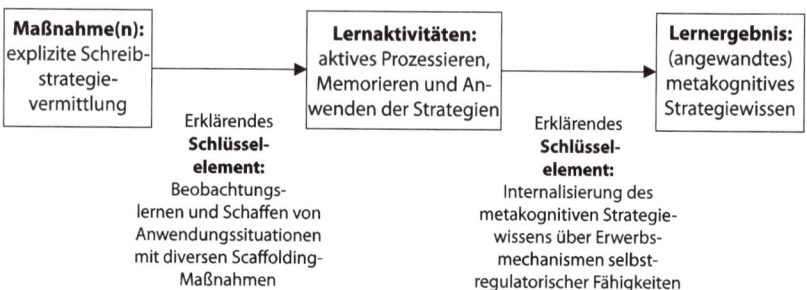

Abb. 4.5 Visualisiertes didaktisches Designprinzip 3 – Explizite Vermittlung von Schreibstrategien und Schreibstrategiewissen. (Eigene Darstellung unter Zuhilfenahme von de Smedt & van Keer, 2018, S. 231 f.; Koster & Bouwer, 2018, S. 199, 201–205)

Das Designprinzip steht in der sozial-kognitiven Tradition der klassischen Vermittlung von Strategien bzw. der Selbstregulation zum einen und ist zum anderen auch mit einer Vermittlungsform kompatibel, die sich insbesondere bei schwachen Schülerinnen und Schülern (hier: solchen mit Lernschwierigkeiten) als wirksam erwiesen hat (Gillespie & Graham, 2014; Stockard et al., 2018): der sogenannten *expliziten Vermittlung*.

▶ **Explizite Vermittlung** Explizite Vermittlung ist eine Gruppe forschungsunterstützter Lehraktivitäten, welche den Lernenden die notwendige Unterstützung für erfolgreiches Lernen offerieren, indem sie klare Sprache und Zwecke fokussieren und die kognitive Belastung beim Lernen verringern. Explizite Vermittlung fördert das aktive Engagement der Lernenden, indem sie häufige und unterschiedliche Reaktionen auf das zu Lernende erfordert, angemessenes positives und korrigierendes formatives Feedback bietet und längerfristiges Behalten unterstützt, indem zielgerichtetes Üben gefordert wird (Hughes et al., 2017, S. 143).

Explizite Vermittlung ist ein Sammelbegriff verschiedener konkreter Förderansätze. Bei aller Unterschiedlichkeit lassen sich aber fünf typische Merkmale extrahieren (Hughes et al., 2017, S. 141 f.):

1. *Segmentierung komplexer Strategien in kleinere, bewältigbare Einheiten.* Dieser Gedanke, dass aus aufwendigeren Prozessen wieder einzelne Aktivitäten gemacht werden, die sequenziell und konsekutiv zu bearbeiten sind, ist hochgradig anschlussfähig an den Kerngedanken von Schreibstrategien als Pakete einzelner Aktivitäten mit Teilzielen zur Erreichung eines übergeordneten Ziels.

2. *Fokussierung der Lernenden auf Hauptinhalte durch klare Sprache.* Dieses Merkmal zielt darauf ab, dass die Hauptgegenstände der Vermittlung – in diesem Fall vor allem das prozedurale Wissen über Schreibstrategien – sich durch klare, konzise und konsistente Sprache und Demonstration auszeichnen, um bei den Lernenden die Aufmerksamkeit gezielt zu fokussieren. Das bedeutet, dass die Aussagen verständlich sind (klar), die Lehrperson auf Unnötiges verzichtet (konzis) sowie Konzepte und Begrifflichkeiten durchgängig benutzt (konsistent). Besonders wichtig ist dies in der Phase des Modellierens von Schreibstrategien und selbstreguliertem Schreiben.
3. *Aufrechterhalten des Engagements durch bedachten, im Verlauf rückläufigen Einsatz von Unterstützungen.* Um die Anwendung von Strategiewissen im Sinne einer selbstständigen Strategienutzung – vor allem nach dem Modellieren – zu erleichtern, setzen Lehrpersonen Lerngerüste ein, die den Lernenden Stütze und Struktur geben. Das können Hinweise mit den Strategien sein, kleinteilige Anwendungssituationen, Aufgaben variierender Offenheit, unterstützende Sozialformen etc. Es geht hierbei darum, dass die Lernenden zwar angeleitet werden, aber vermehrt die Strategien selbstständig nutzen.
4. *Häufiges Feedback.* Um die korrekte Anwendung des Strategiewissens zu erlernen, setzt die explizite Vermittlung auf häufiges formatives Feedback, das positive Anwendungen verstärken und Fehlanwendungen frühzeitig korrigieren helfen soll. Dadurch sollen die Lernenden durch externe Quellen darin verstärkt werden, die Adäquanz ihrer Strategiewissensnutzung zu erkennen und dadurch später selbstreguliert vorzugehen, ohne auf Hinweise von außen angewiesen zu sein.
5. *Möglichkeiten des Übens.* Das Üben der Schreibstrategien ist notwendig, um das Wissen zu konsolidieren und es für spätere Transfersituationen nutzbar zu machen. Das Üben kann verschiedenen Zwecken dienen (z. B. Schritte von Strategien memorieren und diese Schritte schnell abrufen, korrekte Anwendung von Teilschritten demonstrieren), in verschiedenen Formen erfolgen (z. B. durch expressive und rezeptive Aufgaben) und in verschiedenen Sozialformen stattfinden. Dabei ist es von Vorteil, formatives Feedback und Üben zu koppeln.

Diese Merkmalsliste zeigt, dass die Lehrenden und Lernenden beim Erwerb von Schreibstrategien mittels der expliziten Vermittlung unterschiedliche Rollen innehaben. Diese Rollen lassen sich im Sinne einer zeitlichen Sequenz innerhalb des expliziten Vermittelns von Strategien gut verorten, denn typischerweise zeichnet sich die Vermittlung dadurch aus, dass Schülerinnen und Schüler ihr

Handlungsspektrum ausweiten, nachdem sie zunächst das zu lernende Verhalten beobachten und nachahmen. Diese Prototypik im Vorgehen zeigt sich in den typischen Lehraktivitäten, die im Folgenden den Fokus bilden.

4.1.3 Typische Lehraktivitäten bzw. Elemente bei der Schreibstrategievermittlung

Die Vermittlung von Schreibstrategien hat sich über eine Vielzahl von Studien als einer der effektivsten Förderansätze im Vergleich zu anderen erwiesen, wenn es darum geht, Textprodukte als Indikatoren für die Schreibkompetenz zu verbessern (Graham & Harris, 2018). Unter den Strategievermittlungsansätzen hat sich ein über mehrere Jahrzehnte entwickeltes Programm – „*Self-R*egulated *S*trategy *D*evelopment" (SRSD; Graham & Harris, 2005) – als besonders wirksam herausgestellt. Dieses Programm wurde mit diversen Altersgruppen und insbesondere mit Schülerinnen und Schülern mit Lernschwierigkeiten getestet und hat bei diversen Schreibstrategien (vor allem beim Planen von narrativen und argumentativen Texten) seine Effektivität bewiesen (Graham et al., 2013). Wie es der Name „Self-Regulated Strategy Development" impliziert, setzt dieser Förderansatz daran an, die selbstregulatorischen Fähigkeiten zur (Schreib-)Strategienutzung zu entwickeln, wobei das Vermitteln von Wissen über Schreibstrategien ein integraler Bestandteil ist. Mit diesem Fokus nimmt der Förderansatz SRSD genau jene Schwierigkeiten in den Blick, vor denen junge Schreibende stehen (Graham, 2006) und mit denen Personen mit Lernschwierigkeiten besonders zu kämpfen haben: die Schwierigkeit, der Komplexität des Schreibens durch strategische Herangehensweisen zu begegnen (Graham et al., 2017).

Die Vermittlung von Strategien und Wissen über Strategien wird, wenn sie in sozialen Kontexten stattfindet, verschiedentlich modelliert. Solche Strategievermittlungsmodelle wurden unterschiedlich bezeichnet, z. B. als „kognitive Meisterlehre" (Collins et al., 1989) oder als „Modell des Übergangs der Verantwortung" (Pearson et al., 2019). Diesen Modellen wohnt in aller Regel eine Phasenlogik inne, bei der die explizite Vermittlung und Anwendung des strategiebezogenen Wissens zunächst in der Verantwortung der Lehrperson liegt, ehe sie sukzessive übertragen wird an die Lernenden. Es kommt dabei zu einer

4.1 Perspektive Prozess: Schreibstrategiewissen vermitteln – oder ...

Rollenverschiebung von „Ich erkläre" zu „Ich mache, ihr schaut zu", weiter über „Ich mache, ihr helft" hin zu „Ihr macht, ich helfe" und schließlich zu „Ihr macht, ich schaue zu". Exakt dieser Logik folgt der SRSD-Förderansatz, wenn er eine Sechs-Phasen-Logik postuliert, bei der die Phasen nicht alle gleich lang sein müssen, sondern kombiniert und je nach Funktionalität getauscht und bei Bedarf flexibel erneut durchlaufen werden können. Entscheidend ist bei aller Adaptivität, dass die Phasen einen Aufbau haben: das Strategiewissen wird von der Lehrperson aktiv vermittelt, in der Anwendung demonstriert und mittels diverser Scaffolding-Maßnahmen in der Anwendung von den Schülerinnen und Schülern erst nach und nach erwartet. Dieser Grundablauf ist zentral und verdeutlicht, dass trotz der grundsätzlichen zeitlichen Tausch- und Wiederholbarkeit keine der Phasen in ihrer spezifischen Funktion verzichtbar ist. Diese sechs Phasen sind in Tab. 4.3 zusammengestellt.

Wie aus der Tab. 4.3 hervorgeht, haben die sechs Phasen bzw. Komponenten, die als Phasen sequenziert werden, jeweils spezifische Funktionen im Gesamten zu erfüllen. Es geht darum, die zu erwerbende Strategie erläutert und beschrieben zu bekommen (Hintergrundwissen entwickeln, 1) sowie die neue Strategie als bessere Vorgehensweise mitsamt ihrem Wert und ihren Anwendungssituationen (als Teil des konditionalen Strategiewissens) als attraktive Variante mit den Lernenden zu besprechen (Diskutieren, 2). Mit dem Modellieren (3) ist ein zentrales Element angesprochen, bei dem die Lernenden die Anwendung der Schreibstrategie in situ erleben und dabei auch selbstverstärkende Aussagen beobachten können, die als Unterstützung fungieren. Diese Phase ist besonders wichtig (vgl. dazu den Kasten „Warum sollten Lehrende ihr Vorgehen beim Schreiben als Modellperson demonstrieren?"), allerdings findet echtes Modellieren im Schreibunterricht kaum statt (Applebee & Langer, 2011). Ehe die Lernenden die beobachtete Strategie selbst anwenden, sollen sie ihre Schritte zunächst memorieren (4), um im Schreibprozess möglichst ohne größeren Aufwand auf das deklarative Strategiewissen aus dem Gedächtnis zurückzugreifen. Die nächsten Phasen stehen im Zeichen des Übens und damit der Anwendung des prozeduralen Schreibstrategiewissens. Dieses Üben erfolgt zunächst eher angeleitet, was als unterstütztes Üben (5) bezeichnet wird, und danach unabhängig (6). Wie diese Phasen konkret ausgestaltet werden können, verdeutlicht an anderer Stelle (vgl. Abschn. 4.1.4) das dort erste Beispiel.

Tab. 4.3 Sechs Komponenten bzw. Phasen der Vermittlung von selbstreguliertem Schreiben gemäß dem Förderansatz „Self-Regulated Strategy Development". (Quelle: leicht modifizierte Übersetzung von Graham & Harris, 1999, S. 260; Ergänzung von Philipp, 2020, S. 105)

Phase	Funktion	Aktivitäten
1. Hintergrundwissen entwickeln	Deklaratives Strategiewissen vermitteln	• Kenntnisse und Fähigkeiten vermitteln, die für die Verwendung einer aufgabenspezifischen Schreibstrategie erforderlich sind
2. Diskutieren	Konditionales Strategiewissen fördern	• Das aktuelle Vorgehen der Lernenden beim Schreiben erkennen und den Vorteil überzeugend herausarbeiten, die aufgabenspezifische Schreibstrategie zu erlernen • Die aufgabenspezifische Schreibstrategie, die Gründe für jeden ihrer Schritte und ihr Einsatzgebiet erklären • Die Ziele für das Erlernen der aufgabenspezifischen Schreibstrategie und die angestrebte Leistungssteigerung festlegen • Das Engagement der Lernenden fördern, die aufgabenspezifische Schreibstrategie zu lernen, und dabei die Lernenden in die Pflicht nehmen, Anwendungssituationen zu erkennen und zu nutzen • Einführung der Selbstüberwachung, um die Auswirkungen der Schreibstrategieanwendung zu erkennen • Zusätzliche Selbstregulierungstechniken (z. B. Zielsetzung, Visualisierung, Selbstverstärkung) beschreiben, die für die Strategieanwendung hilfreich sind
3. Modellieren	Prozedurales Strategiewissen vermitteln	• Modellieren (didaktisiertes Demonstrieren) der Strategieanwendung und der damit verbundenen Selbstregulationen mithilfe einer Vielzahl von Selbstanweisungen • Selbstüberwachungsverfahren anwenden, um die Wirksamkeit der aufgabenspezifischen Schreibstrategie zu prüfen • Den Lernenden dabei helfen, günstige individuelle Selbstaussagen zu entwickeln, um die aufgabenspezifische Schreibstrategie, den Schreibprozess oder unerwünschte Verhaltensweisen zu regulieren

(Fortsetzung)

4.1 Perspektive Prozess: Schreibstrategiewissen vermitteln – oder …

Tab. 4.3 (Fortsetzung)

Phase	Funktion	Aktivitäten
4. Memorieren	Deklaratives und prozedurales Strategiewissen konsolidieren	• Durch Maßnahmen wie den Einsatz von Mnemotechniken oder das Durchführen eines Quiz sicherstellen, dass Lernende sich die Schritte der Strategie einprägen
5. Unterstütztes Üben	Prozedurales (und konditionales) Strategiewissen konsolidieren	• Anbieten von vorübergehenden und angepassten Unterstützungsleistungen, damit die Lernenden die vermittelten Schreibstrategien, Selbstaussagen, -überwachungen und -regulationsstrategien in Übungssituationen tatsächlich anwenden • Ermutigen zur verdeckten Verwendung von Selbstaussagen
6. Unabhängiges Anwenden	Anwendung, Transfer und Transformation der Strategie ermöglichen (Vertiefung des konditionalen Strategiewissens, ggf. Veränderung des prozeduralen Wissens)	• Unabhängige Verwendung der vermittelten Schreibstrategien und Selbstregulationsstrategien bei den Lernenden überwachen • Vermittlung der Strategien gemeinsam mit den Lernenden evaluieren und ggf. adaptieren

Warum sollten Lehrende ihr Vorgehen beim Schreiben als Modellperson demonstrieren?

Warum ist das Modellieren so wichtig für den Strategieerwerb? Warum scheint es nicht zu genügen, lediglich Handlungsschritte vorzugeben, denen die Schreibenden dann folgen? Aus Sicht der Lehr-/Lernforschung lassen sich Antworten darauf in verschiedenen Theorien finden – und somit in auf den ersten Blick disparat wirkenden Zusammenhängen wie dem Erwerb von Selbstregulation, der Arbeit mit Lösungsbeispielen oder dem Lernen mittels Analogieschlüssen (Renkl, 2014). Da es bei den Schreibstrategien als Teil des selbstregulierten Schreibens vor allem darum geht, das Fernziel von einem selbstständig konzertierten Schreiben in diversen Anwendungszusammenhängen zu erreichen, ist diese Erwerbstheorie der Selbstregulation besonders einschlägig (Philipp, 2014).

Die Parallelität der Arbeit mit Beispielen bzw. Modellen, die Renkl (2014) mit Blick auf weitere Theorien des Lernens herausarbeitet, richtet den Fokus darauf, wann und weshalb die Nutzung von Modellen und Modellpersonen so wichtig wirkt für den Erwerb von hochkomplexen geistigen Fähigkeiten. Renkl benennt dafür mehrere Gründe:

- Die eigenständige Bearbeitung von komplexen Aufgaben, darunter im Schreiben, läuft Gefahr, oberflächlich oder sogar falsch zu erfolgen.
- Ohne Modelle bzw. Modellpersonen haben Lernende keine ausreichende Vorstellung davon, wie sie die zu erwerbenden Fähigkeiten tatsächlich anwenden.
- Modellpersonen können von Lernenden erfolgreich beobachtet und das Verhalten kognitiv repräsentiert werden, um dieses Verhalten später imitierend nachzuahmen und es sich individuell anzueignen.
- Die Prototypik des Vorgehens von Modellpersonen hilft dabei, die Sequenzialität von einigermaßen regelhaften Vorgehensweisen zu erkennen und zu verstehen, welcher Teilschritt dabei hilft, umfassendere Aufgaben erfolgreich zu lösen.

In dieser knappen Aufzählung wird deutlich, dass das genaue Beobachten von Modellen (bzw. das Analysieren von Beispielen) in frühen Phasen des Wissenserwerbs in verschiedenen Lerntheorien eine große Rolle spielt. Dem liegt die Annahme zugrunde, dass Personen eine möglichst genaue Repräsentation davon erlangen sollen, was gefordert ist, um ein für die Personen neues Problem zu lösen. Sozial-kognitive Lerntheorien mit dem Ziel, den Erwerb von Selbstregulation zu modellieren, nehmen dies explizit auf: Sie postulieren, dass es eine Bedingung ist, dass aus der äußeren Umwelt die Impulse kommen, indem kundige Personen didaktisiert ihr Vorgehen verbal unterstützt demonstrieren (die Strategieanwendung modellieren) und die Nachahmung dadurch ermöglichen. Die Beobachtung des Verhaltens von Modellpersonen wird hierbei als erste von vier Phasen angesehen (vgl. Tab. 4.4). Erst auf Basis des beobachteten Verhaltens kommt es zu einer sozial verstärkten Nachahmung und Aneignung jener Fähigkeiten, die später selbstreguliert kontrolliert und initiiert werden.

Nach diesem Erwerbsmodell ist das Beobachten-Können von kundigen Schreibenden, die ihr Vorgehen demonstrieren und gut erklären können, die Basis für alles weitere. Eine Selbstregulation des Schreibens ist ohne beobachtetes und genau repräsentiertes Vorgehen demnach nicht nur unwahrscheinlich, sondern in der Logik dieses Modells sogar unmöglich. Deshalb ist das Modellieren unverzichtbar, sei es bei Schreibstrategien im Besonderen oder bei Lernstrategien im Allgemeinen. Das heißt: Lehrpersonen müssen Prozesse nicht nur kennen und selbst anwenden können, sie müssen diese auch didaktisiert so inszenieren und erklären können, dass ihre Schülerinnen und Schüler sie durch Beobachtungslernen zunächst verstehen, danach imitieren sowie diese durch Übung und Adaption für sich konfektionierend adaptieren können

Damit das Modellieren glücken kann, muss es vorbereitet werden (durchaus im Sinne, dass man sich ein eigenes Manuskript schreibt – siehe z. B. ein frei zugängliches Skript zum Modellieren bei López et al., 2018, S. 323 f.), da ein spontan erfolgendes didaktisch inszeniertes Demonstrieren eher weniger genügend informationsreich ist. Hier sind drei Fragen behilflich, um den Erfolg des Modellierens zu gewährleisten (Regan & Berkeley, 2012):

1. War ich *spezifisch* – habe ich im Strategieeinsatz ausreichend modelliert, wann und warum man die Schreibstrategie anwendet, damit die Beobachtenden das notwendige Wissen zur Schreibstrategie erwerben können?
2. War ich *explizit* – habe ich alle Bestandteile der Schreibstrategie ausdrücklich angewendet und demonstriert, damit die Betrachtenden vollständige Repräsentationen erlangen?
3. War ich *flexibel* – habe ich die Auswahl und Anwendung der Strategie nicht rigide, sondern angemessen flexibel modelliert, um beispielsweise Schwierigkeiten und den Umgang mit ihnen aufzugreifen?

Tab. 4.4 Vier Phasen des Erwerbs von Selbstregulation und ihre Hauptmerkmale. (Quelle: nach Schunk & Zimmerman, 2007, S. 12)

Phase	Hauptmerkmal
1. Beobachtung	Erwerb kognitiver Fähigkeiten durch modellierte, verbale Vermittlung
2. Nachahmung	Demonstration der Fähigkeiten mit sozialer Unterstützung und Feedback
3. Selbstkontrolle	Verinnerlichung der Fähigkeiten und ihrer unabhängigen Anwendung
4. Selbstregulation	Adaption der Fähigkeiten an persönliche und kontextuelle Bedingungen

4.1.4 Zwei Beispiele für die Vermittlung von Schreibstrategien

Die folgenden Beispiele beziehen sich auf die zwei Strategien des Schreibens, nämlich das Planen auf der einen und das Revidieren auf der anderen Seite. Wie das POWER-Beispiel aus dem Abschn. 2.1 zeigt, lässt sich beides kombinieren. Aus darstellerischen und Umfangsgründen erfolgt in den Beispielen jedoch eine separate Betrachtung.

Das erste Beispiel geht auf die Vermittlung von Planungsstrategien am Beispiel argumentativer Texte ein, die eine erfahrene Lehrperson ihren Schülerinnen und Schülern der zweiten Klasse beibrachte. Die Vermittlung orientierte sich am Vorgehen gemäß „*Self-Regulated Strategy Development*" (SRSD). Dieses Beispiel ist wegen der Komplexität der Förderung recht ausführlich, es demonstriert zugleich die Flexibilität, die die Lehrerin an den Tag legt und nutzt, auch um mit der Heterogenität der Klasse umzugehen. Das Beispiel illustriert ferner, wie die Strategievermittlung bei sehr jungen Schreibenden aussehen kann, und es weist eine große Nähe zur Vermittlung des Wissens über Textsorten auf (vgl. Abschn. 4.2).

Das zweite Beispiel, das auf einer Weiterbildungsmaßnahme basierte und die beteiligten Lehrpersonen zu individuellen Schwerpunktsetzungen in Abhängigkeit von ihrer Schülerschaft ermunterte, ging auf die Anwendung von selbstgewählten Evaluationskriterien ein. Diese Kriterien dienten dazu, dass die Schülerinnen und Schüler für die Qualitäten narrativer Texte sensibilisiert wurden. Von dieser Maßnahme profitierten die schwach schreibenden Kinder ganz besonders.

Schülerinnen und Schülern der zweiten Klasse das Schreiben von argumentativen Texten vermitteln – das Beispiel POW + TREE, vermittelt über SRSD

Aus einer Vielzahl von Studien mit dem Förderansatz SRSD (vgl. dazu die Komponenten gemäß Abschn. 4.1.3) sei an dieser Stelle eine Fallbeschreibung der Lehrerin Laura Jacobson herausgegriffen (Darstellung gemäß Graham et al., 2007, S. 221–228). Diese Lehrerin hatte ihren Schülerinnen und Schülern der zweiten Klasse (darunter auch Kinder mit Lernschwierigkeiten) bereits Planungsstrategien für das Schreiben narrativer Texte vermittelt und wollte nun zwei Planungsstrategien (vgl. Tab. 4.1 in Abschn. 4.1.1.3) lehren – zum einen POW als genreunspezifische und TREE als textsortenspezifische Strategie, hier: argumentative Planungsstrategie. Einen Überblick über den Ablauf gibt Tab. 4.5.

Die Vermittlung begann damit, dass die Kinder zu einem Thema (ob Kinder in der Schule während der Pause nach draußen gehen sollten) einen argumentativen Text schreiben und vor dem Aufschreiben planen sollten. Frau Jacobson musste anhand der Planungsnotizen und Texte erkennen, dass viele Kinder Defizite aufwiesen und besprach mit ihnen individuell, wie sie beim Schreiben vorgegangen waren und dass die neue Strategie ihnen helfen würde, bessere Argumentationen zu schreiben (Phase: Diskutieren). Damit zog sie gezielt für die besonders betroffenen Kinder die zweite Phase von SRSD vor – etwas, was der Förderansatz ausdrücklich zulässt, wenn diese Adaptionen angezeigt wirken.

Lektion 1: Die eigentliche Vermittlung begann in einer ersten Lektion für die gesamte zweite Klasse. Diese Lektion stand im Zeichen der Phasen „Hintergrundwissen entwickeln" und „Memorieren". In der Lektion wiederholte die Lehrerin die den Kindern schon bekannte Strategie POW (*P*ick my ideas, *O*rganize my notes, *W*rite and say more) und machte sie darauf aufmerksam, dass man mit POW auch argumentative Texte schreiben könne. Sie erklärte dafür die Bedeutung von Konzepten wie „Meinung", „Fakt", „überzeugen" etc. (deklaratives Wissen) und die Ziele des Überzeugens. Im Anschluss beschrieb sie die Merkmale überzeugender Argumentationen, indem sie den Bestandteilen von TREE Vorschub leistete, da die Definition guter Argumentationen mit These, unterstützenden Begründungen und einem Abschluss erläutert wurden. Danach beschrieb sie die Strategie TREE (*T*ell what you believe – state your topic sentence, *R*easons to support your belief – why do I believe this?, *E*nd it – Wrap it up right, *E*xamine your paper – Do I have all my parts?). Sie verglich die Teile der Strategie mit einem lebenden Baum, dessen Stamm (die These/der themenbezogene Satz) von Wurzeln gestützt wird (den drei oder mehr Gründen/Argumenten), die wiederum auf solidem Grund (dem Ende) stehen. Um die deklarativen Wissensbestandteile zu memorieren, nutzte die Lehrerin die Kombination von besseren und schwächeren Kindern, die sich die Merkmale von TREE einprägen sollten – inklusive der Funktionen von Textteilen, auf welche die Schritte verwiesen.

Lektion 2: In der nächsten Lektion wurde darüber diskutiert, welche Vorteile die TREE-Strategie den Kindern für das eigene Schreiben bringe, und die ausführlichen Diskussionen mit ihnen führten zu einem Engagement, die Strategie lernen zu wollen und sich eigene Ziele zu setzen. Die Lektion schloss mit einer Kombination von stärkeren und schwächeren Schülerinnen und Schülern in Dyaden ab, die sich in Zukunft dabei helfen sollten, den

Tab. 4.5 Überblick über die Aktivitäten bei der Vermittlung der Schreibstrategien POW und TREE bei Schülerinnen und Schülern der zweiten Klasse. (Eigene Darstellung nach Graham et al., 2007, S. 221–228)

Tag/Lektion	Aktivitäten und Fokus der Lektion in Bezug auf SRSD-Komponenten
0	• Schreibenlassen einer ersten Argumentation • Gezieltes Konsultieren der Kinder mit besonderen Auffälligkeiten beim Schreiben eines argumentativen Textes (SRSD: Diskutieren)
1	• Vermitteln von Wissen über Argumentieren und die Strategie TREE (SRSD: Hintergrundwissen entwickeln) • Bilden von Tandems, um die TREE-Schritte zu memorieren (SRSD: Memorieren)
2	• Besprechen der Vorteile und Einsatzgebiete von TREE (SRSD: Diskutieren) • Zusammenarbeit in Tandems für die Lokalisierung von möglichen Einsätzen von TREE und Einprägen der Schritte (SRSD: Diskutieren und Memorieren)
3	• Analyse einer prototypischen Argumentation (SRSD: Hintergrundwissen entwickeln) • Übertragen der gefundenen TREE-Elemente in ein Denkblatt (SRSD: Hintergrundwissen entwickeln) • Memorieren der TREE-Schritte in Tandems (SRSD: Memorieren)
4	• Analyse des argumentativen Textes, den die Kinder vor der Förderung geschrieben hatten, auf TREE-Bestandteile und Zielsetzungen (SRSD: Diskutieren) • Gemeinsames Reflektieren über Einsatzmöglichkeiten und Adaptionen von TREE (SRSD: Diskutieren)
5	• Gemeinsame Diskussion über TREE-Einsatz und -Adaption sowie – am Lektionsende – Bereitschaft, TREE anzuwenden (SRSD: Diskutieren) • Analyse von zwei argumentativen Texten mit Optimierung dieser Texte (SRSD: Hintergrundwissen entwickeln)
6	• Modellieren des Schreibprozesses durch die Lehrperson (SRSD: Modellieren) • Entwickeln von individuellen Selbstverstärkungen (SRSD: Diskutieren)
7	• Modellieren des Schreibprozesses durch die Lehrperson, aber mit Einbindung der Schülerinnen und Schüler (SRSD: Modellieren und unterstütztes Üben) • Individualisiertes Modellieren und adaptiertes Vorgehen je nach Leistungsfähigkeit der einzelnen Schülerinnen und Schüler (SRSD: unterstütztes Üben)
Ohne Angabe	• Zweiwöchige Phase des Übens von POW und TREE mit Fortschrittsdiagnostik (SRSD: unterstütztes Üben)
Ohne Angabe	• Zwei Transferaufgaben zur Schreibstrategieanwendung (SRSD: unabhängiges Üben)

Einsatz der Strategie in anderen Aufgaben zu erkennen und sich wechselseitig zu unterstützen, damit sich jedes Tandemmitglied an alle Strategieschritte erinnern würde.

Lektion 3: Die darauffolgende Lektion diente dazu, das deklarative Strategiewissen zu vermitteln. Hierzu ging die Lehrerin zunächst auf These und Argumente als wichtige Bestandteile einer Argumentation ein und las sodann einen argumentativen Beispieltext vor, bei dem die Kinder aktiv zuhören und sich melden sollten, sobald sie einen Bestandteil des Textes vernahmen, welcher der TREE-Strategie entsprach. Sie unterstrichen nacheinander die Bestandteile in einer Textkopie und diskutierten darüber, wie Konnektoren wie Konjunktionen im Text die Funktion erfüllten, eine kohärente Argumentation zu signalisieren. Auch diese Konnektoren markierten die Kinder auf ihrer eigenen Textkopie. Sie zählten und nummerierten die Argumente sowie die Konnektoren, und sie unterstrichen zu guter Letzt den abschließenden Satz. Damit fokussierte die Sitzung insgesamt auf die rezeptive Analyse eines prototypischen Texts. Direkt im Anschluss führte Frau Jacobson ein Denkblatt ein, in das sie die Inhalte für die TREE-konformen Bestandteile (T, R, E) aus dem soeben analysierten Text übertrug, wobei die Kinder halfen. Die Lehrerin überprüfte abschließend die Vollständigkeit aller Elemente gemäß dem letzten E-Schritt aus TREE. Zum Schluss ließ sie die Kinder in Paaren erneut üben, ob sie die TREE-Schritte schon vollständig memoriert hatten; wo nötig, half sie.

Lektion 4: Die vierte Lektion startete damit, dass die Kinder ihre ersten Texte zum Thema Pausenaufenthalt auf die Bestandteile gemäß TREE überprüften. Dazu zeigte Frau Jacobson anhand eines Beispiels, wie man die Texte überprüft und wie man mithilfe eines Raketenschaubildes festhält, welche Bestandteile bereits vorhanden sind. Die Kinder evaluierten dann ihren eigenen Text und füllten ein Raketenschaubild aus, das als Fortschrittsdiagnostik die vorhandenen Bestandteile visualisierte. Die Lehrerin kontrollierte das korrekte Einschätzen und betonte, dass grundsätzlich alle Texte noch überzeugender werden könnten, wenn beispielsweise mehr Argumente angeführt würden, die Konnektoren noch besser eingesetzt würden oder noch präziseres Vokabular benutzt würde. Am Ende der Lektion diskutierten die Kinder in ihrer Tandem-Konstellation darüber, wann und wo sie TREE einsetzen könnten (etwa um Freundinnen und Freunde schriftlich von etwas zu überzeugen), wie sich TREE von der zuvor kennengelernten Strategie zum Schreiben narrativer Texte unterschied und wie sie die Strategie adaptieren könnten, damit sie noch besser passte. Zu guter Letzt hielt die Lehrerin auf einem Plakat fest, wie die Kinder vorgehen könnten, um die Strategie für sich anzupassen, und wie ihnen ihre Partnerinnen und Partner dabei helfen könnten.

Lektion 5: Dieser Gedanke, wie die Strategie gewinnbringend eingesetzt und bei Bedarf modifiziert werden könnte, bildete den Auftakt dieser Lektion, in der die Ideen für den Einsatz auch von den Tandems schriftlich festgehalten wurde. Dieses Nachdenken und Dokumentieren wurde in den folgenden Lektionen fortgesetzt und als Routine etabliert. Die Lektion wurde fortgeführt mit dem Vorlesen zweier weiterer Argumentationen, bei denen die Kinder die TREE-Bestandteile identifizieren und zwei weitere Argumente ergänzen sollten. Diese zusätzlichen Gründe hielt die Lehrerin auf einem Planungsdenkblatt fest. Die Kinder sollten sich außerdem Gedanken darüber machen, mit welchen Konnektoren sie die zusätzlichen Gründe im Text integrieren könnten. Den Abschluss bildeten die eigenen Ziele, die TREE-Strategie beim eigenen Schreiben anzuwenden und stets alle Bestandteile zu berücksichtigen.

Lektion 6: Nach all dieser Vorarbeit erfolgte in dieser Lektion das eigentliche Modellieren. Die Lehrerin hatte hierzu eine Kopie der Schritte von POW und TREE als Denkblatt bereitgestellt, die sie dazu nutzte, das Vorgehen anhand des Schreibauftrags, ob Kinder mit Spielzeug einen Teil ihrer Spielsachen an andere Kinder ohne Spielsachen abgeben müssten, vor den Kindern zu demonstrieren. Die Kinder konnten hierbei mithelfen. Frau Jacobson setzte sich das Ziel, die TREE-Bestandteile vollumfänglich zu nutzen, damit im Text später die von der Strategie geforderten Bestandteile auch vorkamen. Beim Modellieren führte sie die beiden Strategien POW und TREE im Verbund ein, sodass die Kinder erleben konnten, dass TREE den Schritt O aus POW spezifizierte. Dabei fertigte die Lehrerin auf dem Denkblatt Notizen an, veränderte insbesondere die Notizen und ging beim Planen nicht nur rigide die einzelnen Schritte durch, sondern zeigte ein rekursives Vorgehen, indem sie dynamisch Pläne und Notizen änderte. Bei alldem flankierte sie ihre verbalisierten Prozesse mit Äußerungen der Problemdefinition („Was soll ich jetzt machen?"), des Planens („Als Erstes brauche ich eine Meinung!"), Selbstüberwachungen („Unterstützt das wirklich meine Meinung?") und positiven Selbstverstärkungen, darunter Selbstbekräftigungen („Das ist ein guter Grund!") sowie hilfreiche Aussagen zum Umgang mit Schwierigkeiten („Ich kann das schaffen!"). Nach der Planung schrieb sie den Text, überprüfte ihn auf die TREE-Vollständigkeit und hielt ihre Leistungen mithilfe des Raketenblatts fest. Kurzum: Sie demonstrierte eine weitestgehend selbstregulierte Strategieanwendung. Am Ende diskutierte sie mit den Kindern, welche Arten positiver Selbstverstärkungen sie für sich verwenden könnten, und die für sie passenden Selbstverstärkungen notierten die Kinder dann auf Kärtchen, um darauf später zurückgreifen zu können.

Lektion 7: Diese Lektion wurde ebenfalls für das Modellieren genutzt. Zur Frage, ob Schülerinnen und Schüler im Sommer zur Schule gehen müssten, modellierte Frau Jacobson das Vorgehen – allerdings dieses Mal unter erheblich größerer Beteiligung der Kinder. Diese sollten so viel wie möglich selbst bei der Strategieanwendung helfen und übernehmen und in ihrem Denkblatt Notizen aufnehmen, die in der Klasse entstanden. Diese Notizen überprüften die Kinder dahin gehend, ob sie noch Ergänzungen vornehmen könnten. Auf Basis der klassenweiten Planung fertigten die Kinder – unter Berücksichtigung von Selbstbekräftigungen – ihren eigenen Text an, und dazu diente als Unterstützung eine Liste von Konnektoren, auf welche die Kinder zurückgreifen durften.

Weitere Lektionen zum Zweck des angeleiteten Übens und Unterstützens: In nicht näher beschriebener Anzahl fanden weitere Lektionen über zwei Wochen statt, die dem Üben dienten. Die Kinder schrieben mit abnehmenden Unterstützungsleistungen Argumentationen zu Themen und prüften diese immer auch auf Vollständigkeit, wobei sie die Fortschritte in ihren Raketengrafiken festhielten. Die Lehrerin differenzierte derweil ihre Unterstützungen: Für die schwachen Schreibenden führte sie passende Minilektionen durch, in denen sie die Aufmerksamkeit gezielt auf die TREE-Schritte lenkte oder absichtlich beim Modellieren Schritte vergaß, um die Kinder zu involvieren, die den Fehler bemerken sollten; für die stärkeren Schülerinnen und Schüler sorgte sie dafür, dass diese die Hilfsmittel wie Denkblätter nicht mehr benutzten, sondern das Planen ohne solche Hilfsmittel vollführten. Sie planten dann beispielsweise auf Blankopapier und ließen darauf genügend Platz für Ergänzungen, was die Lehrerin ebenfalls modellierte.

Finale Phase des selbstständigen Übens: In dieser zweistufigen letzten Phase ging es um die Anwendung. Die Bedingung dafür war, dass nunmehr alle Kinder nicht nur die Strategieschritte vollständig aus dem Gedächtnis benennen konnten, sondern auch die Texte adäquat zur Strategie erstellten. Auf dieser Basis schrieben sie – wiederum nach einer reflexiven Phase zum Nutzen der Strategie – zwei Texte als Antwort auf gelesene Geschichten. Sie sollten zum Beispiel bei der ersten Aufgabe nach dem Lesen einer Geschichte schriftlich begründen, ob sie einer Figur helfen oder nicht helfen würden. In der letzten Aufgabe, der wiederum vorausging, welche Schritte die Schülerinnen und Schüler je nach Leistungsvermögen benutzen sollten (bzw. nicht mehr brauchten), sollten sie eine weitere abschließende Argumentation schreiben, warum eine Figur einer anderen helfen sollte. Eine finale Reflexion rundete all das ab. ◂

Kinder vierter bis sechster Klassen lernen das Revidieren mit selbstgewählten Evaluationskriterien
Nicht auf von Forschenden vorab definierte Evaluationskriterien als Kern des Revidierens, sondern auf mit den geförderten Kindern und von den teilnehmenden Lehrpersonen erarbeiteten Kriterien setzte eine Studie (Ross et al., 1999). Kernstück des Föderansatzes war ein vierstufiges Vorgehen beim Einsatz von Kriterien zur Beurteilung von narrativen Texten: a) Involvieren der Kinder beim Festlegen von Kriterien, b) Lehren, wie man diese Kriterien anwendet, c) Feedback für die Kinder zur individuellen Anwendung der Kriterien und d) Hilfe für die Kinder, um aus dem Gelernten Handlungspläne zu entwickeln.

Für das Aufstellen der Kriterien nutzten die Lehrpersonen das gemeinsame Brainstorming mit den Kindern, die Kriterien wurden auf Flipcharts gesammelt und dann die wichtigsten Kriterien per Abstimmung bestimmt. Die Lehrpersonen ergänzten ggf. fehlende, ihnen aber wichtig erscheinende Kriterien und bündelten die Sammlung. Diese Kriterien wurden im Laufe der achtwöchigen Förderung verfeinert und elaboriert. Die Anwendung der Kriterien modellierten die Lehrpersonen anhand ausgesuchter Beispieltexte und ließen danach die Kinder ihre eigenen Texte sowie ein Dutzend Übungstexte mithilfe der Kriterien beurteilen. Dabei gaben die Lehrpersonen den Kindern Rückmeldungen zur korrekten Anwendung der Kriterien, oftmals in 1:1-Settings. Außerdem besprachen die Lehrpersonen mit den Kindern, wie sie die Kriterien dafür nutzen könnten, Ziele für weitere Texte zu formulieren, aus den Reparaturmechanismen wurde damit ein Mittel zur selbstregulatorischen Zielformulierung. ◄

▶ **Die Aufgabenzergliederung als Startpunkt für Konfektionierungen der Vermittlung von Schreibstrategien** Die Vermittlung von Schreibstrategien erlaubt Adaptionen, sei es beim Planen oder beim Revidieren. Dies hat mit dem grundsätzlich modularen Aufbau der Schreibstrategien zu tun. Für solche Adaptionen ist es hilfreich, wenn man das Schreiben als eine Kombination von verschiedenen einzelnen Arbeitspaketen begreift, die sich faktisch hinter jeder Schreibaufgabe verbirgt. Diese Arbeitspakete in praktisch allen Schreibprojekten und -anlässen sowie die für sie notwendigen und sinnvollen Herangehensweisen zu (er-)kennen, sensibilisiert und lässt sowohl bei Schülerinnen und Schülern als auch bei Lehrpersonen individuelle Lösungen zu, die didaktisch gewinnbringend sind. Denn sie ermöglichen konfektionierte, authentische Zugänge (siehe z. B. die „Schreib-Checkliste" von Jagaiah et al., 2019, zur umfassenden Klärung von Schreibzielen und -vorgehensweisen), die beispielsweise für das Modellieren notwendig sind. Und sie erzeugen Divergenz, die für den metakognitiven Austausch („Wie bist du vorgegangen?", „Was war bei dir hilfreich?" etc.) eine sinnvolle, gewinnbringende Grundlage darstellt.

Fazit
Kompetentes Schreiben wird häufig als selbstreguliertes Schreiben aufgefasst, also als zielbezogenes Vorgehen, bei dem die schreibende Person selbstreguliert mit hohen Anteilen an kognitiven und metakognitiven Strategien Texte plant und revidiert. Diese wissensbasierten Fähigkeiten sind nicht angeboren, sondern werden über sozial-kognitive Lernprozesse erworben. Diesen Erwerbsweg machen sich Föderansätze gezielt zunutze, indem sie im Sinne der expliziten Vermittlung Sequenzen des Erwerbs metakognitiven Strategiewissens und selbstregulatorischer Fähigkeiten aneinanderreihen. So beobachten die Lernenden das zu erlernende Verfahren bei einem Schreibmodell, ahmen es nach, üben es und eignen es sich so an, dass sie möglichst autonom zielführende Schreibstrategien anwenden können. Entscheidend bei den bislang in der empirischen Schreibforschung vorgelegten Strategien ist, dass sie die jeweiligen Planungs- und Revisionsstrategien in kleinere Arbeitspakete zergliedern, welche die Personen absolvieren, um das übergeordnete Ziel zu erreichen.

4.2 Perspektive Produkt: Textsortenwissen aufbauen – oder: In welcher allgemeinen Struktur sollte man schreiben?

▶ Das Wissen über allgemein anerkannte Formen der schriftlichen Kommunikation erleichtert das Verstehen und Verfassen von Texten. Textsortenwissen als Wissen darüber, welche wichtigen Merkmale und Funktionen prototypische Varianten von Texten haben, fungiert damit als Ressource für das Schreiben. Wie sich das Textsortenwissen vermitteln lässt, ist Gegenstand dieses Teilkapitels. Es illustriert, dass in diesem Bereich der Schreibförderung substanzielle Schnittmengen zur Leseförderung bestehen.

Wenn Personen Texte schreiben, dann gibt es hierbei kulturell etablierte Grundmuster, wie sich die schriftliche, zeitlich und/oder örtlich zerdehnte Kommunikation in Hinblick auf die Adressatinnen und Adressaten optimieren lässt. So haben sich Muster etabliert, welchen Aufbau (bzw. welche konstitutiven Elemente) welche Texte mit einer spezifischen kommunikativen Absicht haben. Bei diesen Mustern handelt es sich um *Textsorten*.

▶ **Textsorten** „Textsorten sind *konventionell geltende Muster* für komplexe sprachliche Handlungen und lassen sich als jeweils typische Verbindungen von kontextuellen (situativen), kommunikativ-funktionalen und strukturellen (grammatischen und thematischen) Merkmalen beschreiben. Sie haben sich in der Sprachgemeinschaft historisch entwickelt und gehören zum Alltagswissen der Sprachteilhaber: Sie besitzen zwar normierende Wirkung, erleichtern aber zugleich den kommunikativen Umgang, indem sie den Kommunizierenden mehr oder weniger feste Orientierungen für die Produktion und Rezeption von Texten geben." (Brinker et al., 2018, S. 139, Hervorhebung im Original)

Die Definition verdeutlicht in der Hybridität von orientierungsstiftender Funktion beim Lesen und beim Schreiben, dass Textsortenwissen – also vor allem deklaratives Wissen über Textsorten – eine Ressource für beide Domänen darstellt, mithin dem Lesen und Schreiben gleichermaßen dient. Das lässt sich aus der Theorie zum Leseverstehen zum Beispiel darüber erklären, dass die Struktur von Texten – um die es bei Textsorten gemäß der obigen Definition geht – dabei hilft, das Verstehen zu unterstützen, indem die funktionalen Elemente den Aufbau der inhaltlichen Kohärenz erleichtern (van Dijk, 1980). Textsorten fungieren metaphorisch gesprochen als eine Art Grundgerüst, in welchem die jeweils aktuellen, im konkreten Text dargebotenen bzw. darzubietenden Inhalte rezeptiv zu integrieren bzw. expressiv zu entfalten sind. Damit ist auch schon angedeutet, dass das Wissen über Textsorten als Ressource für die Ausgestaltung für hierarchiehohe Schreibprozesse – häufig: das Planen – fungiert: Es erleichtert im besten Fall die Bewältigung aktueller schreibbezogener Anforderungen, weil Strukturen und typische Elemente – von Textteilen bis zu typischen Formulierungen – als Langzeitgedächtnisinhalte vorhanden sind (Hayes, 2012).

In der Leseforschung, in der die Effekte der Vermittlung von Textsortenwissen bzw. Textstrukturen – diese Begriffe werden häufig synonym verwendet, auch wenn Textstrukturen eher einen Unterbegriff der Textsorten darstellen – häufiger untersucht wurden, dominieren die Sachtexte und die fünf Textsorten zu Beschreibungen, Vergleich, Sequenz, Ursache-Wirkung und Problem-Lösung (Bogaerds-Hazenberg et al., im Druck; Hebert et al., 2016; Pyle et al., 2017).

Argumentationen und narrative Texte sind hingegen deutlich untervertreten. Umgekehrt sind diese in der bisherigen Schreibforschung allerdings genauer untersucht worden (Graham et al., 2012; Graham & Perin, 2007), was sich auch in der Dominanz dieser beiden Textsorten in Schreibstrategieförderansätzen zeigt (Graham et al., 2013), die als textsortenspezifische Varianten das Vermitteln von Textsortenwissen inkludieren.

Die im Absatz zuvor genannten sieben Textsorten (Argumentation, Beschreibungen, Vergleich, Sequenz, Ursache-Wirkung, Problem-Lösung und Narration) mitsamt ihren Eigenschaften sowie den an der sprachlichen Oberfläche manifesten Signalwörtern und -ausdrücken sind in Tab. 4.6 dargestellt. Diese Merkmale samt Signalwörtern und -ausdrücken sind häufig in einer altersangemessenen Form Bestandteil der expliziten Vermittlung von Textsortenwissen. Der Vollständigkeit halber sei darauf hingewiesen, dass die Textsorten aus Tab. 4.6 nur eine Auswahl darstellen und selbstredend nicht den Anspruch hegen, sämtliche denkbaren Textsorten im Deutsch- und Fachunterricht abzubilden.

Beachtung verdient das Thema Textsortenwissen in der Schreibdidaktik nicht zuletzt deshalb, weil es Berührungspunkte zu den *Textprozeduren* gibt. Darunter lassen sich prototypische Ausdrücke sprachlichen Handelns auf der Absatzebene (also Mesoebene von Texten) begrifflich fassen, die neben der sprachlichen Handlung auch eine Nähe zu einzelnen typischen Bestandteilen von Textsorten aufweisen (Feilke, 2017). Damit sind Textprozeduren zumindest partiell als Signalwörter und -ausdrücke zu verstehen, die eine unterstützende Funktionalität für die inhaltliche Gestaltung aufweisen. Sie dienen damit als Bestandteil einer umfassenderen Lese- und Schreibdidaktik.

4.2.1 Das didaktische Designprinzip zur Vermittlung des Textsortenwissens

Damit Textsortenwissen als Ressource im Schreibprozess fungieren kann, muss es vorhanden sein. Wie man das Textsortenwissen vermitteln kann, ist in einer Vielzahl von Studien untersucht worden. Bei aller Divergenz in den jeweiligen Ansätzen ist die *explizite Vermittlung,* die bereits in Abschn. 4.1.2 bei den Schreibstrategien für das Vermitteln prozeduralen Wissens über Strategien behandelt wurde, ein wesentlicher und häufig vorkommender Bestandteil von Studien aus der Leseforschung (Bogaerds-Hazenberg et al., im Druck; Hebert et al., 2016). Hierbei lässt sich die explizite Vermittlung als Variante dafür nutzen, die Struktur von Texten zu erkennen und zu visualisieren, also als reziprokes Gegenstück zu den planerischen Aktivitäten beim Schreiben

Tab. 4.6 Überblick über exemplarische Textsorten, ihre Merkmale, Beispiele und – bei Sachtexten – Signalwörter. (Quelle: erweiterte und modifizierte Variante nach Philipp, 2021, S. 118 f.)

Textsorte	Merkmale und Beispiele	Signalwörter/-ausdrücke, die auf sprachliche Handlungen verweisen
Argumentation	• *Merkmale:* Dialogisch orientiertes Klären einer strittigen Frage/der Positionen zu einem kontroversen Thema unter Berücksichtigung verschiedener Perspektiven und Argumente (samt unterstützenden Beispielen) pro oder kontra mit einer abschließenden Positionierung hinsichtlich der strittigen Frage • *Beispiel:* Abwägen von politischen Aussagen für oder gegen eine Maßnahme, jemanden von etwas überzeugen, z. B. bei Bewerbungen, Entscheidungsvorlagen etc.	Zu klären ist, ob …, ein Grund für/gegen …, einerseits, andererseits, weiterhin lässt sich anführen …, jemand könnte einwenden, dass …, nach Abwägung der Positionen ist das Ergebnis
Beschreibung	• *Merkmale:* Beschreibende Darstellung, welche Merkmale, Einzelheiten oder andere Informationen über ein Thema beinhaltet. Die Funktionsweise ist, dass zugehörige Bestandteile eines Themas – teils hierarchisch – dargestellt werden • *Beispiel:* ein Zeitungsartikel, der zu einem Thema das Wer, Was, Wann, Wo und Wie beschreibt	zum Beispiel, besonders diese, speziell, so wie, Merkmale sind, nämlich, Eigenschaften von, Besonderheiten sind
Vergleich	• *Merkmale:* Verknüpft Ideen auf Grundlage von Unterschieden und Ähnlichkeiten. Der Text ist in Teile gegliedert, welche einen Vergleich, einen Kontrast oder eine alternative Perspektive auf ein Thema vor- bzw. einnehmen • *Beispiel:* Vergleich von zwei Systemen, Modellen, Objekten	sondern, im Gegensatz dazu, alle außer, ähneln, auf der einen/anderen Seite, während, im Gegensatz zu, gleich, gemeinsam haben, teilen, das Gleiche wie, anders, Unterschied, unterscheiden, im Vergleich zu, obwohl, trotz

(Fortsetzung)

Tab. 4.6 (Fortsetzung)

Textsorte	Merkmale und Beispiele	Signalwörter/-ausdrücke, die auf sprachliche Handlungen verweisen
Sequenz	• *Merkmale:* Inhalte gruppiert nach Reihenfolge oder Zeit. Die Darstellung bezieht sich auf ein Verfahren/eine Abfolge oder auf geschichtliche Reihenfolgen • *Beispiele:* Rezepte, geschichtliche Darstellung, Darstellungen von Veränderungen wie Entstehung, Wachstum etc.	danach, später, endlich, zuletzt, früh, zuerst, um anzufangen, dann, am Ende, vor Jahren, vor, erstens/zweitens/drittens, vor, nach, bald, in jüngerer Zeit, zu guter Letzt
Ursache-Wirkung	• *Merkmale:* kausale oder Ursache-Wirkungs-ähnliche Beziehungen zwischen Inhalten, die als Wenn-dann-Relationen verknüpft sind • *Beispiele:* Kette von Ereignissen, die zusammenspielen, etwa der Weg zu Erfindungen, politischen Umstürzen, naturwissenschaftlichen Phänomenen	infolgedessen, weil, da, zum Zwecke, verursacht, führte zu, Konsequenz, also, um, warum, wenn/dann, der Grund, so, die Erklärung dafür, deshalb, daher
Problem-Lösung	• *Merkmale:* Die Hauptinhalte sind in zwei Teile gegliedert: 1) einen Problemteil und einen Lösungsteil, der auf das Problem reagiert, indem er versucht, das Problem zu beseitigen, bzw. 2) einen Frage- und einen Antwortteil, der auf die Frage zu antworten versucht • *Beispiel:* Wissenschaftliche Artikel benennen häufig zuerst eine Frage oder ein Problem und versuchen dann, eine Antwort oder Lösung zu finden	• Problem: Problem, Frage, Rätsel, offenes Problem • Lösung: Lösung, Antwort, Ausweg, um das Problem zu lösen
Narration	• *Merkmale:* Entwicklung einer Handlung mit Ausgangspunkt, einer Komplikation und deren Auflösung mit Figuren innerhalb eines Settings (Zeit, Ort) • *Beispiel:* Romane, Märchen, Kurzgeschichten, Sagen, Fabeln	Wenig vorgegebene Muster auf Absatzebene

textsortenspezifischer Texte. Deshalb ist das Vermitteln von Textsortenwissen – mit den Mitteln der in der Leseforschung erfolgreich evaluierten didaktischen Zugänge – ein durchaus häufig zum Einsatz gelangendes Element der Schreibstrategievermittlung.

Aus der Perspektive der Schreibdidaktik und mit dem reinen Fokus auf das Textsortenwissen ohne die Erweiterung um explizite Strategievermittlung stellt sich die Frage, was den genuinen Kern der Vermittlung von Textsortenwissen ausmacht. Wie aus dem nachstehenden Designprinzip hervorgeht, ist es die wissensbasierte Analyse von fremden und eigenen Beispieltexten hinsichtlich der Konformität und Qualität in puncto Textsortenmerkmale, die als zentrale Lernaktivität fungiert. Diese wird durch das explizite Vermitteln von deklarativem Wissen für eine Sensibilisierung und analysebasierte Anwendung dieses Wissens angebahnt, und sie mündet beim Schreiben in eine Optimierung der Schreibprozesse, sodass das individuelle Wissen stabil im Langzeitgedächtnis gespeichert wird. Dabei bilden mehrfache Analyse- und Anwendungssituationen die Regel.

> **Didaktisches Designprinzip 4: Erhöhung des Wissens über Textsorten mit gezielter Analyse von Textstrukturen**
> Wenn Lernende Wissen über Textsorten erwerben und beim Schreiben aktiv anwenden sollen, dann sollten sie das Wissen über die Textsorte und ihre Bestandteile (vor allem: der Struktur) explizit vermittelt bekommen und anhand der Analyse von Textmodellen konsolidieren (Abb. 4.6).

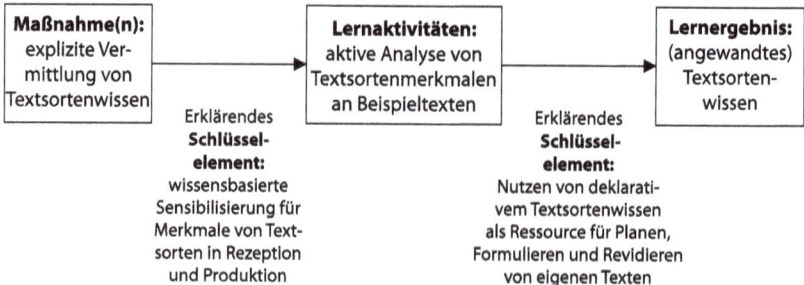

Abb. 4.6 Visualisiertes didaktisches Designprinzip 4 – Explizite Vermittlung von Wissen über Textsorten (Eigene Darstellung unter Zuhilfenahme von de Smedt & van Keer, 2018, S. 231; Koster & Bouwer, 2018, S. 195)

4.2 Perspektive Produkt: Textsortenwissen aufbauen – oder ...

Das didaktische Designprinzip lässt sich lerntheoretisch darüber begründen, dass (ausgearbeiteten) Beispielen aus der kognitionspsychologischen Perspektive eine hohe theoretische Bedeutung zugestanden wird. Renkl (2014) hat herausgearbeitet, warum die Arbeit mit (korrekten) Beispiellösungen und Beispielen als Anwendung von abstrakten Regeln – also mit Beispielen, welche die erwünschten Merkmale klar erkennbar erhalten und damit den Zielhorizont der später von den Lernenden erwarteten Fähigkeiten als Produkte markieren – so wichtig ist. Aus den von Renkl zusammengetragenen theoretischen Perspektiven wirkt diejenige zum *analogiebasierten Denken* einschlägig. Das analogiebasierte Denken basiert auf der Prämisse, dass es Gemeinsamkeiten zwischen zwei Beispielen oder Situationen gibt bzw. dass einer Konkretisierung (also einem Textbeispiel) ein übergeordnetes Prinzip (etwa das Muster von textsortenspezifischen Strukturen) zugrunde liegt. Die Beispiele sollen dabei helfen, abstrakte Schemata zu entwickeln (wenn mehrere Beispiele aktiv verglichen werden müssen) oder anzuwenden (wenn das abstrakte Prinzip zuvor eingeführt wurden, etwa durch die explizite Vermittlung von Textsortenwissen mit folgender Analyse von Beispielen).

Wenn zunächst abstrakte Wissensbestände (etwa zu Textsorten und ihren Merkmalen) vermittelt und danach Beispiele analysiert und mit dem abstrakten Wissen verknüpft werden sollen, dann lässt sich das lerntheoretisch darüber begründen, dass die kognitive Belastung nicht als Überlastung endet. Denn wenn jemand beispielsweise aufgefordert wird, eine unvertraute Textsorte zu schreiben, dann helfen Beispiele dabei, die Konkretisierung mit dem abstrakten Wissen zu vernetzen, um daraus selbst Zielvorstellungen zum Vorgehen und zum Ergebnis des eigenen Schreibens zu entwickeln. Damit dies geschieht, beschreibt Renkl (2014) einen vierphasigen Wissensaufbau, der sich übertragen auf das Textsortenwissen wie folgt darstellen lässt:

- *Phase 1: deklarativer Wissenserwerb,* d. h. Wissenserwerb über Textsorten wie Narrationen mit ihren Merkmalen wie Setting, Figuren und Komplikationshandlung.
- *Phase 2: Bezug zu Beispielen herstellen,* was bedeutet, dass jemand anhand eines konkreten Beispiels wie einer Kurzgeschichte abstrakte Elemente erkennt. Deren Merkmale werden kognitiv verarbeitet und mit dem zuvor erworbenen Textsortenwissen so verknüpft, dass jemand die Gemeinsamkeiten zwischen allgemeinem Wissen und konkretem Beispiel, also der Geschichte, realisiert. Dies ist ein nötiger Schritt, um abstrakte Schemata im Gedächtnis aufzubauen, auf die es später zurückzugreifen gilt.

- *Phase 3: Formieren von Regeln.* Hierbei geht es darum, dass Lernende für die eigenständige Anwendung Regeln formieren, z. B. „Wenn ich eine Geschichte schreiben will, muss ich Figuren, Setting und Komplikationshandlung auf eine bestimmte Weise kombinieren". Diese Regeln bilden die Grundlage für das (angeleitete) Anwenden.
- *Phase 4: Automatisierung und Flexibilisierung.* Durch Üben des schriftlichen Erzählens finden das Arbeitsgedächtnis entlastende Automatisierungen statt, welche wiederum für die Adaption und Flexibilisierung beim Schreiben notwendig sind. So kann jemand sein Vorgehen beim Schreiben verändern und die Textsortenmerkmale freier und individueller anwenden.

Damit deutet sich an, dass den Beispielen die Bedeutung zukommt, beim Erwerb des abstrakten Textsortenwissens als Einstieg zu dienen – und dies gilt insbesondere für die ersten Phasen des Wissenserwerbs. Die Anwendung im Sinne dessen, dass man prozedurales Wissen beim Schreiben einsetzt, wird gezielt davon getrennt, um das Arbeitsgedächtnis nicht zu überlasten. Es braucht für eine stabile Verankerung als abstrakte Schemata jedoch mehrfache Anwendungen, woraus sich auch erklären mag, weshalb sich die explizite Vermittlung didaktisch anbietet.

4.2.2 Typische Lehraktivitäten bzw. Elemente bei der Vermittlung des Wissens über Textsorten

Ähnlich wie bei der Wortschatzförderung (vgl. Abschn. 3.2.2) lassen sich prototypische Aktivitäten vor allem aus der Domäne Lesen extrahieren (vgl. Tab. 4.7). Diese stellen häufig eine Art organisierende Reduktion von Informationen aus Texten anhand der zu lernenden Textsorte und ihren Merkmalen dar. Deshalb finden sich viele Merkmale in den Lehraktivitäten wieder, die aus der Vermittlung von textstruktursensiblen Organisationsstrategien des Lesens bekannt sind (Philipp, 2015).

Solche Strategien bilden aus schreibdidaktischer Sicht das Gegenstück zum Planen (vgl. Abschn. 4.1.1.3). Die Nutzung des Textsortenwissens lässt sich beispielsweise auch über Graphic Organizers (Nr. 2 in der Tabelle, vgl. auch das Eingangsbeispiel im Abschn. 2.1 und das dazugehörige Denkblatt in Abb. 4.3 im Abschn. 4.1.1.3), also Schaubilder mit den Hauptinhalten und ihren Beziehungen untereinander, realisieren. Diese greifen das schriftliche Zusammenfassen (Nr. 3) sowie weitere kürzere Schreibaufgaben (Nr. 5) für textuelle Reduktionen beim Lesen bzw. vorgängiges makrostrukturelles Planen ähnlich auf. Die Signalwörter

4.2 Perspektive Produkt: Textsortenwissen aufbauen – oder …

Tab. 4.7 Merkmale von empirisch erprobten Förderansätzen zur Vermittlung des Leseverstehens mithilfe des Nutzens von Textsortenwissen. (Quelle der Darstellung: eigene Darstellung nach Bogaerds-Hazenberg et al., im Druck, S. 8; Hebert et al., 2016, S. 610; Pyle et al., 2017, S. 493 f.)

Bestandteile	Ziel	Lehraktivitäten
1. Fokussierung auf Strukturen und Merkmale von Textsorten (Makro- und Mesoebene)	Vermittlung von Wissen über typische Bestandteile von Texten und Textteilen	• Das Erkennen von typischen Merkmalen wie Beginn oder Ende von Absätzen mit spezifischen kommunikativen Funktionen fördern • Diskussionen über und Vergleich von mehr oder minder geglückten Beispielen • Vergleich von Textsorten untereinander
2. Visualisierung von Strukturen und Inhalten mit Graphic Organizers	Reduktive Darstellung der Inhalte in ihrer Makrostruktur	• Expressiv: selbst Schaubilder zu gelesenen Texten erstellen (als Organisationsstrategie) oder für zu schreibende Texte (als Planungsstrategie) erstellen lassen • Rezeptiv: zu vorhandenen Texten Schaubilder vorgeben und diese mit dem Text vergleichen und analysieren lassen
3. Regel- oder strukturbasiertes Zusammenfassen der Inhalte von Texten	Reduktion der Texte auf ihre Makrostruktur in Abhängigkeit von Textsorten	• Vermitteln und Nutzen von Makroregeln des Zusammenfassens (vgl. Abschn. 5.1) • Vermitteln von Strategien, Textgliederungen wie Zwischenüberschriften für das Zusammenfassen zu nutzen
4. Arbeit mit Signalwörtern	Erkennen der Textsorte und ihrer Merkmale anhand gezielter Suche nach linguistischen Markern	• Gezieltes Suchen nach Signalwörtern • Farbiges Hervorheben von Signalwörtern, um für spezifische Funktionen im Text zu sensibilisieren • Verbinden von Signalwörtern mit dem Inhalt des Textes, um die Funktionalität des sprachlichen Handelns mit Signalwörtern zu erkennen
5. Schreiben	Aufnehmen von Inhalten aus Texten in eigene Schreibprodukte, um die inhaltlichen Bezüge zu klären	• Einfüllen von Inhalten aus Texten in vorgegebene Sätze • Notizen zu Texten anfertigen • Fragen zu Texten in Absatzlänge beantworten • Zusammenfassungen schreiben

(Nr. 4) sind für das Formulieren bedeutsam, um auf der Satz- und Absatzebene die sprachlichen Handlungen und damit partiell die Textsortenspezifik explizit zu vollziehen. Bei alldem ist die explizite Vermittlung von Textsortenwissen (Nr. 1) mit zu analysierenden Beispielen – durchaus auch den eigenen Textprodukten im Sinne des kriterienbasierten Evaluierens (vgl. Abschn. 4.1.1.4) – die wichtigste Aktivität.

4.2.3 Zwei Beispiele für das Vermitteln von Textsortenwissen

Die Beispiele in diesem Teilkapitel repräsentieren verschiedene Arten von Förderansätzen, indem sie Lesen und Schreiben berücksichtigen, mit oder ohne Graphic Organizers operieren und unterschiedlich stark auf Wiederholungen und generell auf Scaffolding-Maßnahmen setzen. Das erste Beispiel von Crowhurst (1991) weist große Übereinstimmungen mit dem Beispiel der Schreibstrategievermittlung von POW und TREE mittels des SRSD-Förderansatzes aus dem Abschn. 4.1.4 auf. Das ist insofern kein Zufall, da viele Förderansätze, welche auf die Vermittlung von textsortenspezifischen Schreibstrategien fokussieren, die Vermittlung von Wissen über die Textsorte bzw. die Textstruktur explizit als Bestandteil enthalten. Allerdings unterscheiden sich diese Förderansätze von dem hier vorgestellten darin, dass die Strategieförderansätze das prozedurale Wissen zur Textherstellung vermitteln, während Förderansätze mit dem primären Fokus Textsortenwissensvermittlung in aller Regel auf die explizite Vermittlung von prozeduralem Strategiewissen verzichten.

Das zweite Beispiel von Armbruster und Team (1989) steht für etwas anderes, indem es gezielt den Brückenschlag zum Lesen sucht. Hier geht es darum, anhand des erworbenen Textsortenwissens über die Sachtextsorte Problem-Lösung eine Zusammenfassung in einer textsortennahen Variante zu schreiben. So lernen die Schülerinnen und Schüler Textsortenwissen auf zweierlei Art: zum einen in Bezug auf die Textsorte Problem-Lösung und zum anderen zum Zusammenfassen. Dieses Vorgehen bildet einen wichtigen Brückenschlag zum Nutzen des Textsortenwissens auch für das Leseverstehen (Bogaerds-Hazenberg et al., im Druck) und das Fachlernen mittels organisierend-konservierender Strategien (vgl. Kap. 5).

Die Bestandteile von Argumentationen erlernen und anwenden – Schülerinnen und Schüler der sechsten Klasse schreiben textsortenkonforme Argumentationen mit zweifachem formativem Feedback

Einen erfolgreichen Förderansatz mit nur wenigen Lektionen wählte man in einer US-amerikanischen Studie mit Schülerinnen und Schülern der sechsten Klasse (Crowhurst, 1991). In der Studie wurde den Jugendlichen eine Übersicht über typische Bestandteile von Argumentationen (primär aus einer Pro- bzw. Kontra-Warte, also nicht als dialogisch angelegte Variante) vorgelegt, die in Tab. 4.8 dargestellt ist. Mit dieser in der ersten von insgesamt zehn 45-minütigen Lektionen dargebotenen Unterstützung lasen und analysierten die Jugendlichen einen eigens geschriebenen Beispieltext. Sie waren dazu angehalten, die Bestandteile im Text zu erkennen und korrekt zu benennen. Es handelte sich also um eine Analyse.

In den darauffolgenden Lektionen gab es einen wiederholten Ablauf. Dieser bestand aus einer vierfachen Übung und Anwendung des erworbenen Textsortenwissens. Dabei mussten die Jugendlichen zunächst die Bestandteile von Argumentationen gemäß dem Schema aus Tab. 4.8 aus dem Gedächtnis benennen und ihre Funktion beschreiben. Danach gab es einen Schreibauftrag wie „Ist es falsch, Wale in Aquarien in Gefangenschaft zu halten?". Die Jugendlichen waren dann gefragt, einen eigenen Text zu schreiben, der eine der beiden Seiten unterstützte. Diesen Text lasen sie anschließend in Tandems. Die jeweils

Tab. 4.8 Schematischer Überblick über die Merkmale von Argumentationen als Überblick für die Lernenden. (Leicht modifizierte Darstellung nach Crowhurst, 1991, S. 321)

Bestandteil	Beschreibung
Aussage zur eigenen Meinung	Für gewöhnlich im ersten Absatz
Grund/Argument 1	Unterstützt die eigene Meinung
Unterstützende Ideen/Beispiele	Erläutert den ersten Grund/das erste Argument
Grund/Argument 2	Unterstützt die eigene Meinung
Unterstützende Ideen/Beispiele	Erläutert den zweiten Grund/das zweite Argument
Grund/Argument 3	Unterstützt die eigene Meinung
Unterstützende Ideen/Beispiele (weitere Gründe/Argumente?)	Erläutert den dritten Grund/das dritte Argument
Abschluss	• Im letzten Absatz • Führt alles Geschriebene zusammen

andere Person kommentierte den Text, achtete auf gute Argumente und gab Verbesserungsvorschläge. Mit diesen Rückmeldungen überarbeiteten die Jugendlichen ihren Text und erhielten danach von der Lehrperson auf diesen finalen Entwurf eine Rückmeldung zur persuasiven Effektivität und zum Einsatz der geforderten und erlernten Bestandteile von Argumentationen. ◄

Qualitativ hochwertige Zusammenfassungen über Problem-Lösungs-Texte mit Graphic Organizers und vorbereiteten Absatzformularen schreiben

Um Textsortenwissen in doppelter Hinsicht ging es in einem Förderansatz, der sich hybrid zwischen Lesen und Schreiben befand, da er sich auf das schriftliche Zusammenfassen fokussierte, und zwar in Bezug auf eine Textsortenspezifik (Armbruster et al., 1989): die Textsorte Problem-Lösung. Aber wie die Autorinnen und der Autor darlegen und an Beispielen verdeutlichen, ist das grundsätzliche Vorgehen auf andere Textsorten gut anwendbar.

Zentral waren zum einen die *„Rahmen" genannten Graphic Organizers,* die als Rümpfe die textsortenspezifischen Elemente (hier: ein Problem, eine Lösung sowie die sie verbindende und auflösende Aktivität) beinhalten (vgl. Abb. 4.7). Hier galt es, lesend aufzufüllen, was im Beispielförderansatz dem Lesen diente, aber genauso gut als grafisches Hilfsmittel (Denkblatt) für das Planen eigener Text dienen kann. Zum anderen wurden die „Rahmen" ergänzt um ein Hilfsmittel, nämlich *Richtlinien* (vgl. Abb. 4.8), welche die textsortenspezifischen Zusammenfassungen betrafen. Hier wurde auf Drei-Satz-Zusammenfassungen fokussiert, für die es Hilfsmittel in Form von Lückentexten gab, für die die Schülerinnen und Schüler die Einträge aus den Rahmen nutzten. Damit ergänzten sich beide Bestandteile: Der „Rahmen" sorgte für die Reduktion und Strukturierung, die Richtlinien führten diese Bestandteile in eine Absatzform mit strikter Abfolge der Inhalte über und verlangten das Schreiben (bzw. Ergänzen) ganzer Sätze.

Diese zentralen, komplementären Unterstützungsleistungen bildeten zusammen mit dreizehn Textpassagen den Gegenstand eines Übungsbooklets, welches zum Konsolidieren und Anwenden des Textsortenwissens genutzt wurde. Die Vermittlung erfolgte in Etappen. In der *ersten Lektion* wurden

4.2 Perspektive Produkt: Textsortenwissen aufbauen – oder …

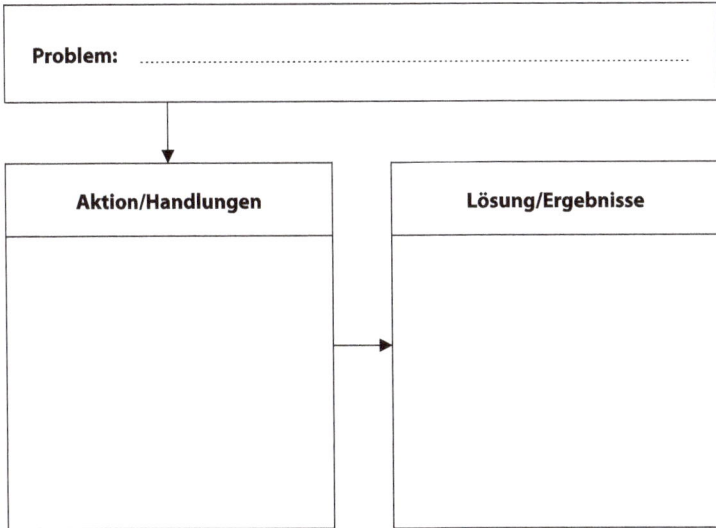

Problem = etwas Schlechtes, eine Situation, welche Personen ändern wollen
Aktion/Handlungen = etwas, das Personen tun wollen, um das Problem zu lösen
Lösung/Ergebnisse = das Ergebnis der Handlungen, der Effekt/das Resultat des Lösungsversuchs

Abb. 4.7 Graphic Organizer („Rahmen") für das Aufnehmen beim Lesen (und als Planungshilfe für das Schreiben) in der Textsorte Problem-Lösung. (Quelle: leicht modifizierte Variante von Armbruster et al., 1989, S. 132)

die Schülerinnen und Schüler der fünften Klasse mit einem Übungstext konfrontiert, den sie lasen und mit der Lehrperson diese Fragen diskutierten:

a) Wer hat ein Problem?
b) Was ist das Problem?
c) Welche Handlungen wurden unternommen, um das Problem zu lösen?
d) Was war das Ergebnis dieser Handlungen?
e) Haben die Ergebnisse der Handlungen das Problem gelöst?

Im Anschluss wurde der „Rahmen" erläutert und eingeführt, die Lehrperson füllte diesen Rahmen mit den Ergebnissen aus der Diskussion aus. Die Schülerinnen und Schüler taten dies ebenfalls in ihren Übungsbooklets.

Die *zweite Lektion* diente dazu, den „Rahmen" mit einem zweiten Übungstext auszufüllen, was die Lehrperson an der Tafel übernahm, nachdem es eine mündliche Diskussion mit der Klasse gegeben hatte. Mit diesem zweiten ausgefüllten „Rahmen" führte die Lehrperson die Richtlinien zum Zusammenfassen aus Abb. 4.8 ein und demonstrierte das Vorgehen für das Zusammenfassen mit den ausgefüllten beiden „Rahmen" der ersten beiden Übungstexte. Diese beiden Zusammenfassungen kopierten die Schülerinnen und Schüler. Mit einer weiteren, also dritten Übungstextpassage wurden mündlich die Fragen zur Textsorte beantwortet und die Antworten im „Rahmen" an der Tafel festgehalten, während die Schülerinnen und Schüler dann alles mündlich zusammenfassten. Die klassenweit gefundene Zusammenfassung wurde von der Lehrperson an der Tafel aufgeschrieben und die Kinder prüften sie mittels der Leitfragen aus Teil C der Richtlinien.

Abb. 4.8 Richtlinien für das Zusammenfassen von Texten der Textsorte Problem-Lösung. (Quelle: leicht modifizierte Variante von Armbruster et al., 1989, S. 133)

A) Wie man einen Problem-Lösung-Text zusammenfasst
Satz 1: Berichtet vom und erklärt das Problem.
Satz 2: Berichtet von der unternommenen Aktion zur Lösung des Problems.
Satz 3: Berichtet vom Ergebnis der durchgeführten Aktionen.

B) Muster für das Zusammenfassen eines Problem-Lösung-Texts
_____ hatte ein Problem, weil _____
Deshalb _____
Das Ergebnis war _____

C) Überprüfen der Zusammenfassung der Problem-Lösung-Texte
Überprüf deine Zusammenfassung:
1) Deine Zusammenfassung hat alle Informationen, die der Text zum Problem und der Lösung enthalten sollte (schau nach oben zum Punkt A „Wie man einen Problem-Lösung-Text zusammenfasst"). Vergleiche deine Zusammenfassung mit dem Originaltext zum Problem und der Lösung, um sicherzustellen, dass deine Zusammenfassung richtig und vollständig ist.
2) Du hast vollständige Sätze.
3) Deine Sätze sind gut verbunden mit verknüpfenden Wörtern.
4) Grammatik und Rechtschreibung sind korrekt.

In den *Lektionen 3 bis 9* bearbeiteten die Kinder die Übungstexte in den Übungsbooklets, wobei die Texte zunehmend länger wurden. Das Vorgehen war dreigeteilt, vollzog sich jedoch stets in Einzelarbeit. Als Erstes lasen die Kinder die Texte still, füllten als Zweites die „Rahmen" aus und schrieben als Drittes die jeweilige Zusammenfassung. Die Lehrperson zirkulierte, um den Fortschritt zu überwachen und Feedback zu geben. Jeweils zwei bis drei Kinder präsentierten pro Lektion ihre Lösungen zum „Rahmen" bzw. der Zusammenfassung mündlich oder schriftlich, und die anderen Schülerinnen und Schüler konnten Feedback geben. Am Ende dieses sieben Lektionen umfassenden Blocks hatten die Kinder das Übungsbooklet komplett durchgearbeitet.

Der letzte Block, die *Lektionen 10 und 11*, diente dazu, das erlernte Vorgehen an Texten aus dem regulären sozialwissenschaftlichen Unterricht anzuwenden. Die Schülerinnen und Schüler lasen Schulbuchtexte und nutzten vor allem den „Rahmen". Die Lehrperson sammelte die Ergebnisse aus den „Rahmen" an der Tafel, aber die Zusammenfassungen erfolgten nur noch rein mündlich. ◀

▶ **Zum Einsatz von Planungshilfen für das eigenständige textsortenkonforme Schreiben** Die Ausführungen zur Vermittlung von Textsortenwissen illustrieren, dass Lehrpersonen eine Vielzahl von Ansatzpunkten haben, die in den Darstellungen dieses Teilkapitels einen starken Bezug zum Lesen aufweisen. Speziell für das Schreiben gibt es zwei wichtige Hinweise, die für die Umsetzung im Unterricht als gemeinsamer Diskussionsanker dienen können (Roehling et al., 2017):

- Für das Schreiben von Texten gemäß den Konventionen von Textsorten können *Leitfragen* fungieren, welche die thematische Entfaltung betreffen. Für die Textsorte Vergleich lauten solche Leitfragen beispielsweise: Welche Objekte, Konzepte oder Kategorien werden verglichen? Wie ähneln sie sich? Worin unterscheiden sie sich? In welchen Merkmalen sind sie vergleichbar? Diese Fragen helfen beim Planen in puncto Inhaltsgenerierung und primär der -organisation.

- Ebenfalls für diese Teilprozesse des Planens fungieren *Graphic Organizers*, also grafische Darstellungen (durchaus in vorbereiteten leeren Rümpfen mit Platz für eigene Notizen). Diese interimistischen Inhaltsspeicher fungieren als Provisorien für den gesamten Schreibprozess, nämlich für das Planen und für das Revidieren (z. B. für das Überprüfen, ob die geplanten Inhalte tatsächlich im Text auftauchen). Beispiele und Muster für solche Graphic Organizers lassen sich mittels einer Internetrecherche leicht finden, bedürfen allerdings in aller Regel einer Anpassung für die eigenen Zwecke.

Fazit

Für die effektive Kommunikation haben sich Muster etabliert, die als Textsorten bezeichnet werden. Sie haben eine verständlichkeitserleichternde Intention: Lesenden sollen sie helfen, sich auf erwartbare Bestandteile von allgemein musterhafter Kommunikation, im Einzelfall inhaltlich aber jeweils spezifischer Ausgestaltung einzustellen. Schreibenden geben Textsorten Hilfestellung und Struktur, indem sie für das Planen und Formulieren von Texten spezifische Bestandteile er- und einfordern. Diese doppelte Perspektive auf das Lesen und das Schreiben verdeutlicht, dass der Erwerb von Textsortenwissen ein gemeinsam zu bestellendes Feld der Lese- und Schreibförderung ist, das sich außerdem gut mit der Vermittlung von Strategiewissen kombinieren und sinnvoll anreichern lässt.

Literatur

Weiterführende Literatur

Fidalgo, R., Harris, K. R., & Braaksma, M. A. (Hrsg.). (2018). *Design principles for teaching effective writing. Theoretical and empirical grounded principles.* Brill. *(Dieses Buch versammelt diverse renommierte Schreibforschende aus aller Welt, die einzelne Strategieförderansätze beim Schreiben vorstellen und dabei in unterschiedlichen Korngrößen und Abstufungen in der Explizitheit die didaktischen Designprinzipien ihrer Förderansätze herausarbeiten. Hilfreiche kommentierende Kapitel führen Perspektiven zusammen, womit das Buch viele Perspektiven auf die Vermittlung von hierarchiehohen Prozessen des Schreibens eröffnet.)*

Graham, S., & Harris, K. R. (2005). *Writing better. Effective strategies for teaching students with learning difficulties.* Paul H. Brookes. *(Der sich direkt an Lehrpersonen mit schwach schreibenden Schülerinnen und Schülern richtende Band ist flüssig geschrieben und beinhaltet diverse Schreibstrategien, die kurz und knapp beschrieben*

werden. Abgerundet wird die Darstellung von Hinweisen zu Modifikationsmöglichkeiten bei den Strategien. Ein insgesamt praxisnahes Kompendium. Das Vermitteln von Textstrukturwissen ist Bestandteil bei den textsortenspezifischen Strategien.)
Philipp, M. (2014). *Selbstreguliertes Schreiben. Schreibstrategien erfolgreich vermitteln.* Beltz. *(Der Band versammelt diverse Schreibstrategien, von denen viele textsortenspezifisch sind. Diese Schreibstrategien sind untereinander dahingehend harmonisiert, dass gleiche bzw. ähnliche Strategieschritte die gleiche Bezeichnung haben. Das Rückgrat für die Strategien bildet der in Dutzenden von Studien bewährte, allerdings ein hohes schreibdidaktisches Wissen voraussetzende Vermittlungsansatz „Self-Regulated Strategy Development", viele authentische Beispiele veranschaulichen die Vermittlung und die erwartbaren Effekte durch Vorher-Nachher-Beispiele von Schülertexten. Ergänzt wird das Buch von Download-Materialien.)*
Sinatra, R. C. (2000). Teaching learners to think, read, and write more effectively in content subjects. *The Clearing House: A Journal of Educational Strategies, Issues and Ideas, 73* (5), 266–273. *(Dieser Aufsatz verdeutlicht für den Nutzen von Sachtextstrukturen für das Fachlernen zentrale – auch schreibdidaktische – Überlegungen nebst diversen Schaubildern für (Sach-)Textsorten. Die knappe, gut lesbare Darstellung eignet sich insbesondere als Einstiegslektüre, nicht nur für Personen aus den Sprachfächern.)*

Einzelnachweise

Applebee, A. N., & Langer, J. A. (2011). A snapshot of writing instruction in middle schools and high schools. *English Journal, 100*(6), 14–27.
Armbruster, B. B., Anderson, T. H., & Ostertag, J. (1989). Teaching text structure to improve reading and writing. *The Reading Teacher, 43*(2), 130–137.
Bogaerds-Hazenberg, S. T. M., Evers-Vermeul, J., & van den Bergh, H. (im Druck). A meta-analysis on the effects of text structure instruction on reading comprehension in the upper elementary grades. *Reading Research Quarterly.*
Brinker, K., Cölfen, H., & Pappert, S. (2018). *Linguistische Textanalyse. Eine Einführung in Grundbegriffe und Methoden* (9., durchges. Aufl). Schmidt.
Collins, A., Brown, J. S., & Newman, S. E. (1989). Cognitive apprenticeship: Teaching the craft of reading, writing, and mathematics. In L. B. Resnick (Hrsg.), *Knowing, learning, and instruction. Essays in honor of Robert Glaser* (S. 453–494). Erlbaum.
Crowhurst, M. (1991). Interrelationships between reading and writing persuasive discourse. *Research in the Teaching of English, 25*(3), 314–338.
De La Paz, S., Swanson, P. N., & Graham, S. (1998). The contribution of executive control to the revising by students with writing and learning difficulties. *Journal of Educational Psychology, 90*(3), 448–460.
De Smedt, F., & van Keer, H. (2018). An analytic description of an instructional writing program combining explicit writing instruction and peer-assisted writing. *Journal of Writing Research, 10*(2), 225–277.
Dent, A. L., & Koenka, A. C. (2016). The relation between self-regulated learning and academic achievement across childhood and adolescence. A meta-analysis. *Educational Psychology Review, 28*(3), 425–474.

Dinsmore, D. L., Alexander, P. A., & Loughlin, S. (2008). Focusing the conceptual lens on metacognition, self-regulation, and self-regulated learning. *Educational Psychology Review, 20*(4), 391–409.
Englert, C. S. (1990). Unraveling the mysteries of writing through strategy instruction. In T. E. Scruggs & B. Y. L. Wong (Hrsg.), *Intervention research in learning disabilities* (S. 186–223). Springer.
Englert, C. S., Taffy, R. E., Fear, K. L., & Anderson, L. M. (1988). Students' metacognitive knowledge about how to write informational texts. *Learning Disability Quarterly, 11*(1), 18–46.
Feilke, H. (2017). Schreib- und Textprozeduren. In J. Baurmann, C. Kammler & A. Müller (Hrsg.), *Handbuch Deutschunterricht. Theorie und Praxis des Lehrens und Lernens* (S. 51–57). Klett & Kallmeyer.
Fidalgo, R., Torrance, M., & García, J.-N. (2008). The long-term effects of strategy-focussed writing instruction for grade six students. *Contemporary Educational Psychology, 33*(4), 672–693.
Gillespie, A., & Graham, S. (2014). A meta-analysis of writing interventions for students with learning disabilities. *Exceptional Children, 80*(4), 454–473.
Graham, S. (1997). Executive control in the revising of students with learning and writing difficulties. *Journal of Educational Psychology, 89*(2), 223–234.
Graham, S. (2006). Writing. In P. A. Alexander & P. H. Winne (Hrsg.), *Handbook of educational psychology* (2. Aufl., S. 457–478). Erlbaum.
Graham, S., Collins, A. A., & Rigby-Wills, H. (2017). Writing characteristics of students with learning disabilities and typically achieving peers. A meta-analysis. *Exceptional Children, 83*(2), 199–218.
Graham, S., & Harris, K. R. (1999). Assessment and intervention in overcoming writing difficulties: An illustration from the self-regulated strategy development model. *Language, Speech, and Hearing Services in Schools, 30*(3), 255–264.
Graham, S., & Harris, K. R. (2005). *Writing better. Effective strategies for teaching students with learning difficulties.* Paul H. Brookes.
Graham, S., Harris, K. R., & McKeown, D. (2013). The writing of students with learning disabilities, meta-analysis of self-regulated strategy development writing intervention studies, and future directions: Redux. In H. L. Swanson, K. R. Harris, & S. Graham (Hrsg.), *Handbook of learning disabilities* (2. Aufl. S. 405–438). Guilford.
Graham, S., & Harris, K. R. (2018). Evidence-based writing practices: A meta-analysis of existing meta-analyses. In R. Fidalgo, K. R. Harris, & M. A. Braaksma (Hrsg.), *Design principles for teaching effective writing. Theoretical and empirical grounded principles* (S. 13–37). Brill.
Graham, S., Harris, S., MacArthur, C. A., & Santangelo, T. (2018a). Self-regulation and writing. In D. H. Schunk & J. A. Greene (Hrsg.), *Handbook of self-regulation of learning and performance* (2. Aufl., S. 138–152). Routledge.
Graham, S., Liu, X., Bartlett, B., Ng, C., Harris, K. R., Aitken, A., Barkel, A., Kavanaugh, C., & Talukdar, J. (2018b). Reading for writing. A meta-analysis of the impact of reading interventions on writing. *Review of Educational Research, 88* (2), 243–284.

Graham, S., Harris, K. R., & Olinghouse, N. G. (2007). Addressing executive function problems in writing. An example from the self-regulated strategy development model. In L. Meltzer (Hrsg.), *Executive function in education. From theory to practice* (S. 216–236). Guilford Press.

Graham, S., Hebert, M., & Harris, K. R. (2015). Formative assessment and writing: A meta-analysis. *The Elementary School Journal, 115*(4), 523–547.

Graham, S., & MacArthur, C. A. (1988). Improving learning disabled students' skills at revising essays produced on a word processor: Self-instructional strategy training. *Journal of Special Education, 22*(2), 133–152.

Graham, S., McKeown, D., Kiuhara, S. A., & Harris, K. R. (2012). A meta-analysis of writing instruction for students in the elementary grades. *Journal of Educational Psychology, 104*(4), 879–896.

Graham, S., & Perin, D. (2007). A meta-analysis of writing instruction for adolescent students. *Journal of Educational Psychology, 99*(3), 445–476.

Hacker, D. J. (2018). A Metacognitive model of writing. An update from a developmental perspective. *Educational Psychologist, 53* (4), 220–237.

Harris, K. R., Santangelo, T., & Graham, S. (2010). Metacognition and strategies instruction in writing. In H. S. Waters & W. Schneider (Hrsg.), *Metacognition, strategy use, and instruction* (S. 226–256). Guilford Press.

Hayes, J. R. (2012). Modeling and remodeling writing. *Written Communication, 29*(3), 369–388.

Hebert, M. A., Bohaty, J., Nelson, J. R., & Brown, J. (2016). The effects of text structure instruction on expository reading comprehension: A meta-analysis. *Journal of Educational Psychology, 108*(5), 609–629.

Hughes, C. A., Morris, J. R., Therrien, W. J., & Benson, S. K. (2017). Explicit instruction. Historical and contemporary contexts. *Learning Disabilities Research & Practice, 32* (3), 140–148.

Jagaiah, T., Howard, D., & Olinghouse, N. (2019). Writer's checklist. A procedural support for struggling writers. *The Reading Teacher, 73* (1), 103–110.

Kellogg, R. T. (2018). Professional writing expertise. In A. M. Williams, A. Kozbelt, K. A. Ericsson & R. R. Hoffman (Hrsg.), *The Cambridge handbook of expertise and expert performance* (2. Aufl., S. 413–430). Cambridge University Press.

Koster, M., & Bouwer, R. (2018). Describing multifaceted writing interventions. From design principles for the focus and mode of instruction to student and teacher activities. *Journal of Writing Research, 10* (2), 189–224.

López, P., Rijlaarsdam, G., Torrance, M., & Fidalgo, R. (2018). How to report writing interventions? A case study on the analytic description of two effective revision interventions. *Journal of Writing Research, 10*(2), 279–329.

López, P., Torrance, M., & Fidalgo, R. (2019). The online management of writing processes and their contribution to text quality in upper-primary students. *Psicothema, 31*(3), 311–318.

MacArthur, C. A. (2016). Instruction in evaluation and revision. In C. A. MacArthur, S. Graham, & J. Fitzgerald (Hrsg.), *Handbook of writing research* (2. Aufl., S. 272–287). Guilford.

Mason, L. H., Reid, R., & Hagaman, J. L. (2012). *Building comprehension in adolescents. Powerful strategies for improving reading and writing in content areas.* Paul H. Brookes.
McKeown, D., & FitzPatrick, E. (2018). Planning. In S. Graham, C. A. MacArthur, & M. Hebert (Hrsg.), *Best practices in writing instruction* (3. Aufl., S. 261–286). Guilford.
Olinghouse, N. G., Graham, S., & Gillespie, A. (2015). The relationship of discourse and topic knowledge to fifth graders' writing performance. *Journal of Educational Psychology, 107*(2), 391–406.
Pearson, P. D., McVee, M. B., & Shanahan, L. E. (2019). In the beginning: The historical and conceptual genesis of the gradual release of responsibility. In M. B. McVee, E. Ortlieb, J. Reichenberg, & P. D. Pearson (Hrsg.), *The gradual release of responsibility in literacy research and practice* (S. 1–21). Bingley.
Philipp, M. (2014). *Selbstreguliertes Schreiben. Schreibstrategien erfolgreich vermitteln.* Beltz.
Philipp, M. (2015). *Lesestrategien. Bedeutung, Formen und Vermittlung.* Beltz & Juventa.
Philipp, M. (2020). *Grundlagen der effektiven Schreibdidaktik und der systematischen schulischen Schreibförderung* (8. erw. Aufl.). Schneider Hohengehren.
Philipp, M. (2021). *Lesen – Schreiben – Lernen. Prozesse, Strategien und Prinzipien des generativen Lernens.* Beltz.
Pyle, N., Vasquez, A. C., LignugarisKraft, B., Gillam, S. L., Reutzel, D. R., Olszewski, A., Segura, H., Hartzheim, D., Laing, W., & Pyle, D. (2017). Effects of expository text structure interventions on comprehension. A meta-analysis. *Reading Research Quarterly, 52*(4), 469–501.
Regan, K., & Berkeley, S. (2012). Effective reading and writing instruction. A focus on modeling. *Intervention in School and Clinic, 47* (5), 276–282.
Renkl, A. (2014). Toward an instructionally oriented theory of example-based learning. *Cognitive Science, 38*(1), 1–37.
Roehling, J. V., Hebert, M., Nelson, J. R., & Bohaty, J. J. (2017). Text structure strategies for improving expository reading comprehension. *The Reading Teacher, 71*(1), 71–82.
Ross, J. A., Rolheiser, C., & Hogaboam-Gray, A. (1999). Effects of self-evaluation training on narrative writing. *Assessing Writing, 6*(1), 107–132.
Santangelo, T., Harris, K. R., & Graham, S. (2016). Self-regulation and writing: Meta-analysis of the self-regulation processes in Zimmerman and Risemberg's model. In C. A. MacArthur, S. Graham, & J. Fitzgerald (Hrsg.), *Handbook of writing research* (2. Aufl., S. 174–193). Guilford.
Schumaker, J. B., Deshler, D. D., Alley, G. R., Warner, M. M., Clark, F. L., & Nolan, S. (1982). Error monitoring. A learning strategy for improving adolescent academic performance. In W. M. Cruickshank & J. W. Lerner (Hrsg.), *Coming of age. The best of ACLD, Bd. 3* (S. 170–183). Syracuse University Press.
Schunk, D. H., & Zimmerman, B. J. (2007). Influencing children's self-efficacy and self-regulation of reading and writing through modeling. *Reading & Writing Quarterly, 23*(1), 7–25.

Stockard, J., Wood, T. W., Coughlin, C., & Khoury, C. R. (2018). The effectiveness of direct instruction curricula. A meta-analysis of a half century of research. *Review of Educational Research, 88*(4), 479–507.

Van Dijk, T. A. (1980). *Macrostructures. An interdisciplinary study of global structures in discourse, interaction, and cognition.* Erlbaum.

Wen, H., & Coker, D. L. (2020). The role of discourse knowledge in writing among first-graders. *Journal of Writing Research, 12*(2), 453–484.

Zimmerman, B. J., & Risemberg, R. (1997). Becoming a self-regulated writer: A social cognitive perspective. *Contemporary Educational Psychology, 22*(1), 73–101.

Teil III

Schreibend lernen: das Leseverstehen und das Fachlernen mit dem Schreiben unterstützen

Prinzipien zum Konservieren von Informationen (oberflächenorientierte Strategien)

5

Zusammenfassung

Lernen ist eine menschliche Aktivität, bei der neue Inhalte und das bestehende Vorwissen interagieren müssen, damit die neuen Inhalte dauerhaft in das individuelle Wissen im Langzeitgedächtnis integriert werden. Hierbei kann das Schreiben unterstützen, indem die neu zu erlernenden Inhalte mit dem Vorwissen so verknüpft werden, dass es zu Transformationen der zu lernenden Inhalte kommt. Hierin lassen sich zwei Gruppen von Schreibanlässen grob unterscheiden: auf der einen Seite solche, die den Nachvollzug der Inhalte in ihrer gegebenen Struktur bedingen (oberflächenorientierte Zugänge), und auf der anderen Seite solche, die darauf aufsetzen und das starke Verändern der Inhalte ebenso erfordern wie das tiefe Durchdringen der Inhalte (tiefenorientierte Zugänge).

Dieses Kapitel fokussiert auf die erste Gruppe, welche Lernenden dabei hilft, sich die wesentlichen Inhalte aus Texten (oder anderen Lernmaterialien) in ihrer Struktur anzueignen, indem sie deren inhaltliche Organisation als solche erkennen. Zwei solcher Varianten dessen, was hier als „konservierendes Schreiben" für das oberflächenorientierte Schreiben bezeichnet wird, behandelt dieses Kapitel. Dabei handelt es sich zum einen um das *schriftliche Zusammenfassen*. Dafür sind Makroregeln als psycholinguistische Prozesse der Reduktion und des Inferierens (schlussfolgernden Denkens) zentral, um zu den Hauptideen von Texten und Textteilen zu gelangen. Solche Makroregeln lassen sich Lernenden mittels der expliziten Vermittlung beibringen. Zum anderen behandelt das Kapitel das *grafische Zusammenfassen* bzw. im Englischen etwas treffender: die Graphic Organizers. In dieser Variante werden die Inhalte aus Texten nicht rein schriftlich, sondern zweidimensional dargestellt. Dafür werden die gelesenen Inhalte in einer zweidimensionalen Weise grafisch organisiert, sodass die Struktur des gelesenen Textes visualisiert wird.

Im Teil III dieses Buches steht im Vordergrund, wie sich das Schreiben zum Lernen nutzen lässt *(writing to learn)*. Damit ändert sich die Perspektive fundamental, war im Teil II doch die Frage leitend, wodurch man lernt, besser zu schreiben *(learning to write)*. Im Kern des dritten Teils bildet Schreiben nun das Werkzeug für das Lernen, wobei hierunter auch das Verstehen von Texten subsumiert wird. Lernstrategien und Prozesse der Transformationen von Informationen durch und beim Schreiben stehen im Zentrum der nun folgenden Kapitel. Deshalb bedarf es auch einiger allgemeiner Ausführungen zum Beginn, die insbesondere für dieses fünfte und das sechste Kapitel gelten.

Die Frage, wie genau das Schreiben – welches Schreiben, bei welcher Personengruppe, in welchem Fach bzw. in welcher Wissensdomäne – lernwirksam ist, beschäftigt die Bildungsforschung seit geraumer Zeit (Klein, 1999). Dabei zeichnet sich ab, dass es nicht den einen Erklärungsansatz gibt, was angesichts der Heterogenität sehr unterschiedlich gelagerter Anlässe des Schreibens wenig verwundert. In diesem Buch werden deshalb zwei Wirkmechanismen besonders in den Fokus genommen: zum einen die Transformationsbedürftigkeit der Informationen, die schreibend genutzt werden (in diesem und dem 6. Kapitel) und zum anderen das Einfordern von Lernstrategien im Falle des Lernjournalschreibens (vgl. dazu Kap. 7).

In puncto der *Transformationen beim Schreiben* und der Transformationsbedürftigkeit für das erfolgreiche Absolvieren von Schreibaufgaben und -anlässen zeichnet es sich ab, dass drei Prozesse hierfür benötigt werden: korrektes, adäquates *Auswählen* von Informationen, ein mit Blick auf das Verstehen und das erwünschte Textprodukt stattfindendes *Organisieren* bzw. (Re-)Strukturieren und das *Integrieren* mit dem Vorwissen (vgl. Überblick „Die Informationstransformation als wichtiger Mechanismus des Lernens mit dem Schreiben"). Solche Prozesse liegen auch dem Schreiben zugrunde, etwa beim Planen, bei dem die Inhaltsgenerierung deutliche Züge des Auswählens in sich trägt und die Inhaltsorganisation ohne strukturierendes Organisieren nicht sinnvoll zu denken ist (vgl. Abschn. 1.2). Tatsächlich dominieren diese beiden Teilprozesse des Planens deutlich die Fördermaßnahmen, in denen das Schreiben lern- und (lese-)verstehensdienliche Funktion hat – speziell dann, wenn den Lernenden Strategien explizit vermittelt wurden.

Die Informationstransformation als wichtiger Mechanismus des Lernens mit dem Schreiben

Ein ergiebiger Erklärungsansatz für die lernwirksame Nutzung des Schreibens für das Verstehen und Lernen von Inhalten besteht darin, dass Schreibende im Prozess des Schreibens die Informationen aus Texten oder anderen Quellen (wie Daten in Experimenten, mündlichen Vorträgen, Videos, Bildern, Diagrammen) transformieren müssen. Das Transformieren ist dabei ein Regenschirmbegriff für unterschiedliche Prozesse. Darunter fallen drei interagierende Prozesse:

- das *Auswählen* von Informationen, die man einerseits für das Erarbeiten der Inhalte, aber auch für die Darstellung im eigenen Text benötigt;
- das *Organisieren* in einer kohärenten Struktur (z. B. innerhalb der Konventionen von Textsorten), also das strukturierende Einpassen einzelner Inhalte in die gewünschte (durchaus multimodale) Darstellung, und
- das über Analyse, Kritik, Evaluation, Einschätzung erfolgende *Integrieren* – kurzum: das intensive Nutzen des eigenen Vorwissens beim Umgang mit den anzureichernden Informationen (Fiorella & Mayer, 2016; Klein, 1999; Philipp, 2021; Spivey, 1990).

Empirische Arbeiten bestätigen den Nutzen solcher Transformationsprozesse. Dies zeigte sich sowohl in Grundlagenstudien zum Einsatz von unterschiedlich kognitiv anspruchsvollen Schreibaufgaben im Unterricht (Matsumura et al., 2015) als auch in Metaanalysen zu Interventionsstudien zur Nutzung verschiedener Arten des Schreibens für das Leseverstehen (Graham & Hebert, 2011) und das Fachlernen (Graham et al., 2020). Zusammengenommen unterstreichen sie, dass Aufgaben mit höheren Leistungssteigerungen einhergehen,

- die quantitativ mehr der oben angeführten Transformationsprozesse zur Lösung beanspruchen, also *ausgiebigere und in der Anzahl der Prozesse mehr* als einen oder zwei der *Prozesse notwendig* machen,
- die ein qualitatives Mehr im Sinne eines stärker rekursiven Vorgehens, also einen *Wechsel zwischen und ein Vernetzen dieser Prozesse* erfordern,
- und die das Schreiben dazu nutzen, mithilfe der gelesenen Texte oder anderer Datenquellen *ein komplexes Problem zu lösen.*

Im Gesamt ist Schreiben im Lichte der vielen empirischen Befunde dann lernförderlich, wenn es diverse Lernstrategien erfordert, vor allem solche, die auf die Tiefenverarbeitung von Informationen abzielen.

Das eben beschriebene Muster gilt praktisch für die gesamte Schullaufzeit, da die genannten (Interventions-)Studien das Altersspektrum von der frühen Primarschule bis zur Sekundarstufe II abdeckten. Es verdeutlicht, dass über die Schreibanlässe und damit auch über die Aufgaben gesteuert werden kann, welchen kognitiven Anspruchs- und Transformationsgrad das Schreiben hat. Das heißt aber nicht, dass Schreibaufträge immer maximal anspruchsvoll sein sollten, sondern zuvorderst geht es um die Passgenauigkeit von Lernenden, Ziel und Ertrag.

Die vielfältigen Schreibanlässe lassen sich gemäß den Darstellungen aus dem Überblick unter anderem danach unterscheiden, welchen Grad an kognitiven Transformationen auf Basis lernstrategischer Aufgabenanforderungen sie erfordern. Damit ist zugleich ein schwierigkeitsgenerierendes Merkmal benannt. Man kann diese Trennung zudem danach vornehmen, welchen Zielen das Schreiben dient und wie stark sich infolgedessen die Schreibenden daran orientieren, das schriftlich zu verarbeitende Ausgangsmaterials zu verstehen und zu verwenden. In der Lernforschung und in einem ihrer prominenten Zweige, der Forschung zu den Lernstrategien (als Teil des selbstregulierten Lernens), bilden Transformationsnotwendigkeiten von Informationen aus der (Lern-)Umwelt einen klaren Kristallisationspunkt, welche Arten von kognitiven Prozessen als günstig gelten, damit Personen eine möglichst tiefe Verarbeitung und Aneignung erzielen. Hier setzen *Lernstrategien* an, da sie als Werkzeuge des Lernens fungieren sowie Transformationsprozesse dirigieren und sequenzieren.

▶ **Lernstrategien im Allgemeinen und oberflächen- sowie tiefenorientierte Strategien im Besonderen** *Lernstrategien* werden als Handlungspläne (also als zuvorderst prozedurales Wissen) definiert, um beim Lernen spezifische Ziele zu erreichen. Es handelt sich also um willentlich aktivierte kognitive und metakognitive Handlungen (etwa das schriftliche Zusammenfassen eines längeren Textes), die eine Person dazu nutzt, um einem angestrebten Zustand zu erzielen (bspw. das Überprüfen anhand der Zusammenfassung, ob man den Text verstanden hat). Als Handlungspläne bestehen Strategien häufig aus mehreren kombinierten mentalen Aktivitäten, die man in einer günstig wirkenden Sequenz absolviert (z. B. zuerst Unterstreichungen im Text von wichtigen Informationen vornehmen und dabei mit Farben Hauptideen anders hervorheben als Beispiele, danach mit den unterstrichenen Ausdrücken einen eigenen Text schreiben). Die sinnvolle Anwendung von Strategien wird als *strategische Verarbeitung* bezeichnet und erfolgt im besten Fall selbstreguliert (van Meter & Campbell, 2020, S. 87). Strategien können nach diversen Arten klassifiziert werden, doch eine in der Lernforschung besonders häufig anzutreffende, wenn auch nicht immer ausreichend trennscharfe Unterscheidung wird vorgenommen bei *oberflächen- und tiefenorientierten Strategien* (Dinsmore & Alexander, 2016, S. 214 f.). Damit ist keine Wertung verbunden – zudem heißt ‚oberflächenorientiert' nicht ‚oberflächlich'. Die entscheidende Differenz liegt eher darin, wozu die Strategie dient und ob sie sich daran orientiert, den Lerngegenstand als solchen zu verstehen oder den Lerngegenstand mit dem eigenen Vorwissen möglichst stark zu verbinden.

- Im Fall der *oberflächenorientierten Strategien* geht es darum, dass jemand Strategien dazu nutzt, um einen Text überhaupt erst einmal zu verstehen oder einen Inhalt in seiner Struktur und Verfasstheit zu erkennen (etwa indem man einen Geschichtstext über einen Vorfall liest und sich die Folge der Ereignisse und ihrer Bedingtheiten untereinander als Schaubild aufzeichnet).
- Die *tiefenorientierten Strategien* gehen darüber hinaus, weil der Fokus darauf liegt, die Informationen und Inhalte mit dem eigenen Vorwissen stark anzureichern und zu verändern (indem man beispielsweise die Darstellungsquelle und ihrer möglicherweise verzerrten Präsentation mit Prüfungen, Evaluationen und anderen Quellen vergleicht). Diese beiden Strategiearten gelten als komplementär, da sie wie erwähnt verschiedenen Zielen dienen.

Die in der obigen Definition getroffene Unterscheidung von oberflächen- und tiefenorientierten Lernstrategien ist eine sehr grobe Unterteilung, und in der Lernforschung besteht längst noch kein ausgemachter Konsens, wo die Grenzziehung erfolgt. Doch als idealtypische Gegenüberstellung ist die Zuteilung von Strategien insofern brauchbar, als sie den Blick darauf schärft, welche Art des Lernens mit dem jeweiligen Einsatz von Lernstrategien forciert werden soll.

Aus der Sicht der Schreibforschung lässt sich das in der Benennung noch etwas modifizieren, indem man die Unterscheidung aus einer aktuellen Metaanalyse zu den Effekten des Schreibens auf das Fachlernen verwendet (Graham et al., 2020). Darin wurden zwei Formen unterschieden: auf der einen Seite ein *konservierendes, Informationen aufnehmendes Schreiben,* welches sich eher an die oberflächenorientierten Lernstrategien anschließen lässt und als kognitive Transformationsprozesse vor allem das Auswählen und das Organisieren erfordert. Auf der anderen Seite ist ein *analysierendes, transformierendes Schreiben* zu nennen, das tiefenorientierte Strategien einfordert und dabei auf das vorwissensbasierte Integrieren in angemessene, darunter auch die kommunikative Absicht berücksichtigende Darstellungsformen abzielt. Diese Grundunterscheidung, die in Tab. 5.1 vorgenommen wurde, taucht in prominenten Modellierungen des Schreibens mehr oder minder deutlich ebenfalls auf (Scardamalia & Bereiter, 1987).

Tab. 5.1 Idealtypische Gegenüberstellung zweier Gruppen von Schreibanlässen mit divergierendem Grad an notwendigen inhaltlichen Transformationen beim Schreiben, um zu lernen (Quelle der Darstellung: eigene Darstellung, unter Berücksichtigung von Graham et al., 2020, S. 194 f.)

Unterscheidungskriterium	Konservierendes Schreiben	Analysierendes/transformierendes Schreiben
Schwerpunkt	Inhalte in ihrer gegebenen Struktur erkennen und verdichtet sprachlich und/oder grafisch wiedergeben und strukturieren	Inhalte aus ihrer Struktur herauslösen, um sie relevanzbezogen für Aufgabenzwecke zu nutzen oder sie stark zu verändern und mit Vorwissen anzureichern
Prototypische Zuordnung zu Strategiefamilien	Oberflächenorientierte Lernstrategien	Tiefenorientierte Lernstrategien
Fokus Transformationsprozesse	Vor allem Auswählen und Organisieren	Vor allem Organisieren und Integrieren (auf Basis der Auswahl)
Transformationsgrad der kognitiv zu verarbeitenden Informationen	Gering bis mittel wegen Fokus auf Rekonstruktion der Makrostruktur der Inhalte	Mittel bis sehr stark wegen Fokus auf Konstruktion eigener Makrostrukturen
Nähe zu Bezugstexten	Nah wegen der Rekonstruktion der (Haupt-)Inhalte mitsamt ihrer Makrostruktur	Teils eher fern, weil die Inhalte einzelner bzw. mehrerer Texte oder anderer Informationsquellen als Ausgangsmaterial für die vorwissensbasierte Aufgabenbearbeitung gebraucht werden
Beispiele	• Hauptideen in Texten finden und in eigenen Worten wiedergeben • Das Wichtigste aus dem neu Gelernten benennen • Notizen anfertigen, darunter auch in Lernjournalen • Schaubilder erstellen	• Erklärungen, warum etwas wie funktioniert, etwa ein Ventil • Beschreiben, welche Konzepte jemand aus einem Wissensbereich noch nicht verstanden hat • Eigenständige schriftliche Beispiele finden für eine mathematische Funktion • Argumentieren über Gründe für den Klimawandel • Interpretation von Daten aus einem Experiment

Die Trennung von oberflächenorientiertem, konservierendem Schreiben und tiefenorientiertem, analysierend-transformativem Schreiben soll wie weiter oben schon erwähnt, *keine falsche Dichotomie im Sinne eines nötig vs. unnötig* suggerieren. Vielmehr lässt sich die erstgenannte Gruppe von Schreibanlässen und -aufgaben mit Lernstrategieanwendung dezidiert als Vorstufe für die zweitgenannte Gruppe konzipieren, als nötige Vorarbeit gleichsam (Hattie & Donoghue, 2016). Deshalb zeichnet sich eine durchdachte Nutzung des Schreibens dadurch aus, beide Varianten günstig zu reihen und bedarfsgerecht zu verwenden (vgl. dazu auch die nachfolgenden fünf allgemeinen Hinweise für die Nutzung des Schreibens zum Fachlernen).

▶ **Fünf Hinweise für die Nutzung des Schreibens zum Fachlernen** Aus einem Forschungsüberblick über mehrere Zugänge zur Nutzung des Schreibens für das Fachlernen hat eine Gruppe von Wissenschaftlerinnen und Wissenschaftlern fünf allgemeine Hinweise extrahiert (Klein et al., 2018). Da diese sehr allgemein gehalten sind, stehen sie an dieser frühen Stelle und wurden schon auf die Schreibanlässe in den Kapiteln des Teils III in diesem Band adaptiert:

1. *Suchen Sie den adäquaten Schreibanlass aus, der zu Ihrem Ziel passt.* Zusammenfassungen dienen dazu, einzelne Texte und ihre Struktur besser zu verstehen, Synthesen dazu, mehrere Texte und deren thematische Zusammenhänge zu rekonstruieren und zu repräsentieren. Argumentationen nutzen fachdisziplinäre Kriterien zur Belastbarkeit von epistemischen Aussagen und erfordern fachliches Evaluieren durch die Schreibenden. Lernjournale sind sehr offene Schreibanlässe und dokumentieren individuelle Fachlernprozesse. Je nach verfolgtem Ziel bieten sich unterschiedliche Schreibanlässe und Textsorten an.
2. *Nutzen Sie, wo es möglich und sinnvoll ist, metakognitive Hinweise.* Diese Hinweise erläutern den Schreibauftrag genauer, klären Erwartungen an das Produkt und können Hinweise auf das Vorgehen geben. Solche Hinweise stiften Orientierung und erleichtern das Vorgehen beim Schreiben, insbesondere dann, wenn keine Lern- bzw. Schreibstrategien eigens vermittelt werden.
3. *Vermitteln Sie Schreibstrategien.* Da das Fachlernen mit dem Schreiben eine (lern-)strategische Angelegenheit ist, lohnt es sich, die

dafür nötigen Strategien auch explizit zu vermitteln. Dieses Vorgehen ähnelt stark jenem, welches in Abschn. 4.1 behandelt wurde.
4. *Nutzen Sie wiederholte, kurze Schreibanlässe über längere Zeit.* Die Nutzung des Schreibens ist bestenfalls keine einmalige Angelegenheit, sondern entfaltet dann ihr Potenzial, wenn Schreiben zum regelmäßigen Werkzeug des Lernens avanciert. Dies zeigt sich deutlich am Lernjournalschreiben, aber ist darauf nicht begrenzt.
5. *Differenzieren Sie die Schreibanlässe.* Die Heterogenität der Lernenden macht es notwendig, dass die Schreibanlässe angepasst werden. So können a) Schreibanlässe durch vermehrt mündliche Anteile entlastet werden, b) die Schreibanlässe nach Vorwissen divergieren (z. B. Argumentationen für Personen mit hohem Vorwissen und Zusammenfassungen für Personen mit geringerem Vorwissen) sowie c) mehr oder weniger metakognitive Hinweise für unterschiedlich kompetente Personen genutzt werden, indem schwächere Personen solche Hinweise erhalten bzw. sie bei guten Schülerinnen und Schülern nicht zum Einsatz kommen.

5.1 Schriftliches Zusammenfassen mit Makroregeln

▶ Schriftliches Zusammenfassen erfordert Lese- und Schreibstrategien, um Bezugstexte organisierend auf ihre Essenz, also die Makrostruktur von Hauptideen, zu reduzieren und dann schriftlich wiederzugeben. Damit diese Reduktion glückt, werden in der Psycholinguistik regelbasierte Herangehensweisen angenommen, die auch dem Leseverstehen allgemein zugrunde liegen. Diese Makroregeln bestehen aus einem Set aufeinander aufbauender Prozesse, mittels derer eine lesende Person auf unterschiedliche Weise Informationen löscht, kategorisiert und übergeordnete Aussagen konstruiert. Das Finden und Formulieren von solchen Aussagen wird mit den Makroregeln angeleitet und mithilfe der expliziten Vermittlung Lernenden beigebracht.

Das schriftliche Zusammenfassen ist eine der am besten untersuchten und auch effektivsten Strategien, wenn es darum geht, das Leseverstehen und das Lernen zu fördern (Graham & Hebert, 2011; Hattie & Donoghue, 2016). Dabei ist das schriftliche Zusammenfassen ein Hybrid strategischer Lese- und Schreibprozesse, da es gilt, zusammenfassenswerte von auszuschließenden Informationen zu trennen und diese dann ohne wortwörtliches Kopieren knapp darzulegen. Das leitet über zu dem, was das schriftliche Zusammenfassen definitorisch auszeichnet.

▶ **Schriftliches Zusammenfassen** Zusammenfassungen sind verknappte Darstellungen der wichtigsten Inhalte aus Lernmaterialien. Sie haben damit die Funktion, über Reduktionsvorgänge die Hauptinhalte in ihrer globalen Struktur verknappt wiederzugeben, um das Behalten dieser Informationen zu erleichtern. Das Zusammenfassen setzt als Prozessverbund voraus, dass Personen Wichtiges von Unwichtigem trennen können, inferenzbasiert Generalisierungen vornehmen, sprachlich neue Aussagen konstruieren und diese angemessen in eigene Worte kleiden. Das schriftliche Zusammenfassen erfordert insbesondere die auf der Basis von Texten/Lernmaterialien vorgenommenen Teilprozesse der Inhaltsgenerierung und -organisation beim Planen (Ballstaedt, 2006, S. 117–120).

Aus der Definition ergibt sich, dass das schriftliche Zusammenfassen ein Verbund von strategischen Prozessen ist, also eine zielgerichtete Aktivität, die aus verschiedenen (Lese- und Schreib-)Teilaktivitäten zusammengesetzt ist, von denen im Folgenden jene zum Lesen etwas stärker priorisiert dargestellt werden. Die Auswahl der Inhalte für die eigene schriftliche Zusammenfassung sollte so erfolgen, dass textbasiert jene Informationen ausgewählt werden, die tatsächlich die Essenz, die Hauptideen, widerspiegelt. Damit dies gelingt, nutzen Personen idealerweise das, was aus psycholinguistischer Sicht als „Makroregeln" bezeichnet wird und was zugleich essenziell für das Verstehen von Texten allgemein ist.

5.1.1 Was sind Makroregeln?

Das schriftliche Zusammenfassen basiert darauf, dass Personen dazu in der Lage sind, die Informationen aus Texten oder anderen Lernmaterialien auszuwählen, verdichtend zu transformieren und in eigenen Worten zu paraphrasieren. Doch wie kommen die Personen dazu, dass sie diese Leistungen erbringen? Sie wenden hierfür *Makroregeln* an.

▶ **Makroregeln** Mit dem Ausdruck „Makroregeln" werden Sets von psycholinguistischen Verarbeitungsregeln bezeichnet, die dazu dienen, beim Verstehen von Inhalten Informationen in ihrem Gefüge zu erkennen, sei es durch die Reduktion auf das Wichtigste, die Anreicherungen aus dem Vorwissen im Sinne des Generalisierens oder durch das Erkennen von Inhaltsstrukturen. Im Zentrum steht dabei häufig die inhaltliche „Makrostruktur" von Texten oder anderen Lernmaterialien (van Dijk, 1980, S. 46–50).

Die Prozesse, die als Makroregeln bezeichnet werden, sind laut prominenten Theorien des Leseverstehens wie dem „Construction-Integration-Modell" (Kintsch, 2018), vor allem als Zusammenspiel von eigenem Vorwissen und der (Re-)Konstruktion der Textinhalte zu modellieren. Mehr noch: Sie gelten nicht nur für das Zusammenfassen, sondern für das Leseverstehen allgemein, weil dies als aktives Transformieren der gelesenen Inhalte aufgefasst wird. Über diverse dynamische Verarbeitungsschritte müssen Personen fortlaufend Textinformationen sowohl reduzieren als auch anreichern und die Beziehungen unter den Informationen text- und/oder vorwissensbasiert klären, um dadurch Kohärenz aufzubauen. Diese Prozesse des Textverstehens bilden somit prototypisch das ab, was beim Zusammenfassen gefordert ist. Deshalb kann man sagen, dass die kognitiven Prozesse des Zusammenfassens und des Textverstehens zusammenfallen, wobei bei Letzterem diese Prozesse ohne sprachliche oder bildliche Darstellung im Sinne eines Zwischenprodukts der Verstehensleistung (ergo: der schriftlichen Zusammenfassung) auskommen.

Die in der Forschungsliteratur vorgelegten Makroregeln divergieren in Zahl und Detaillierungsgrad. Die Makroregeln lassen sich drei grundsätzlichen Gruppen zuschlagen (van Dijk, 1980, S. 46–48; Kintsch & van Dijk, 1978, S. 366):

1. *Löschen.* Das Löschen meint, dass Inhalte unberücksichtigt bleiben, die sich nicht auf andere Inhalte beziehen und sich direkt anderen Informationen zuordnen lassen. In aller Regel sind das Informationen mit dem Status „Details". Das Löschen ist somit ein reduktiver Vorgang, dem jedoch spiegelbildlich auch die Funktion des Auswählens zukommt.
2. *Generalisieren.* Generalisieren bedeutet, dass jene Informationen, die als wichtiger von der lesenden Person erachtet werden, abstrahiert unter einen Oberbegriff oder ein übergeordnetes Konzept gefügt werden. In dem Fall abstrahiert eine Person diese Informationen und wählt den allgemeineren Ausdruck bzw. das Dachkonzept aus, unter das sich die Informationen versammeln lassen.

3. *Konstruieren.* Damit ist gemeint, dass es nochmals zu einer Verknappung kommt, indem Aussagen gesucht (oder gebildet) werden, welche thematische Überordnungen von Inhalten darstellen. Das können die Suchen nach Sätzen oder Aussagen sein, die übergeordnete Aussagen über längere Textteile (mehrere Sätze bis Absätze, aber durchaus auch längere Passagen bis ganze Texte) explizit enthalten. Dies wird häufig als „Themensatz" oder auch als „Hauptidee" bezeichnet. Fehlt ein solcher Satz, dann müssen die Leserinnen und Leser ihn selbstständig konstruieren.

Alles in allem geht es darum, Informationen unter Nutzung der textuellen Informationen und des eigenen Wissens zu verknappen, sie thematisch zu bündeln und dadurch zusätzlich zu strukturieren. Wichtig ist bei diesen drei Makroregeln, dass sie sich prinzipiell auf verschiedene Ebenen des Textes anlegen lassen, auch wenn sich viele Förderansätze auf Absätze als Textmenge beschränken. Das heißt: Sogar die selbstständig konstruierten allgemeinen Aussagen lassen sich bei steigender Textmenge nochmals löschen, generalisieren und zum Gegenstand abstrakteren Konstruierens machen, wenn sie dem Gesamtverständnis im Vergleich zu anderen Inhalten weniger dienlich sind. Das ist deshalb so bedeutsam, weil das Textverstehen als Prozess modelliert wird, bei dem und währenddessen die oben genannten Makroregeln kontinuierlich ablaufen und eine flexible Analyse von Informationen implizieren (Kintsch & van Dijk, 1978).

Um die bislang abstrakten Inhalte mit Leben zu füllen, folgt ein Beispiel für die Anwendung der Makroregeln. Die Basis stammt dafür aus einem Experiment, und es handelt sich um Laut-denken-Protokolle von Erwachsenen, die einen Text lasen und ihn zusammenfassen sollten (Brown & Day, 1983, Experiment 2). Um Einblicke in ihr Denken und Vorgehen zu erhalten, waren sie gebeten worden, parallel zu ihrer Aufgabenbearbeitung das Vorgehen zu äußern. Beispielhafte Aussagen und ihre Zuordnungen zu den Makroregeln enthält Tab. 5.2. Besonders hervorzuheben ist der untere Teil, der nicht mehr einer einzelnen Makroregel zuzuordnen ist, sondern zeigt, dass die Lesenden Makroregeln auf längere Textteile anwenden und damit Textinhalte stärker verdichten. Dieses Vorgehen wurde in einer Reihe von Experimenten nur bei versierten Lesenden beobachtet, stellt aber ein wichtiges schulisches lesedidaktisches Ziel dar, um das Verstehen mithilfe des Zusammenfassens zu steigern.

Tab. 5.2 Auszüge aus Laut-denken-Protokollen von Erwachsenen, die einen Text zusammenfassen sollten und dabei ihre Gedanken und Prozesse parallel zur Aufgabenbearbeitung verbalisierten (Quelle: eigene Übersetzungen von Brown & Day, 1983, S. 9, leichte Kürzungen im unteren Teil der Tabelle)

Makroregeln	Beispiel
Löschen	• „Die Details werden für eine Zusammenfassung dieses Typs gelöscht. Man braucht die Verallgemeinerungen, nicht die Details." (Löschen überflüssiger Details) • „Dieser Text verschwendet zwei Sätze. Beide geben die einfache Tatsache an, dass Wüstentiere aufgrund der Hitze nachtaktiv sind. Man kann einen weglassen." (Löschen wiederholender Details)
Generalisieren	• „Eine Sache, die ich getan habe, ist die Pflanzenarten zu streichen. Anstatt von Gänseblümchen, Mohnblumen, Ringelblumen und Lilien ist alles, was ich geschrieben habe, ‚einjährige Pflanzen', wieder um Details wegzulassen und über eine Verallgemeinerung zu reden."
Konstruieren	• „Dieser Satz enthält den wesentlichen Punkt des Absatzes, er gibt den Prozess an, durch den das Pflanzenleben erhalten wird. Er muss in jeder Zusammenfassung enthalten sein." (Themensatz auswählen) • „Der Absatz handelt von dem Zyklus der einjährigen Pflanzen, die Samen produzieren, bis zum Regen warten, blühen, wieder Samen produzieren usw. Obwohl dies nicht ausdrücklich angegeben ist, ist alles, was man braucht, diesen Zyklus anzugeben, dann kann man den Rest weglassen." (Themensatz selbst bilden)
Absatzübergreifendes Anwenden von verschiedenen Makroregeln	• „In den ersten beiden Absätzen sind die einzig wirklich wesentlichen Informationen die Fakten über die Hitze und den Wassermangel in der Wüste. Ich werde die ersten beiden Absätze in nur zwei Sätzen kombinieren, die alle Informationen enthalten, die ich brauche." (Plan für das Konstruieren von Themensätzen (gedanklich für jeweils einen Absatz) über zwei Absätze hinweg) • „Im dritten und vierten Absatz werden Informationen zur Pflanzenwelt gegeben. Der dritte handelt von einjährigen Blumen, und der vierte handelt vom Kaktus, einer typischen Wüstenpflanze. Nun, da werden viele Informationen gegeben. Die Details können gelöscht werden. Und die beiden Absätze können zu einem einzigen Absatz kombiniert werden, da beide sich mit Pflanzen befassen." (Konstruieren von Themensätzen jeweils zu einem Absatz, dann über zwei Absätze hinweg, Löschen von Details)

5.1.2 Das didaktische Designprinzip zum schriftlichen Zusammenfassen

Beim schriftlichen Zusammenfassen besteht das Ziel darin, dass es dazu führt, dass die zusammengefassten Texte besser in ihrer Makrostruktur verstanden werden, das heißt in ihren Hauptideen und deren Zusammenhängen. Diese Hauptideen können auf verschiedenen Ebenen (Absätze, mehrere Absätze, ganze Texte) vorliegen, und so kann von den Lesenden erschlossen werden, wozu die Makroregeln allgemein angewendet werden müssen. Dieser Mehrebenenzugang zu Hauptideen als hierarchische Struktur von wichtigen Inhalten in Texten wird in den verschiedenen Förderansätzen auf unterschiedliche Weise adressiert: Manche Förderansätze beschränken sich auf Absätze, andere auf mehrere Absätze und wiederum andere auf ganze Texte. Die zugrunde liegenden Prozesse, die Makroregeln, werden aber im Kern immer ähnlich angewendet, nur die Text- und Informationsmenge differiert. Deshalb ist das nachstehende didaktische Designprinzip 5 hier bewusst offen formuliert.

> **Didaktisches Designprinzip 5: Erhöhung des Textverstehens mittels expliziter Vermittlung von makroregelbasierten Strategien des Zusammenfassens**
>
> Wenn Lernende die Hauptinhalte von Texten besser verstehen sollen, dann bildet die explizite Vermittlung von makroregelbasierten Strategien des Zusammenfassens den Ausgangspunkt, damit die Lernenden bei verschiedenen Anlässen diese Regeln im Verbund selbstreguliert anwenden (Abb. 5.1).

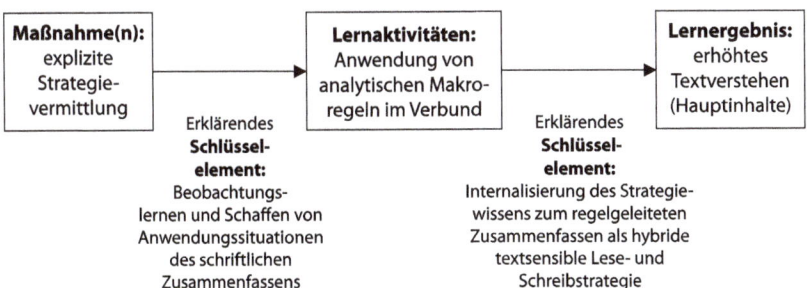

Abb. 5.1 Visualisiertes didaktisches Designprinzip 5 – Explizite Vermittlung von makroregelbasiertem Zusammenfassen von Texten (Eigene Darstellung, basierend auf Philipp, 2021, S. 92, 95)

Das didaktische Designprinzip zum schriftlichen Zusammenfassen ähnelt auffallend jenem zum Vermitteln des Wissens über Schreibstrategien (Designprinzip 3, vgl. Abschn. 4.1.2), indem die Fördermaßnahme ebenfalls die explizite Vermittlung beinhaltet – und damit auch das Beobachtungslernen durch das Modellieren und das wiederholte Üben der Makroregeln als Pendant zu der Schreibstrategien. Das erklärt sich darüber, dass die Vermittlung des Zusammenfassens in Studien mit lernschwachen Schülerinnen und Schülern nach diesem hochstrukturierten Vermittlungsschema erfolgreich ist (Stevens et al., 2019). Dabei spielt wiederum das Modellieren für den Erwerb des prozeduralen Strategiewissens anscheinend eine besonders wichtige Rolle, denn ist dies Teil der Vermittlung von Lesestrategien wie dem Zusammenfassen, wirkt sich das stark positiv auf die Leistungssteigerungen im Leseverstehen aus (Okkinga et al., 2018). Hinzu kommt, dass die Lernaktivitäten selbst in einem positiven Zusammenhang mit dem Leseverstehen stehen: Wer Hauptideen korrekt erkennt und/oder sie in eigene Zusammenfassungen integriert, weist in der Regel bessere Leseverstehensleistungen auf (vgl. den Überblick bei Philipp, 2021, S. 96 f.). Zum Teil haben Studien diesen Wirkmechanismus in Mediationsanalysen genauer belegt, indem sie nachwiesen, dass die Förderung zu einer korrekteren Auswahl der Hauptideen führte und dies wiederum in besseren Testergebnissen mündete.

Es gibt freilich Unterschiede zum Designprinzip 3. Erstens bildet nicht das Wissen über die Schreibstrategien das Lern-Outcome, sondern bereits dessen Resultat in der korrekten Anwendung, das makrostrukturelle Verstehen der Inhalte aus Texten, die schriftlich zusammengefasst wurden. Dies ergibt sich daraus, dass die Vermittlung des strategiebasierten Zusammenfassens dazu dient, das Lernen zu verbessern. Das setzt bereits voraus, dass das prozedurale Strategiewissen erworben und angewendet wurde. Insofern ist das didaktische Designprinzip 5 schon recht weit gefasst.

Ein zweiter Unterschied zum dritten Designprinzip im Vergleich ergibt sich daraus, dass der Erwerb der Selbstregulation, der im Designprinzip zu Schreibstrategien hoch veranschlagt wurde, in den untersuchten Föderansätzen nicht immer ohne Weiteres erkennbar ist. So machten beispielsweise bereits in einer Blütezeit der Vermittlung von Lesestrategien wie dem Zusammenfassen Forschende darauf aufmerksam, dass dem Modellieren durch die Lehrperson teils jene Informationen fehlten, auf die es für einen Transfer auf echte Selbstregulation ankomme: die Fähigkeit, den angemessenen Strategieeinsatz metakognitiv zu überwachen (Winograd & Hare, 1988). Dies wurde beispielsweise in den typischen Lehraktivitäten beim Modellieren laut Tab. 4.3 in Abschn. 4.1.3 hervorgehoben und gilt auch aus theoretischer Perspektive als essenziell.

Zusammengenommen lässt sich das Designprinzip zum schriftlichen Zusammenfassen als Variante des bereits bei der Vermittlung von Schreibstrategiewissen beschriebenen Prinzips bezeichnen. Es beinhaltet viele Parallelen, von denen die eklatanteste die Orientierung an der expliziten Vermittlung ist. Das liegt deshalb nahe, weil es ebenfalls darum geht, Strategien – in diesem Fall: Organisationsstrategien zum Lesen – zu erwerben. Diese lassen sich aus Sicht der Schreibforschung als Analogon zu Planungsstrategien begreifen, geht es doch um die Auswahl und die Organisation von Inhalten – in diesem Fall eben zur reduktiven Klärung des Inhalts auf Basis eines gelesenen Textes. Diese Parallele zum Schreiben ist alles andere als banal, da die Wirkweise der expliziten Vermittlung eine generische, sprich: allgemeine Variante darstellt, komplexe kognitive Aktivitäten zu lehren. Darunter fällt ebenfalls das schriftliche Zusammenfassen.

5.1.3 Typische Lehraktivitäten bzw. Elemente bei der Vermittlung des schriftlichen Zusammenfassens und des Findens von Hauptideen

Wie im Teilkapitel zuvor schon festgehalten wurde, ist die explizite Strategievermittlung innerhalb von Trainingsstudien zum schriftlichen Zusammenfassen durchaus üblich (Graham & Hebert, 2011). Deshalb verzichtet dieses Teilkapitel darauf, die bereits an anderer Stelle (vgl. Abschn. 4.1.3) ausführlich vorgestellten Komponenten zu wiederholen. Stattdessen enthält die Tab. 5.3 jene Bestandteile, die sich spezifisch mit der expliziten Vermittlung des schriftlichen Zusammenfassens und dem Finden von Hauptideen als klarem Nukleus dieser Strategie befassen. Hier gibt es zwei grundsätzliche Varianten: Die erste Gruppe fokussiert sehr deutlich auf den Kern, die Makroregeln, während die zweite Gruppe sich einer eher impliziten Variante mit weniger Schritten/Regeln widmet. Hinzu kommen zuunterst in der Tabelle verschiedene Bestandteile, die über dem eigentlichen Zusammenfassen ablaufen und sicherstellen sollen, dass die Makroregeln korrekt und bedacht eingesetzt wurden.

Tab. 5.3 Merkmale von empirisch erprobten Förderansätzen zur Vermittlung des schriftlichen Zusammenfassens und seiner Grundlage, dem Finden von Hauptideen (Quelle der Darstellung: eigene Darstellung, Philipp, 2021, S. 105, 110, 112, 116; Stevens et al., 2019, S. 138)

Bestandteile	Ziel	Lehraktivitäten
1. Makroregeln zum Finden und Formulieren von Hauptideen vermitteln	Erkennen der Hauptideen mittels Informationsanalysen	• Reihung der Makroregeln nach ihrem Schwierigkeitsgrad • Ausweitung der Textmenge mit ähnlichen Prozeduren: absatzübergreifende Bündelung von Themensätzen, um Themensätze ganzer Passagen zu erkennen • Prozedurale Hinweise (Schrittabfolgen, eigens Platz für schriftliche Zusammenfassungen in der unmittelbaren Nähe des gelesenen Textes) nutzen • Farbiges Kennzeichnen von verschiedenen Informationskategorien (zu löschende Details in einer, Hauptideen in einer zweiten, Themensätze in einer dritten Farbe) • Prüfen von Konnektoren, um das Verhältnis von Informationen zu klären • Beantworten von Fragen, z. B. was alle Details gemeinsam haben oder was ein guter Titel für einen Absatz oder eine längere Passage wäre • Generieren eigener Fragen zum Verhältnis von Informationen im gelesenen Text
2. Mehrschrittige Paraphrasierungsstrategie bei Absätzen (eher implizite Variante der Makroregeln)	Systematisches Prüfen der Inhalte von Absätzen	• Drei-Schritte-Strategie: a) Lesen, b) Hauptidee und zwei Details erkennen, c) Inhalte aus b) in eigenen Worten wiedergeben • Zwei-Schritte-Strategie: a) Klären, wer oder was das Wichtigste im Absatz war, b) Charakterisierung dieses wichtigsten Wer oder Was
3. Ergänzung metakognitiver Überwachung beim Zusammenfassen	Mechanisches Abarbeiten der Schritte der Makroregeln verhindern und bewusste Auseinandersetzung mit dem Textinhalt ermöglichen	• Ziele formulieren als Ergänzung zum reinen Zusammenfassen (Ziele auswählen, Zielerreichungsindikatoren auflisten, Notizen beim Zusammenfassen erstellen und in eine Reihenfolge bringen, Ziel am Produkt später überprüfen) • Fragen an sich formulieren: Habe ich den Text verstanden? • Hinweiskarten verwenden, um die Nutzung aller Schritte zu überprüfen

5.1.4 Zwei Beispiele für die Vermittlung des schriftlichen Zusammenfassens

Die beiden folgenden Beispiele zum schriftlichen Zusammenfassen eint, dass sie mit einer besonderen Problemgruppe getestet wurden: Personen mit Lernschwierigkeiten. Mit jeweils unterschiedlich gelagerten Ausgestaltungen der Makroregeln (sehr explizit im ersten Beispiel, schon abgewandelt und eher weniger deutlich zu erkennen im zweiten Beispiel) wurde das Sachtextverstehen gesteigert. Aus einer Vielzahl von inzwischen untersuchten Ansätzen bilden diese beiden Beispiele lediglich eine Auswahl. Dennoch unterstreichen sie, dass sich das explizite Vermitteln bezahlt macht.

Absätze mit Makroregeln analysieren, Informationskategorien farbig kennzeichnen und dann schriftlich zusammenfassen
Mit 13-jährigen leseschwachen Jugendlichen wurde eine zweistufige Förderung durchgeführt, auf deren zweite Stufe hier fokussiert wird (Weisberg & Balajthy, 1990, Studie 2). In dieser Studie wurden die Jugendlichen vier Tage lang darin geschult, die Makroregeln anzuwenden, indem sie dann – nach der Demonstration des Vorgehens durch die Lehrperson (Modellieren) – Beispielabsätze bearbeiteten. Diese stammten aus Schulbüchern, die für jüngere Lernende gedacht waren, aber für die Zielgruppe adäquat wirkten. Diese Texte wurden so verändert, dass sie pro Absatz nur eine Hauptidee, zwei dazugehörige unterstützende Fakten und weitere Details enthielten, sodass die Jugendlichen aufgrund der Makroregeln drei Ebenen der Informationshierarchie erkennen mussten: auf der abstraktesten Ebene die Hauptideen, darunter die unterstützenden Fakten und zuunterst die Details. Diese Hierarchie bildeten sie insofern ab, als sie die verschiedenen Kategorien mittels Durch- und Unterstreichungen kenntlich machten (vgl. die Anwendung der Makroregeln 1 bis 3 in Tab. 5.4). Hinzu kam das Schreiben einer Zusammenfassung in eigenen Worten mit der Hauptidee und den beiden wichtigen Fakten. Dieses Vorgehen übten die Jugendlichen mit mehreren Absätzen und erhielten Feedback dazu. ◀

Tab. 5.4 Beispielabsatz (aus einem Posttest einer Studie) und Makroregeln des Zusammenfassens, Absatz ist dargestellt mit Anwendung der jeweiligen Makroregeln (Quelle: Weisberg & Balajthy, 1990, S. 122, 135 f.; Musterlösung und Anweisungen für Schülerinnen und Schüler aus den Angaben in der Beschreibung der Studie ergänzt)

Beispieltext mit angewandter Makroregel	Makroregel (und Umsetzung in der Studie)
Zwei Ereignisse, eines hatte mit Feuer und eines hatte mit Wasser zu tun, waren die wichtigsten Ereignisse in der Stadt Chicago. 1871 brach in Chicago ein Brand ~~in einer Scheune~~ aus, ~~die Mr. und Mrs. O'Leary gehörte. Er breitete sich aus und zerstörte 17.405 Gebäude, tötete 250 Menschen und ließ 100.000 ohne Häuser zurück~~. Ursprünglich eine sumpfige Stadt, beschloss Chicago Ende des 19. Jahrhunderts, den Flusslauf des Chicago River so zu ändern, ~~dass er nach Süden statt nach Norden fließt~~. Es wurde ein Kanal gegraben, ~~der 24 Fuß tief, mindestens 162 Fuß breit und 96 Meilen lang war. Der Bau kostete 102 Millionen Dollar.~~	Makroregel 1 (Details erkennen und löschen): Lösch unwichtige Details. Anweisung für Schülerinnen und Schüler: unwichtige Informationen blau durchstreichen
Zwei Ereignisse, eines hatte mit Feuer und eines hatte mit Wasser zu tun, waren die wichtigsten Ereignisse in der Stadt Chicago. <u>1871</u> brach in Chicago <u>ein Brand</u> in einer Scheune aus, die Mr. und Mrs. O'Leary gehörte. Er breitete sich aus und zerstörte 17.405 Gebäude, tötete 250 Menschen und ließ 100.000 ohne Häuser zurück. Ursprünglich eine sumpfige Stadt, beschloss Chicago <u>Ende des 19. Jahrhunderts</u>, den <u>Flusslauf des Chicago River so zu ändern</u>, dass er nach Süden statt nach Norden fließt. Es wurde ein <u>Kanal gegraben</u>, der 24 Fuß tief, mindestens 162 Fuß breit und 96 Meilen lang war. Der Bau kostete 102 Millionen Dollar.	Makroregel 2 (Informationen durch übergeordnete Ausdrücke ersetzen): Finde wichtige Fakten. Anweisung für Schülerinnen und Schüler: wichtige Fakten rot unterstreichen

(Fortsetzung)

5.1 Schriftliches Zusammenfassen mit Makroregeln

Tab. 5.4 (Fortsetzung)

Beispieltext mit angewandter Makroregel	Makroregel (und Umsetzung in der Studie)
<u>Zwei Ereignisse, eines hatte mit Feuer und eines hatte mit Wasser zu tun, waren die wichtigsten Ereignisse in der Stadt Chicago.</u> 1871 brach in Chicago ein Brand in einer Scheune aus, die Mr. und Mrs. O'Leary gehörte. Er breitete sich aus und zerstörte 17.405 Gebäude, tötete 250 Menschen und ließ 100.000 ohne Häuser zurück. Ursprünglich eine sumpfige Stadt, beschloss Chicago Ende des 19. Jahrhunderts, den Flusslauf des Chicago River so zu ändern, dass er nach Süden statt nach Norden fließt. Es wurde ein Kanal gegraben, der 24 Fuß tief, mindestens 162 Fuß breit und 96 Meilen lang war. Der Bau kostete 102 Millionen Dollar.	Makroregel 3 (Satz zum Thema des Absatzes erkennen): Finde den Satz, der das Thema des Absatzes enthält. Anweisung für Schülerinnen und Schüler: Hauptidee des Absatzes schwarz unterstreichen
In Chicago gab es im 19. Jahrhundert zwei wichtige Ereignisse: einen großen Brand und den Bau eines Kanals für den Chicago River.	Schreiben einer Zusammenfassung des Absatzes mit den Hauptideen und wichtigen Fakten Anweisung für Schülerinnen und Schüler: Schreib eine Zusammenfassung und kombiniere darin den Satz mit dem Thema des Absatzes und die wichtigen Fakten.

Längere Texte mittels Makroregeln und einer Checkliste zusammenfassen. Mit einer kleinen Gruppe leseschwacher Kinder und Jugendlicher im Alter von neun bis dreizehn Jahren wurde positiv evaluiert, inwiefern das schriftliche Zusammenfassen mit einer umfassenden Anleitung bzw. Checkliste ermöglicht werden kann (Nelson et al., 1992; vgl. Abb. 5.2). Diese Checkliste bestand aus neun Schritten, die sich zu zwei Blöcken verdichten lassen:

dem makroregelbasierten Finden von Hauptideen, dem Ordnen dieser Ideen für die Zusammenfassung nebst mehrfacher Selbstüberprüfung im ersten Teil (Schritte 1 bis 7) und einer Feedbackrunde nebst Überarbeitung im zweiten Teil (Schritte 8 und 9). Die in der Abb. 5.2 dargestellte Checkliste war im Original größer, da sie ausreichend Platz für die Notizen der Schülerinnen und Schüler ließ. Angewandt wurde diese Strategie auf naturwissenschaftliche Texte im Umfang von mehreren Absätzen.

Großen Wert legte man darauf, dass die schwach lesenden Kinder und Jugendlichen in der *Einführungslektion* ausreichend deklaratives Wissen über die Strategie des schriftlichen Zusammenfassens erwarben. Hierfür definierte die Lehrperson deutlich die Zwecke und Bedeutsamkeit der Strategie: um die Inhalte aus den naturwissenschaftlichen Texten in Schulbüchern besser zu verstehen. Mit diesem Ansinnen gab sie drei Arten von Informationen und Erläuterungen. Die erste betraf eine zweifelsfreie *Definition* einer Zusammenfassung („Eine Zusammenfassung sollte nur wichtige Informationen enthalten. Persönliche und unnötige Informationen werden ausgelassen. Informationen werden nach Möglichkeit kombiniert. Informationen werden hinzugefügt, um die Zusammenfassung verständlicher zu machen, und sie wird in euren eigenen Worten geschrieben.").

Diese Definition wurde – zweitens – flankiert von *Hinweisen* dazu, welche textuellen Hinweise die Lesenden gezielt suchen und konsultieren können: typografische Hervorhebungen wie kursiv gesetzte oder unterstrichene Wörter, große Schrifttypen, Ausdrücke wie „wichtig" bzw. „relevant", zusammenfassende Sätze, wiederholte Ausdrücke und außerdem auch nicht-sprachliche Elemente wie Abbildungen. Dies geht über die eigentlichen Makroregeln hinaus, aber es bedarf seitens der Lesenden dennoch einer Analyse des Textes, um beispielsweise zusammenfassende Sätze zu erkennen.

Als dritter Bestandteil wurde schließlich die *Checkliste* von der Lehrperson erläutert. Sie beschrieb und erklärte jeden Schritt ausführlich und modellierte im Anschluss die Anwendung der Schritte. Dafür hatte sie zwei Projektoren: einer zeigte einen Text, der andere die Checkliste.

Im Anschluss diskutierte die Lehrperson das Vorgehen mit den Lernenden und ließ von jedem Kind repetieren, was Gegenstand war: Definition und Zweck des Zusammenfassens, mögliche Hinweise in Texten und die Strategieschritte. Mit dieser Basis startete ein umfassender, in seinem Umfang nicht näher beschriebener Übungsblock, bei dem eine wichtige konstante Unterstützungsleistung der Lehrperson darin bestand, die Übungstexte vorzulesen.

In dem folgenden Block mit mindestens 15 *Übungslektionen,* die im Laufe der Zeit in ihrer Durchführungsdauer immer weniger Zeit in Anspruch

5.1 Schriftliches Zusammenfassen mit Makroregeln

Abb. 5.2 Neunschrittige Strategie zum Erstellen von Zusammenfassungen längerer Texte. (Quelle: Nelson et al., 1992, S. 234, leicht modifiziert)

Finde und organisiere die Hauptideen und wichtige Informationen.

Schritt 1	Frag dich: Was ist die Hauptidee? Schreib sie auf:
Schritt 2	Denk nach: Welche wichtigen Punkte schreibt der Autor über die Hauptidee? Schreib diese wichtigen Punkte auf, welche der Autor geschrieben hat. 1) 2) 3) 4) 5)
Schritt 3	Geh nochmals zurück und stell sicher, dass du die Hauptidee und die wichtigen Punkte dazu verstanden hast.
Schritt 4	Denk darüber nach: Was ist die Hauptidee oder das Thema, worüber ich schreiben werde? Schreib einen Satz für deine Zusammenfassung auf, der das Thema enthält.
Schritt 5	Frag dich, wie du deine Ideen für die Zusammenfassung reihen willst. • Schreib eine „1" neben die wichtigen Ideen aus Schritt 2, die du zuerst verwenden willst. • Schreib eine „2" neben die wichtige Idee, die du als zweite verwenden willst, usw.
Schritt 6	Frag dich selbst: a) Gibt es wichtige Informationen, die du ausgelassen hast? b) Gibt es unwichtige Informationen, die du auslassen kannst?
Schritt 7	Schreib nun eine Zusammenfassung über das, was du gelesen hast.

Zusammenfassung klären und überarbeiten

Schritt 8	• Lies deine Zusammenfassung und frag dich, ob etwas in der Zusammenfassung noch unklar ist. • Überarbeite deine Zusammenfassung, wenn es dir nötig erscheint.
Schritt 9	• Gib jemandem aus deiner Klasse deine Zusammenfassung zu lesen. • Frag die Person, ob etwas in deiner Zusammenfassung noch unklar ist. • Überarbeite deine Zusammenfassung, wenn es nötig erscheint.

nahmen, gab es einen prototypischen Ablauf. Der Aufbau war weitgehend identisch: a) Rückblick auf die Strategie zum automatisierten Abruf des Wissens, b) in den ersten vier Lektionen Modellieren und c) Üben. Das Vorkommen des Modellierens in den ersten vier Sitzungen erklärt sich darüber, dass innerhalb dieser Frist die Lernenden die Strategieschritte korrekt benennen konnten. Beim Modellieren halfen die Lernenden der Lehrperson immer wieder, indem sie Schritte ergänzten. Die Lehrperson machte deutlich, dass Selbstinstruktionen wie „Welchen Schritt muss ich jetzt machen? Ich muss …" wichtig waren für die gewinnbringende Nutzung der Checkliste. Die Schülerinnen und Schüler übten das Zusammenfassen eigenständig mit ihren eigenen Checklisten. Sie erreichten dabei durchgängig hohe Werte darin, in die eigenen Zusammenfassungen Hauptideen zu integrieren. ◀

▶ **Abschließendes: Intensives Training und die Anpassung von Strategien und Textauswahl** Das schriftliche Zusammenfassen und das Erkennen bzw. Formulieren von Hauptideen gelten als wichtig für das Textverstehen, allerdings hat die Vermittlung dieser Strategie auch ihre Grenzen:

- Jüngere und schwächere Schülerinnen und Schüler benötigen ein *intensives Training*. Das ergibt sich daraus, dass die Makroregeln abstrahierendes Denken erfordern, welches sich nicht von heute auf morgen dauerhaft einstellt. Deshalb ist es auch kein Zufall, dass die explizite Vermittlung so häufig zum Einsatz gekommen ist (Fiorella & Mayer, 2016).
- Das Zusammenfassen ist darauf angewiesen, dass textseitige und vorwissensbasierte Informationen sinnvoll interagieren. Bei der *Auswahl der Texte* gilt es daher zu beachten, dass die (Übungs-) Texte tatsächlich klar erkennbare Hauptideen und Makrostrukturen aufweisen.
- Studienergebnisse zeigen, dass Texte, die *räumliche Inhalte* haben (etwa Kreisläufe beschreiben), beim schriftlichen Zusammenfassen an ihre Grenzen stoßen. Hier sind andere Strategien sinnvoller, etwa Zeichnungen erstellen oder das Imaginieren (Fiorella & Mayer, 2016).
- Ein weiterer Aspekt, der in der klassischen Forschung zu Interventionen mit der Strategie des schriftlichen Zusammenfassens seltener auftaucht als in der Grundlagenforschung, betrifft

ebenfalls die Texte. Es ist gut belegt, dass sogenannte „verführerische Details", also interessante, aber lernirrelevante Details in Texten und Lernmaterialien zulasten des Lerneffekts gehen (Sundararajan & Adesope, 2020). Gerade schwache und junge Lesende neigen dazu, solche verführerischen Details für wichtig zu halten, statt die abstrakteren Konzepte, also die Hauptideen, zu erkennen. Deshalb gilt es, hier die Balance zu halten zwischen interessanten Texten und dem Ziel, das Zusammenfassen zu erleichtern (Philipp et al., 2015).

Fazit
Schriftliches Zusammenfassen basiert auf erlernbaren Regeln der Textanalyse, den Makroregeln. Diese Regeln lassen sich mittels der expliziten Vermittlung gerade schwach lesenden (und schreibenden) Lernenden beibringen. Es handelt sich um die Prüfung von Informationen, um die Hierarchie und Struktur dieser Informationen im vorliegenden Text zu erkennen, die sogenannte Makrostruktur. Dieses Erkennen der Makrostruktur erfolgt unter Nutzung vorwissensbasierter Anreicherung und textuell-basierter Rekonstruktion. Solche Prozesse bilden konstitutive Elemente des Textverstehens allgemein, worüber sich auch erklärt, warum sie die zentralen Lernaktivitäten und damit das Herzstück des in diesem Teilkapitel präsentierten didaktischen Designprinzips darstellen.

5.2 Grafisches Zusammenfassen mit Graphic Organizers

▶ Grafische Zusammenfassungen sind visuell organisierte Darstellungen der Inhalte von in der Regel längeren Texten. Sie enthalten eine Struktur, welche der inhaltlichen Makrostruktur der zusammengefassten Texte entspricht, und können zudem noch Merkmale der Textsortenspezifik visualisieren. Man nennt solche Darstellungen deshalb im Englischen auch treffend „Graphic Organizers". Um diese Zusammenfassungen gewinnbringend zu erstellen, die nichts weniger sind als eine Übersetzung sprachlicher in visuell-grafische Darstellungen, müssen Lernende die Makrostruktur verstanden haben, um sie dann reduziert wiedergeben zu können. Dafür braucht es ähnliche Prozesse wie beim schriftlichen Zusammenfassen. Hinzu kommt die Verwendung von grafischen

Elementen wie Farben, Linien und Formen, um die Struktur noch deutlicher zu machen. Dies unterscheidet das grafische vom schriftlichen Zusammenfassen. Die Vermittlung und das didaktische Designprinzip ähneln einander wiederum.

5.2.1 Was sind Graphic Organizers?

Im Teilkapitel zuvor wurde das schriftliche Zusammenfassen als ein Ansatz vorgestellt, wichtige Informationen für eigene Texte über Gelesenes zu konservieren. Eine verwandte, aber nicht deckungsgleiche Variante besteht darin, sogenannte Graphic Organizers anzufertigen. Graphic Organizers sind in der Forschung leider alles andere als einheitlich bestimmt, denn sie gelten mitunter als Sammelbegriff. Deshalb ist eine Definition hier unabdingbar, wobei im Folgenden bewusst eine recht weite Begriffsbestimmung gewählt wird, die es erlaubt, diverse Formen der visuellen Darstellung von gelesenen Inhalten unter dem Konzept zu vereinen.

▶ **Graphic Organizers** Mit dem Ausdruck Graphic Organizers werden Visualisierungen bezeichnet, die Konzepte bzw. Inhalte zweidimensional darstellen, um dadurch die kognitive Verarbeitung der dargestellten Inhalte zu erleichtern. Dafür müssen die Beziehungen zwischen den Inhalten deutlich und klar mittels der Anordnung dargestellt werden, indem die Beziehung grafisch mit Konzepten und (bezeichneten) Verbindungen in angemessenen, die textuelle Basis (Textsorte) widerspiegelnden Varianten visualisiert wird (Dexter & Hughes, 2013, S. 283 f.).

Die Leseforschung hat über viele einzelne Studien demonstriert, dass sich Graphic Organizers für das Leseverstehen bezahlt machen, speziell wenn sie dafür zum Einsatz gelangen, Textsortenwissen aufzubauen (vgl. Abschn. 4.2). So berichten Bogaerds-Hazenberg et al. (im Druck) in ihrer Metaanalyse davon, dass das aktive Anfertigen von Graphic Organizers als instruktionaler Bestandteil der Textsortenwissensvermittlung zwei Arten von Verstehensleistungen positiv beeinflusst: Wer Graphic Organizers anfertigt, kann Verstehensfragen korrekter beantworten und erinnert sich zusätzlich an mehr Textinhalte. In einer weiteren Metaanalyse von Graham und Hebert (2011) bestand ein praktisch bedeutsamer, wenn auch nicht zufallskritisch absicherbarer Vorsprung von grafisch strukturierten gegenüber nicht-strukturierten, linearen Notizen. Die grafisch-strukturierten Notizen aus den

5.2 Grafisches Zusammenfassen mit Graphic Organizers

ausgewerteten Studien erwiesen sich bei Licht betrachtet als relativ prototypische Beispiele für Graphic Organizers.

Wenn Graphic Organizers in diesem Kapitel als Alternative zu den schriftlichen Zusammenfassungen behandelt werden, dann stellt sich die Frage, wozu diese Variante dient und was den Mehrwert bildet. Dafür bildet die zweidimensionale nicht-sprachliche Darstellung den entscheidenden Zugang: Sie erlaubt es, den Zusammenhang zwischen Inhalten sparsam zu kommunizieren und die Informationshierarchie buchstäblich abzubilden (O'Donnell et al., 2002). Die Hierarchie ist dabei der springende Punkt: Durch die Visualisierung der Informationsstruktur soll es (insbesondere schwachen) Lernenden besser gelingen, externe Inhalte in das Gedächtnis zu überführen, wird doch in verschiedenen Theorien angenommen, dass streng gegliederte Graphic Organizers diesen Prozess der Wissensspeicherung erleichtern (Dexter & Hughes, 2013).

Einen Überblick über sieben theoriebasierte Gründe für die Effektivität von Graphic Organizers liefern Nesbit und Adesope (2013, S. 309–311; vgl. Abb. 5.3), wobei sie sich auf eine spezielle Art von Graphic Organizers beziehen, die „Concept Maps". Die sieben Gründe, die sie ins Feld führen, lauten:

1. *Nutzung zweier Codes/Zeichensysteme.* Graphic Organizers sind Hybride aus sprachlichen und nicht-sprachlichen Bestandteilen. Theorien wie die „Dual-Coding-Theorie" nehmen das auf, indem sie von zwei Verarbeitungssystemen ausgehen: den visuell-räumlichen und den sprachlichen. Diese beiden Systeme arbeiten unabhängig voneinander, lassen sich aber durch sogenannte referentielle Verknüpfungen miteinander kognitiv verbinden. Bestehen derartige referentielle Verbindungen zwischen den sprachlich dargestellten Konzepten und den nicht-sprachlichen, grafischen Elementen, lassen sich Inhalte im Arbeitsgedächtnis reaktivieren, sodass die Erinnerung an grafische Bestandteile die Wahrscheinlichkeit erhöht, sich an die sprachlichen Bestandteile ebenfalls zu erinnern – und umgekehrt.
2. *Nutzung zweier Bestandteile des Arbeitsgedächtnisses und dadurch geringere Gefahr der kognitiven Überlastung.* Eng mit dem erstgenannten Grund hängt dieser zusammen, der sich auf die simultane Verarbeitung von sprachlichen und visuell-räumlichen Informationen bezieht. Denn nach Theorien des Arbeitsgedächtnisses erfolgt sowohl die Verarbeitung als auch der Abruf von Informationen aus dem Langzeitgedächtnis in mehreren Bestandteilen des Arbeitsgedächtnisses. Im Falle der Graphic Organizers sind dies: a) die phonologische Schleife für sprachliche Informationen und b) der räumlich-visuelle Notizblock für die nicht-sprachlichen, grafischen Bestandteile. Es werden gleichsam die Informationen auf diese beiden Komponenten des

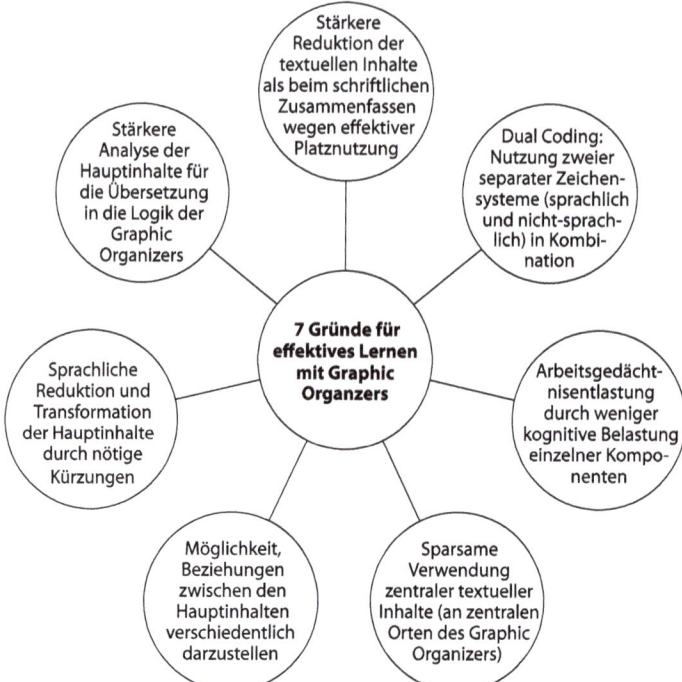

Abb. 5.3 Sieben Gründe für das effektive Lernen mit Graphic Organizers, darstellt als Graphic Organizer. (Eigene Darstellung, nach Nesbit & Adesope, 2013, S. 309–311)

Arbeitsgedächtnisses verteilt, was dem vorbeugt, was man kognitive Überlastung nennt, also die Überlastung der Kapazitäten des Arbeitsgedächtnisses, indem sehr viele Informationen gleicher Modalität simultan präsent gehalten werden müssen.
3. *Sparsame Verwendung der zentralen Konzepte an prominenten Orten im Graphic Organizer.* Zentrale Konzepte bzw. Hauptideen können im Text mehrfach auftauchen, was ihre thematische Entwicklung und kohärente Entfaltung für die lesende Person rekonstruierbar macht. Graphic Organizers erlauben es, dass solche zentralen Inhalte tatsächlich auch räumlich zentral zu erkennen sind und mittels der Verbindungen mit jenen anderen Konzepten grafisch verbunden werden können. Dies erspart mehrfache Nennungen und

kann im glückenden Fall dennoch die thematischen Bezüge sicherstellen, die sonst sprachlich und damit ggf. wiederholt expliziert werden müssen. Dadurch erlauben sie eine noch stärkere Reduktion und erleichtern bei Suchvorgängen das Finden von zentralen Konzepten.
4. *Möglichkeit der flexiblen Darstellung von Relationen zwischen Konzepten.* Texte und Schriftsprache bringen es – zumindest im Fall von Fließtext – mit sich, dass die Inhalte sequenziell dargestellt werden. Die zweidimensionale Darstellung erlaubt es, dies zu durchbrechen und dabei auch mit mehreren Optionen vorzugehen. Dazu zählt ebenfalls, dass die hier listenartig dargestellten und als Aufzählung typografisch hervorgehobenen sieben Gründe für effektives Lernen mit Graphic Organizers, in anderer Reihung im Graphic Organizer präsentiert werden könnten, oder dass die ersten beiden Listeneinträge mit einer weiteren Hierarchieebene (als zwischengeschaltetem Kreis, von dem die Kreise rechts oben und rechts in der Mitte abgehen) als gedächtnisbasierte Gründe klassifiziert werden könnten. Ein wichtiger weiterer Vorteil ist, dass die grafischen Elemente das Verhältnis von Über- und Unterordnung, von Vor- und Nachzeitigkeit effektiv visualisieren.
5. *Reduktionsbedingte Vereinfachungen in den Konzept- und Verbindungsbezeichnungen.* Damit ist gemeint, dass Graphic Organizers eine geringe Menge an Text beinhalten, der zudem in aller Regel sprachlich weniger elaboriert ist als sein Bezug, der Fließtext. Graphic Organizers erfordern also sprachliche Vereinfachungen – oder sprachliche Verdichtungen. Dies gilt vor allem dann, wenn die Beziehungen zwischen den Inhalten mit Beschriftungen realisiert werden, was auf einzelne Formen von Graphic Organizers wie die Concept Maps zutrifft. Wenn Lernende diese sprachlichen Vereinfachungen vornehmen, die in der Sache natürlich korrekt sein sollten, tun sie dies auf Basis aktiver Vorwissensnutzung, die als zentral für jedes Lernen gilt, da neue Inhalte und Gedächtnisinhalte möglichst systematisch interagieren sollen. Das ist auch der Grund, warum man bei textuellen Zusammenfassungen auf eigene Worte drängt.
6. *Stärkere Analyse der Hauptinhalte und der inhaltlichen Makrostruktur, um diese in der Logik von Graphic Organizers darzustellen.* Ein geglücktes Exemplar eines Graphic Organizer ist Ausdruck eines geklärten Zusammenhangs der ausgewählten Inhalte. Es stellt damit die Spitze des Eisbergs dar, das Produkt einer einerseits kognitiv repräsentierten, also internen Makrostruktur und andererseits dessen extern realisierte Variante. Das gilt insbesondere dann, wenn es mehrere Ebenen in der Makrostruktur gibt und diverse Zusammenhänge der Hauptideen verschiedenen Grades bestehen.

7. *Stärker aggregierte Zusammenfassung als beim schriftlichen Zusammenfassen wegen der effektiven Platznutzung.* Damit Graphic Organizers sparsam und angemessen auf einer definierten Fläche (z. B. einem DIN-A4-Blatt) funktionieren, müssen makroregelbasierte Prozesse genutzt werden, die bereits für das textuelle Zusammenfassen an anderem Ort dargestellt wurden (vgl. Abschn. 5.1.1). Für die Umsetzung der Inhalte als Graphic Organizer kommen nur die allerwichtigsten Inhalte infrage, es bedarf also einer Selektion der essenziellen Inhalte. Hierin besteht eine Parallele zum textuellen Zusammenfassen, jedoch liegt im Falle der Graphic Organizers ein stärkeres Ausmaß dieser Selektionsbedürftigkeit vor.

Zusammengenommen besteht der Mehrwert bei Graphic Organizers somit darin, dass nicht-sprachliche Inhalte, also die grafischen Bestandteile, das Arbeitsgedächtnis entlasten und separat verarbeitet werden, Makrostrukturen sparsam kommuniziert werden und diverse Verarbeitungs- und Transformationsprozesse bei der Erstellung eine intensive Auseinandersetzung erfordern. Das macht selbstkonstruierte Graphic Organizers nicht zwangsläufig besser als schriftliche Zusammenfassungen, sondern stellt nur deren Spezifik heraus.

5.2.2 Das didaktische Designprinzip zur Erstellung von Graphic Organizers

Graphic Organizers können zwei unterschiedlichen Gruppen zugeordnet werden (Jiang & Grabe, 2007):

- Auf der einen Seite sind dies spezifische Graphic Organizers, welche die *thematische Darstellung in den Konventionen von Textsorten* berücksichtigen. Solche Graphic Organizers enthalten demnach nicht nur die Hauptideen in ihrer semantischen Makrostruktur, sondern auch in ihrer schematischen Funktion, also als Visualisierung von Argument und Gegenargument, von Ursache und Folge, von Vergleichsdimensionen im Vergleich etc. Kurzum: Sie stellen die textsortenspezifische Struktur des konkreten Textes ebenso dar wie dessen Inhalte.
- Auf der anderen Seite gibt es allgemeinere Varianten von Graphic Organizers, die *auf die Textsortenspezifik weniger Wert legen und stattdessen lediglich die inhaltliche Makrostruktur zu visualisieren versuchen.* Solchen generischen Graphic Organizers fehlt also die Anbindung an die Textsortenspezifik, womit sie eine aus Sicht der Verstehensleistungen vom Text dargebotene Strukturierungshilfe ungenutzt lassen.

5.2 Grafisches Zusammenfassen mit Graphic Organizers

Über die Nutzung bzw. Nicht-Nutzung der Textsortenspezifik als Abbild in den verlangten Graphic Organizers erklärt sich vermutlich zum Teil, dass die generischen Graphic Organizers nicht immer zu verbesserten Leseleistungen führen (Jiang & Grabe, 2007).

Die Nutzung der textsortenspezifischen Graphic Organizers stellt einen erheblichen Mehrwert dar, die Makrostruktur angemessen zu visualisieren – sei es innerhalb der Nutzung solcher Graphic Organizers als Planungshilfe (provisorisches Denkblatt) für das Schreiben (vgl. Abschn. 2.1), als Bestandteil der Vermittlung von Textsortenwissen (vgl. Abschn. 4.2.2) oder als Variante des Zusammenfassens. Es handelt sich also um einen modularen Bestandteil, der sich in verschiedenen lese- und schreibdidaktischen Zusammenhängen oder als Teil des Fachlernens mit dem Lesen und Schreiben einbinden lässt.

Das grafische Zusammenfassen ist eine Form von *Organisationsstrategie,* also einer Gruppe von Strategien mit dem Ziel, die inhaltliche Essenz und Struktur von rezeptiv erschlossenen Inhalten zu erkennen und im Falle der Nutzung des Schreibens in Form eines (Zwischen-)Produkts darzustellen (Philipp 2015). Das bedeutet, dass die bereits an anderen Orten benannten Bestandteile der expliziten Strategievermittlung im Allgemeinen (vgl. Abschn. 4.1.2) und die für das grafische Zusammenfassen notwendigen Prozesse der Informationsanalyse im Besonderen, sprich: die Makroregeln, und deren Förderung (vgl. Abschn. 5.1.2) prinzipiell auch hier zum Zug kommen. Ferner bestehen Parallelen zu dem, was für die Vermittlung von Textsortenwissen typisch ist (vgl. Abschn. 4.2.1).

Insofern ist das nachstehende *sechste Designprinzip* zuvorderst eine Variation desjenigen aus Abschn. 5.1.2, das sich vorrangig in dem unterscheidet, welche Strategie gelehrt wird. Dennoch geht es nach wie vor darum, dass die Lernenden (prozedurales) Wissen über Strategien erwerben. Dieses Wissen bezieht sich entweder auf das grafische Zusammenfassen allgemein oder, wenn es der Textsortenkonvention folgt, auf das textsortenspezifische grafische Zusammenfassen. Unabhängig davon, um welche Variante es sich handelt: In beiden Fällen besteht das erklärte Ziel darin, aus dem kontinuierlichen Fließtext einen diskontinuierlich grafisch organisierten Überblick zu erstellen, welcher der Makrostruktur des kognitiv verarbeiteten Inhalts gerecht wird.

Didaktisches Designprinzip 6: Erhöhung des Textverstehens mittels expliziter Vermittlung von stark komprimierenden Organisationsstrategien des grafischen Zusammenfassens
Wenn Lernende die Hauptinhalte von Texten (in Abhängigkeit von Textsorten) besser verstehen sollen, dann ist die explizite Vermittlung von Organisationsstrategien des komprimierenden grafischen Zusammenfassens mit Graphic Organizers nötig, damit sie Texte selbstständig grafisch zusammenfassen (Abb. 5.4).

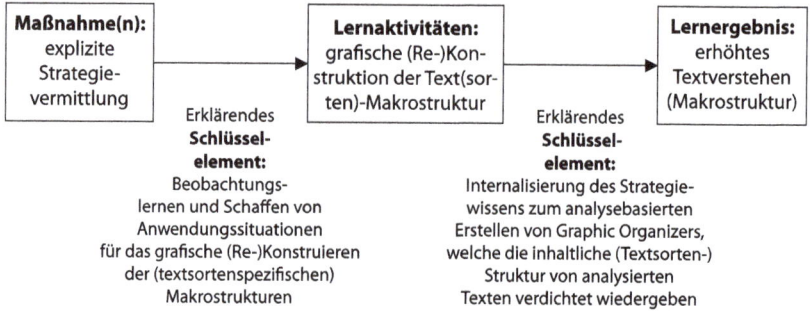

Abb. 5.4 Visualisiertes didaktisches Designprinzip 6 – Explizite Vermittlung des grafischen Zusammenfassens von Texten. (Eigene Darstellung)

5.2.3 Typische Lehraktivitäten bzw. Elemente bei der Vermittlung der Erstellung von Graphic Organizers

Das grafische Zusammenfassen mit Graphic Organizers bildet – wie mehrfach benannt – eine Schnittmenge aus verschiedenen anderen, in diesem Buch bereits in extenso behandelten Fördermaßnahmen hinsichtlich grundlegender kognitiver Prozesse im Sinne einer (textsortenspezifischen) Organisationsstrategie und der expliziten Strategievermittlung. Dieser hybride Charakter schlägt sich in den typischen Lehr- und Lernaktivitäten nieder, die in Tab. 5.5 dargestellt sind. Die darin enthaltenen Bestandteile sind teils bereits Gegenstand anderer prototypischer Lehraktivitäten. Was jedoch neu ist, ist die *genaue Analyse von Elementen und der Aufbau grafischer Zusammenfassungen sowie der genaue Abgleich mit dem Text* in dem Sinne, dass die grafische Zusammenfassung

5.2 Grafisches Zusammenfassen mit Graphic Organizers

Tab. 5.5 Merkmale von empirisch erprobten Förderansätzen zur Vermittlung des grafischen Zusammenfassens (Quellen: Bogaerds-Hazenberg et al., im Druck, S. 4; Nesbit & Adesope, 2006, S. 420; O'Donnell et al., 2002, S. 84)

Bestandteile	Ziel	Lehr-Lern-Aktivitäten
1. Erstellen von Graphic Organizers mit verschiedenen Freiheitsgraden durch die Schülerinnen und Schüler	Lenkung und Steuerung verschiedener notwendiger Prozesse der Arbeit mit Graphic Organizers (kognitive Prozesse des Auswählens und Strukturierens, metakognitive Überwachung)	• Erstellen von vollständig von den Lernenden selbstständig zu kreierenden Graphic Organizers • Auffüllen teilausgefüllter Graphic Organizers • Korrektur von vorgegebenen, aber bewusst mit einzelnen Fehlern versehenen Graphic Organizers • Bekanntgabe der in den Graphic Organizers zu verwendenden Inhalte als Liste bzw. als schon grafisch vorbereitete Bestandteile von einer dann selbstständig zu realisierenden kohärenten Visualisierung
2. Wissensvermittlung über grafische Zusammenfassung	Deklaratives (und prozedurales) Wissen bei den Schülerinnen und Schülern	• Analyse von bestehenden Beispielen von Graphic Organizers • Vergleich von Textinhalten mit einer grafischen Zusammenfassung, um Korrespondenz zu erkennen • Einsatz von Farben, Symbolen und anderen Elementen, um einheitliche, verstehenserleichternde Vorgehensweisen zu ermöglichen • Arbeit mit Regeln und Hinweisen zum günstigen Vorgehen beim Erstellen (z. B. erst gesamten Text lesen, infrage kommende Stellen im Text hervorheben, regelgeleitetes Übersetzen dieser Inhalte in eigene grafische Zusammenfassung)
3. Arbeit mit Signalwörtern bei der Erschließung der textsortenspezifischen Makrostruktur	Erkennen der inhaltlichen Zusammenhänge und der textsortenspezifischen Themenentfaltung	• Gezieltes Suchen nach Signalwörtern • Farbiges Hervorheben von Signalwörtern, um für deren spezifische Funktionen im Text zu sensibilisieren und die Zusammenhänge von Informationen zu erkennen
4. Schreiben	Nutzen von Hauptideen in der Rekonstruktion und Konstruktion der Makrostruktur	• Eintragen von einzelnen Wörtern in vorbereitete Textrümpfe/Lückentexte • Zusammenfassendes Schreiben nach dem Erstellen des Graphic Organizer

adäquat geglückt ist. Hinzu kommt, dass die Nutzung von Signalwörtern und einer etwaigen weiteren schriftlichen Weiterverarbeitung in empirischen Studien nicht durchgängig vorgekommen sind, in denen die Textsortenwissensvermittlung stattfand (Hebert et al., 2016). Aus dieser spezifischen Warte heraus erscheinen sie als fakultative Bestandteile.

5.2.4 Zwei Beispiele für die Vermittlung des grafischen Zusammenfassens

Das erste Beispiel orientiert sich an der Vermittlung von zwei Textsorten. Für das Leseverstehen hat es sich in der Vergangenheit als vorteilhaft erwiesen, wenn auf mehr als eine Textsorte – zumindest in Interventionsstudien mit Fokus der Vermittlung des Textsortenwissens – fokussiert wurde (Hebert et al., 2016; Pyle et al., 2017). Bemerkenswert ist an dem Beispiel ferner, dass es gezielt auf Textmaterialien rekurrierte, welche nicht vollständig didaktisierte Beispiele waren, sondern gezielt Schwierigkeiten im Sinne von Kohärenzproblemen enthielten, damit die Schülerinnen und Schüler später bei authentischen Texten im Sinne eines Transfers dennoch die Strategie anwendeten. Ansonsten enthielt dieses Beispiel sehr viel Struktur und Regelmäßigkeit im Ablauf.

Ebenfalls hochstrukturiert ist das zweite Beispiel, es ist zugleich ein Exempel für ein weniger textsortenspezifisches Vorgehen, das allerdings deutlich dichter an den Traditionen der Schreibstrategievermittlung und den Schreibprozessen zu verorten ist. In dem zweiten Beispiel werden außerdem Farben und weitere grafische Elemente wie Linienstärken gezielt für die eigene grafische Zusammenfassung genutzt, was sich in der Vergangenheit als Signalisierungsprinzip schon als lernförderlich erwiesen hat (Schneider et al., 2018). Außerdem nutzt der Beispielförderansatz seinerseits klare Regeln, um Merkmale günstiger grafischer Zusammenfassungen zu vermitteln.

> **Mit „Rahmen" zwei Sachtextsorten visualisieren: Beschreibungen und Ursache-Wirkung-Relationen darstellen**
> In einer Studie mit niederländischen Schülerinnen und Schülern der sechsten Klasse erlernten die Kinder in 16 jeweils 45-minütigen Lektionen, wie sie „Rahmen" genannte Graphic Organizers erstellten (Broer et al., 2002). Dies erlernten die 12- und 13-Jährigen für zwei Textsorten: Beschreibungen (hier: als Aufzählung dargestellte Hierarchien) und Ursache-Wirkungs-Relationen. Diese beiden Textsorten und wie man mit ihnen Graphic Organizers erstellt, standen im Zentrum der Studie, wobei man mit den Ursache-Wirkungs-Relationen begann. Zwei Beispiele enthalten die Abb. 5.5 und die Abb. 5.6.

5.2 Grafisches Zusammenfassen mit Graphic Organizers

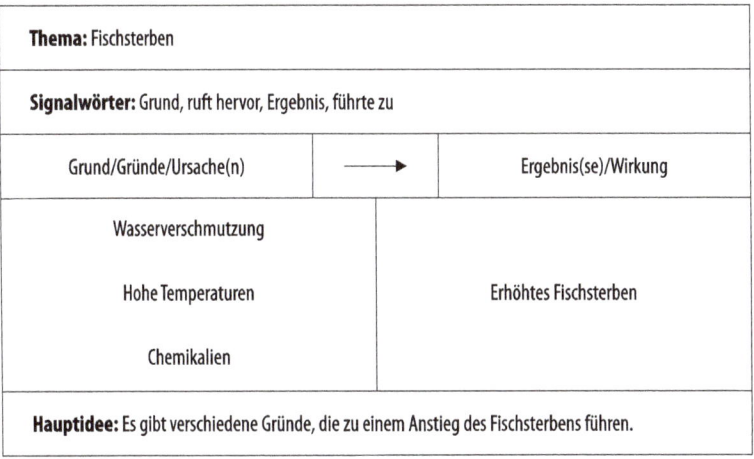

Abb. 5.5 Beispiel für einen Graphic Organizer für Ursache-Wirkungs-Relationen. (Quelle: leicht adaptierte Variante von Broer et al., 2002, S. 220)

Die Vermittlung, wie man zu solchen „Rahmen" gelangt, erfolgte in vier Blöcken: einer vier Lektionen dauernden Einführung, zwei Blöcken à fünf Lektionen für jeweils eine Textsorte und schließlich einem letzten, zwei Lektionen umfassenden Block zum Üben mit beiden Textsorten.

Die Texte, anhand derer die Vermittlung erfolgte, sind leider nicht genau beschrieben, aber es geht aus der Beschreibung hervor, dass es sich um mehrere Absätze lange Sachtexte gehandelt haben muss. Diese Texte wiesen zudem als schwierigkeitsgenerierendes Merkmal unterschiedliche Grade an Kohärenz auf, machten es also textseitig den Schülerinnen und Schülern leichter oder schwerer, die Makrostruktur der Inhalte zu erkennen.

Wie erwähnt folgte die gesamte Vermittlung einem vierteiligen Gesamtaufbau. Der *erste Block* führte in die allgemeine Thematik ein und fokussierte auf verschiedene Herangehensweisen, um die Inhalte und Struktur von Texten zu erkennen: Erkennen des Themas (Lektion 1), Erkennen der Textstruktur in Form von thematischen Absätzen (Lektion 2), Erkennen und Nutzen von Signalwörtern (Lektion 3) und schließlich den Umgang mit Texten, die solche Hinweise wie gut strukturierte Absätze und Signalwörter nicht enthalten (Lektion 4).

Der *zweite und dritte Block* waren identisch aufgebaut, widmeten sich jedoch nur einer Textsorte (Block 2: Ursache-Wirkung, Block 3: Beschreibung). Zunächst ging es darum, die Struktur klar strukturierter Texte

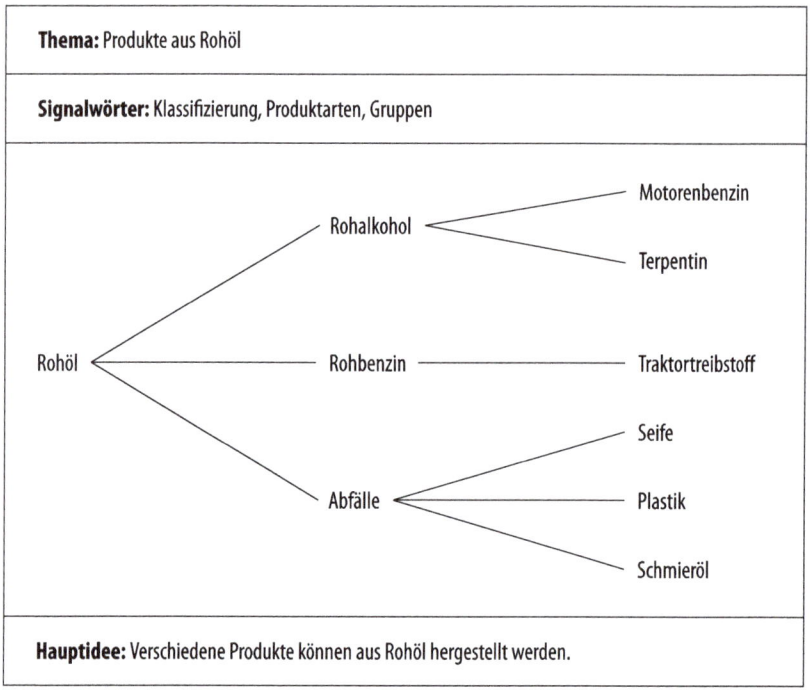

Abb. 5.6 Beispiel für einen Graphic Organizer für eine listenartige Beschreibung. (Quelle: Broer et al., 2002, S. 220)

zu erkennen (Lektion 5 bzw. 10), danach bei weniger gut gegliederten Texten (Lektion 6 bzw. 11). Erst jetzt stand die Vermittlung des Erstellens der Graphic Organizers an, und zwar zunächst wieder bei einem gut strukturierten Text (Lektion 7 bzw. 12) und danach bei einem weniger klar aufgebauten Text (Lektion 8 bzw. 13). Am Ende des Blocks fertigten die Schülerinnen und Schüler zwei Graphic Organizers an, einen für einen gut und einen für einen eher schwach strukturierten Text (Lektion 9 bzw. 14). Bedeutsam ist, dass die Lernenden in den Lektionen nach dem Anfertigen des Graphic Organizers eine Hauptidee schriftlich formulierten, sodass es ein sequenzielles Vorgehen gab, welches sich in dem Aufbau der Graphic Organizers konsequent niederschlug. Wie sich in den beiden Graphic Organizers aus den beiden Abbildungen zeigt, folgt dem Thema eine Liste gefundener Signalwörter, dann die hochverdichtete textsortenspezifische grafische Zusammenfassung, und erst am Ende steht die schriftlich formulierte Hauptidee des gesamten Texts.

5.2 Grafisches Zusammenfassen mit Graphic Organizers

Die beiden letzten Lektionen im *vierten Block* führten das Gelernte zusammen, indem nun die Lernenden für beide Zieltextsorten selbstständig Graphic Organizers erstellten, und zwar für kohärente Beschreibungen und Ursache-Wirkungs-Sachtexte (Lektion 15) sowie am Ende für leicht in ihrer Makrostruktur nachvollziehbare und weniger klar aufgebaute Übungstexte aus beiden Textsorten (Lektion 16).

Die einzelnen Lektionen waren ebenfalls in ihrem Aufbau hochgradig strukturiert, indem pro Lektion ein identischer Aufbau verfolgt wurde. Zunächst gab es einen Rückblick und eine klare Information zum Ziel der aktuellen Lektion. Dem schloss sich die Einführung der jeweils neu zu lernenden Prozesse an, indem die Lehrperson die Vorgehensweise benannte und modellierte, wie man sie absolviert, auch und gerade bei Texten, die in Bezug auf ihre Struktur herausfordernd waren. Danach übten die Kinder unter Aufsicht der Lehrperson, die, falls nötig, aushelfen konnte. Ein Block mit einem vollständig eigenen Üben seitens der Schülerinnen und Schüler schloss die jeweilige Lektion ab. ◄

Grafisches Zusammenfassen lernen und dabei die grafischen Zusammenfassungen stark strukturieren
Belgische Schülerinnen und Schüler der fünften und sechsten Klasse lernten in einer der ganz wenigen Studien, die sich explizit mit dem grafischen Zusammenfassen beschäftigten, wie sie die Inhalte von längeren Schulbuchtexten grafisch zusammenfassen können (Merchie & van Keer, 2016). Diese Strategie bestand aus einem Verbund einzelner aufeinander aufbauender Schritte, welche in Tab. 5.6 dargestellt sind. Wie aus den Phasenbenennungen deutlich hervorgeht, bestehen sehr große Schnittmengen zu den beiden Hauptprozessen des Schreibens, nämlich dem Planen (hier realisiert über die lesend erfolgende Inhaltsgenerierung und -organisation) sowie dem Revidieren (hier verstanden als der Abgleich von grafischer eigener Darstellung und dem Bezugstext). Dabei wurden für das Planen organisierende Strategien des Lesens genutzt – das Nutzen von Farben –, welche die Anwendung von Makroregeln bereits voraussetzen.

Die Vermittlung erfolgte in insgesamt zehn Lektionen (vgl. Tab. 5.7), verwendet wurden Schulbuchtexte aus sozial- und naturwissenschaftlichen Fächern, die für die Zwecke der Förderung zusätzlich angepasst worden waren. Diese Texte beinhalteten auch grafische Elemente wie Bilder und wiesen eine Länge von mehreren Absätzen auf. Mit fortschreitender Förderung wurden Hinweise in den Texten (Zwischenüberschriften, typografische Hervorhebungen) immer weiter reduziert, es wurden also die analysebasierten Zugänge der Schülerinnen und Schüler stärker gefordert.

Tab. 5.6 Überblick über die Strategie des grafischen Zusammenfassens (Quelle: modifizierte Darstellung nach Merchie & van Keer, 2016, S. 489)

Phase	Zentrale kognitive Prozesse	Schritte der Strategieanwendung
Planen	Auswählen und Organisieren	1. Überflieg den Text, um dir einen Überblick zu verschaffen. Lies den Text und kläre, was du nicht verstanden hast. 2. Wende Strategien zum Hervorheben im Text an: Streich wichtige Informationen mit Farben an oder strukturiere sie mit Farben.
Konstruieren	Transformation der Textinhalte	3. Erstelle deine grafische Zusammenfassung und achte dabei auf die typischen Elemente, um Inhalte und Struktur grafisch darzustellen.
Revidieren	Metakognitiver Abgleich	4. Überprüfe den Text und deine grafische Zusammenfassung, und überarbeite Letztere falls nötig.

Die Fördermaßnahme unterschied drei Phasen: a) den Erwerb von Wissen über das grafische Zusammenfassen und dessen Anwendung in klar definierten Übungszusammenhängen (Teil 1, erste vier Lektionen, in denen das Vorgehen von der Lehrperson modelliert wurde), b) die Anwendung der Regeln in höherem eigenverantwortlichem Maß (Teil 2, Lektionen 5 bis 9, geprägt von Einzel-, Partner- und Gruppenarbeit nebst klassenweiten Diskussionen) und schließlich c) eine Transferphase, in der das grafische Zusammenfassen auch diskutiert wurde für die Anwendung in anderen Fächern wie Mathematik oder bei Hausaufgabenbearbeitungen (Lektion 10).

Während die eigentliche Vermittlung relativ wenig beschrieben ist, trifft das Gegenteil darauf zu, was für das grafische Zusammenfassen als leitende Prinzipien im Förderansatz formuliert wurde. Es handelt sich um sieben Merkmale, von denen sechs hier vorgestellt werden. Die ersten drei betreffen die Nähe und Gleichheit von strukturell ähnlichen Bestandteilen, die letzten drei die kohärente Struktur:

1. Linien, welche die zentralen Hauptinhalte als Äste mit dem zentralen Thema verbinden, sind dicker als andere Linien (Zweige).
2. Für die Bezeichnung der Verbindungen zwischen zentralem Thema und zentralen Hauptideen werden Großbuchstaben verwendet, für die anderen Zweige Kleinbuchstaben.

5.2 Grafisches Zusammenfassen mit Graphic Organizers

Tab. 5.7 Schwerpunkte im Training zur Erstellung von eigenen grafischen Zusammenfassungen (Quelle: leicht modifizierte, eigene und synthetisierende Darstellung nach Merchie & van Keer, 2013, S. 65, 2016, S. 495; + = Fokus bzw. Durchführung in der jeweiligen Lektion)

Phase der Vermittlung und Bestandteile	Lektion									
	1	2	3	4	5	6	7	8	9	10
Teil 1: Mit Graphic Organizers (GO) vertraut werden										
• Regeln/Prinzipien für GO kennen lernen (Teil 1) und anwenden (Teil 2)	+	+	+	+	+	+	+	+	+	+
• Vervollständigen eines teilausgefüllten GO		+	+	+						
• Üben von Elementen der GO-Erstellung wie Farbnutzung mit einem teilausgefüllten GO			+	+						
Teil 2: Graphic Organizers selbstständig erstellen										
• Anwenden von Regeln zur Erstellung von GO					+	+	+	+	+	+
• Erstellen von geglückten GO mit allen Bestandteilen						+	+	+	+	+
• Üben des Erstellens von GO mit Limitierung auf wichtigste Inhalte und in Bezug auf Verständlichkeit								+	+	+
• Transfer der GO-Anwendung auf andere Situationenn										+

3. Für jeden Ast und für jeden Zweig wird eine andere Farbe verwendet.
4. Die grafische Zusammenfassung muss auf eine Seite passen, ohne dass man diese Seite umdrehen muss.
5. Die Wörter und Wortgruppen müssen direkt auf die Linien geschrieben werden.
6. Die Struktur der grafischen Zusammenfassung ist radial, also kreisförmig.

Mit diesen Regeln für das grafische Zusammenfassen entstanden komplexe grafische Zusammenfassungen, von denen (auf Niederländisch verfasste) Beispiele in den wissenschaftlichen Publikationen zu finden sind. Um dennoch einen abschließenden Eindruck zu ermöglichen, wie die grafischen

Abb. 5.7 Ein selbstgeneriertes Beispiel für eine grafische Zusammenfassung. (Eigene Darstellung basierend auf Abb. 5.6)

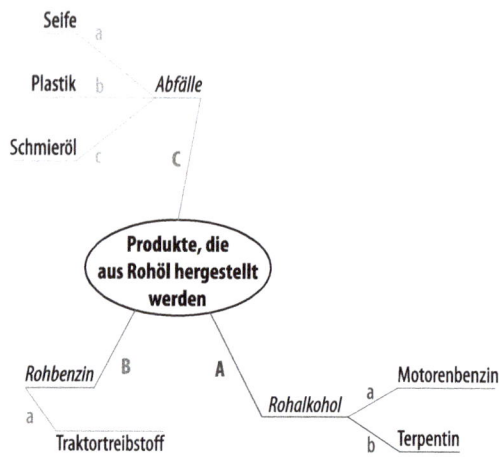

Zusammenfassungen aussehen können, enthält Abb. 5.7 ein fingiertes Beispiel, das sich aus dem anderen, dem niederländischen Beispielförderansatz in diesem Teilkapitel ergibt. ◄

▶ **Zum bedachten Einsatz von Graphic Organizers als Lernwerkzeug** Einen interessanten Zugang zur Verwendung von Graphic Organizers zum Fachlernen hat ein amerikanisches Forschungsduo gewählt (Fisher & Frey, 2018). Es geht von Unterrichtsbeobachtungen zum Einsatz von Graphic Organizers aus und auf vier Schwachpunkte beim Einsatz ein. Zugespitzt lässt sich ihre Kritik als Sammlung von vier Tipps formulieren:

- *Auf die Passgenauigkeit kommt es an.* Die Verwendung von Graphic Organizers ist dann gewinnversprechend, wenn die (textsortenspezifische) Makrostruktur und die Struktur des zu verdichtenden Textes bzw. anderer Lernmaterialien kongruent sind. Deshalb ist es beispielsweise nicht zielführend, Mindmaps als alleinige Strategie zu vermitteln und zu nutzen, weil diese die spezifische Struktur von Texten außer Acht lassen.

5.2 Grafisches Zusammenfassen mit Graphic Organizers

- *Graphic Organizers sind keine Arbeitsblätter.* Was zu den Denkblättern beim Planen bereits als Provisorien gesagt wurde, gilt zum Teil ebenfalls für die Graphic Organizers. Es handelt sich um individuelle Aneignungen einer Makrostruktur, nicht um Schönschriftübungen oder eine andere Form von Leistungsaufgabe. Deshalb sollten sie die Schülerinnen und Schüler selbstständig anfertigen können, um sich primär auf die Inhalte zu konzentrieren
- *Ohne Vorwissen kein sinnvolles grafisches Organisieren.* Die hochreduktiven Vorgänge beim Erstellen von Graphic Organizers benötigen metakognitives und inhaltliches Wissen. Das gilt für jede Strategie, für eine so komplexe wie das selbstständige grafische Organisieren selbstredend ebenso.
- *Ein Graphic Organizer ist kein Selbstzweck, sondern eine Zwischenetappe für das Lernen.* Das grafische Organisieren dient dazu, Inhalte in ihrer Struktur zu erkennen und darzustellen. Das ist aber nur der erste Schritt, denn Graphic Organizers lassen sich erweitern, man kann sie als Schreibplan nutzen, um eigene Texte zu erstellen, um sich mit anderen darüber auszutauschen, wie man Inhalte verstanden hat oder welche Aspekte ein Thema hat – kurzum: Sie lassen sich für das Lernen weiterverwenden.

Fazit

Das grafische Zusammenfassen hat gegenüber dem rein schriftlichen Zusammenfassen den Mehrwert, dass es sich gezielt die Vorteile der nichtsprachlichen Zusammenhangsdarstellung zunutze macht. So lassen sich textsortenspezifische und makrostrukturelle Bezüge zwischen Informationen buchstäblich auf einen Blick abbilden und für das Lernen verwenden. Die kognitive Transformationsleistung, die für grafisches Zusammenfassen notwendig ist, ist dementsprechend hoch. Auswahl- und Strukturierungsprozesse müssen im Vergleich zu schriftlichen Zusammenfassungen teils noch effektiver ablaufen, um zu einer angemessenen Darstellung des gelesenen Textes zu gelangen.

Literatur

Weiterführende Literatur

Philipp, M. (2021). *Lesen – Schreiben – Lernen. Prozesse, Strategien und Prinzipien des generativen Lernens*. Beltz. *(Dieses Open-Access-Buch enthält ein eigenes umfangreiches Kapitel zum schriftlichen Zusammenfassen und systematisiert die Fördermaßnahmen. Das makroregelbasierte Finden von Hauptideen und das Zusammenfassen werden hierbei separat behandelt. Ein weiteres Kapitel behandelt „Concept Maps", die den grafischen Zusammenfassungen/Graphic Organizers stark ähneln.).*
Kintsch, W., & van Dijk, T. A. (1978). Toward a model of text comprehension and production. *Psychological Review, 85*(5), 363–394. *(Wer Makroregeln als Teil des Textverstehens ansieht und zugleich Grundzüge eines der bis heute wirkmächtigsten theoretischen Modelle des Leseverstehens kennenlernen will, wird kaum an diesem Text vorbeikommen.).*

Einzelnachweise

Ballstaedt, S.-P. (2006). Zusammenfassen von Textinformationen. In H. Mandl & H. F. Friedrich (Hrsg.), *Handbuch Lernstrategien* (S. 117–126). Hogrefe.
Bogaerds-Hazenberg, S. T. M., Evers-Vermeul, J. & van den Bergh, H. (im Druck). A meta-analysis on the effects of text structure instruction on reading comprehension in the upper elementary grades. *Reading Research Quarterly*.
Broer, N. A., Aarnoutse, C., Kieviet, F. K., & van Leeuwe, J. (2002). The effect of instructing the structural aspect of texts. *Educational Studies, 28*(3), 213–238.
Brown, A. L., & Day, J. D. (1983). Macrorules for summarizing texts: The development of expertise. *Journal of Verbal Learning and Verbal Behavior, 22*(1), 1–14.
Dexter, D. D., & Hughes, C. A. (2013). Graphic organizers as aids for students with learning disabilities. In D. R. Robinson, G. J. Schraw, & M. T. McCrudden (Eds.), *Learning through visual displays* (S. 281–302). Information Age.
Dinsmore, D. L., & Alexander, P. A. (2016). A Multidimensional investigation of deep-level and surface-level processing. *The Journal of Experimental Education, 84*(2), 213–244.
Fiorella, L., & Mayer, R. E. (2016). Eight ways to promote generative learning. *Educational Psychology Review, 28*(4), 717–741.
Fisher, D., & Frey, N. (2018). The uses and misuses of graphic organizers in content area learning. *The Reading Teacher, 71*(6), 763–766.
Graham, S., & Hebert, M. (2011). Writing to read: A meta-analysis of the impact of writing and writing instruction on reading. *Harvard Educational Review, 81*(4), 710–744.
Graham, S., Kiuhara, S. A., & MacKay, M. (2020). The effects of writing on learning in science, social studies, and mathematics. A Meta-Analysis. *Review of Educational Research, 90*(2), 179–226.

Hattie, J. A. C., & Donoghue, G. M. (2016). Learning strategies. A synthesis and conceptual model. *NPJ Science of Learning, 1*(1), 1–13.
Hebert, M. A., Bohaty, J., Nelson, J. R., & Brown, J. (2016). The effects of text structure instruction on expository reading comprehension: A meta-analysis. *Journal of Educational Psychology, 108*(5), 609–629.
Jiang, X., & Grabe, W. (2007). Graphic organizers in reading instruction. Research findings and issues. *Reading in a Foreign Language, 19*(1), 34–55.
Kintsch, W. (2018). Revisiting the Construction–Integration model of text comprehension and its implications for instruction. In D. E. Alvermann, N. J. Unrau, M. Sailors, & R. B. Ruddell (Hrsg.), *Theoretical models and processes of literacy* (7. Aufl., S. 178–203). Routledge.
Kintsch, W., & van Dijk, T. A. (1978). Toward a model of text comprehension and production. *Psychological Review, 85*(5), 363–394.
Klein, P. D. (1999). Reopening inquiry into cognitive processes in writing-to-learn. *Educational Psychology Review, 11*(3), 203–270.
Klein, P. D., Haug, K. N., & Bildfell, A. (2018). Writing to learn. In S. Graham, C. A. MacArthur, & M. Hebert (Hrsg.), *Best practices in writing instruction* (3. Aufl., S. 162–184). Guilford.
Matsumura, L. C., Correnti, R., & Wang, E. (2015). Classroom writing tasks and students' analytic text-based writing. *Reading Research Quarterly, 50*(4), 417–438.
Merchie, E., & van Keer, H. (2013). Schematizing and processing informational texts with mind maps in fifth and sixth grade. *Middle Grades Research Journal, 8*(3), 61–81.
Merchie, E., & van Keer, H. (2016). Stimulating graphical summarization in late elementary education. The relationship between two instructional mind-map approaches and student characteristics. *The Elementary School Journal, 116*(3), 487–522.
Nelson, J. R., Smith, D. J., & Dodd, J. M. (1992). The effects of teaching a summary skills strategy to students identified as learning disabled on their comprehension of science text. *Education & Treatment of Children, 15*(3), 228–243.
Nesbit, J. C., & Adesope, O. O. (2006). Learning with concept and knowledge maps: A meta-analysis. *Review of Educational Research, 76*(3), 413–448.
Nesbit, J. C., & Adesope, O. O. (2013). Concept maps for learning. Theory, research, and design. In D. R. Robinson, G. J. Schraw, & M. T. McCrudden (Hrsg.), *Learning through visual displays* (S. 303–328). Information Age.
O'Donnell, A. M., Dansereau, D. F., & Hall, R. H. (2002). Knowledge maps as scaffolds for cognitive processing. *Educational Psychology Review, 14*(1), 71–86.
Okkinga, M., van Steensel, R., van Gelderen, A. J. S., van Schooten, E., Sleegers, P. J. C., & Arends, L. R. (2018). Effectiveness of reading-strategy interventions in whole classrooms. A meta-analysis. *Educational Psychology Review, 30*(4), 1215–1239.
Philipp, M. (2015). *Lesestrategien. Bedeutung, Formen und Vermittlung.* Beltz Juventa.
Philipp, M. (2021). *Lesen – Schreiben – Lernen. Prozesse, Strategien und Prinzipien des generativen Lernens.* Beltz.
Philipp, M., Kirchhofer, K. C., & Brändli, M. (2015). Texte für schwach lesende Jugendliche erstellen. Ein Bericht über Prinzipien der Textgestaltung in einer Interventionsstudie. In B. Ralle, S. Prediger, M. Rothgangel, & M. Hammann (Hrsg.), *Lernaufgaben entwickeln, bearbeiten und überprüfen – Ergebnisse und Perspektiven der fachdidaktischen Forschung* (S. 183–193). Waxmann.

Pyle, N., Vasquez, A. C., LignugarisKraft, B., Gillam, S. L., Reutzel, D. R., Olszewski, A., Segura, H., Hartzheim, D., Laing, W., & Pyle, D. (2017). Effects of expository text structure interventions on comprehension. A meta-analysis. *Reading Research Quarterly, 52*(4), 469–501.

Scardamalia, M., & Bereiter, C. (1987). Knowledge telling and knowledge transforming in written composition. In S. Rosenberg (Hrsg.), *Advances in applied psycholinguistics. Volume 2: Reading, writing, and language learning* (S. 142–175). Cambridge University Press.

Schneider, S., Beege, M., Nebel, S., & Rey, G. D. (2018). A meta-analysis of how signaling affects learning with media. *Educational Research Review, 23,* 1–24.

Spivey, N. N. (1990). Transforming texts: Constructive processes in reading and writing. *Written Communication, 7*(2), 256–287.

Stevens, E. A., Park, S., & Vaughn, S. (2019). A review of summarizing and main idea interventions for struggling readers in grades 3 through 12: 1978–2016. *Remedial and Special Education, 40*(3), 131–149.

Sundararajan, N., & Adesope, O. (2020). Keep it coherent. A meta-analysis of the seductive details effect. *Educational Psychology Review, 32*(3), 707–734.

Van Dijk, T. A. (1980). *Macrostructures. An interdisciplinary study of global structures in discourse, interaction, and cognition.* Erlbaum.

Van Meter, P., & Campbell, J. M. (2020). Commentary: A conceptual framework for defining strategies and strategic processing. In D. L. Dinsmore, L. K. Fryer, & M. M. Parkinson (Hrsg.), *Handbook of strategies and strategic processing* (S. 82–96). Routledge.

Weisberg, R., & Balajthy, E. (1990). Development of disabled readers' metacomprehension ability through summarization training using expository text: Results of three studies. *Reading & Writing Quarterly, 6*(2), 117–136.

Winograd, P., & Hare, V. C. (1988). Direct instruction of reading comprehension strategies. The nature of teacher explanation. In C. E. Weinstein, E. T. Goetz, & P. A. Alexander (Hrsg.), *Learning and study strategies. Issues in assessment, instruction, and evaluation* (S. 121–139). Academic Press.

Prinzipien zum Analysieren und transformierenden Nutzen von Informationen (tiefenorientierte Strategien) 6

Zusammenfassung

Für einen langfristigen Wissenserwerb ist es nötig, neue Informationen und das eigene Vorwissen möglichst systematisch zu vernetzen. Hierfür spielen wiederum die Informationstransformationen und die mehrfache Anwendung von Informationen eine Rolle. Das Kapitel widmet sich zwei ausgewählten Beispielen für ein solch transformierendes Schreiben, indem es das fachliche Argumentieren und das Synthetisieren behandelt. Das schriftliche Argumentieren setzt voraus, dass Lernende die fachliche Belastbarkeit von Aussagen prüfen und in ihren Texten gezielt nutzen, um die persuasive Wirkung zu erzielen. Diese Prüfungen von Aussagen und Daten mit den fachspezifischen epistemischen Kriterien ist damit zentral. Im Falle des Synthetisierens besteht die Herausforderung darin, mehrere Texte bzw. Materialien kohärent zu strukturieren. Dies setzt voraus, dass Lesende das Verhältnis von einzelnen Informationen und Materialien klären und angemessen schriftlich darlegen. Hinzu kommt – analog zum schriftlichen Argumentieren – das Transformieren der Inhalte in eine textsortenspezifische Struktur. Beide Varianten sind somit als kognitiv aufwendige, auf Tiefenstruktur der Inhalte abzielende Variante des Schreibens zu betrachten, die ihrerseits Lernstrategien voraussetzen.

6.1 Argumentieren

▶ Argumentieren ist ein ebenso kognitiver wie sozialer Prozess der Klärung von offenen bzw. strittigen Themen. Das macht das Argumentieren ausgesprochen interessant für das Fachlernen, denn die Klärung von fachlich offenen Fragen eröffnet die Möglichkeit, Lernende im Sinne einer Enkulturation mit den Regeln zur Herstellung von Wissen vertraut zu machen. Die Klärung strittiger Fragen bietet in der Anwendung des Argumentierens aber auch die Gelegenheit, Mehrperspektivität sowohl kognitiv als auch sozial zu erlauben und dadurch zu vertieften Einsichten zum Gegenstand selbst zu gelangen. Für das fachliche Argumentieren werden in diesem Teilkapitel die „epistemischen Kriterien" als zentral erachtet, also die Prüfung von Aussagen hinsichtlich ihrer Passgenauigkeit bezüglich etablierten domänenspezifischen Vorgehensweisen, Wissen abzusichern. Solche Kriterien fallen je nach Disziplin anders aus und offerieren damit die Vertiefungsmöglichkeit und -notwendigkeit, angemessenes schriftliches Argumentieren im Fach zu fördern.

6.1.1 Warum wird dem Argumentieren zugestanden, besonders effektiv das tiefenorientierte Lernen zu unterstützen?

6.1.1.1 Argumentieren: Gründe, Definitorisches und Strukturelles

In der Bildungsforschung hat das Argumentieren als lernförderlicher Prozess viel Aufmerksamkeit auf sich gezogen – sei es in mündlichen oder schriftlichen Zusammenhängen (Andriessen & Baker, 2014; Asterhan & Schwarz, 2016; Cartiff et al., im Druck; Fitzgerald & Palincsar, 2019; Schüler, 2018). Dabei werden immer wieder zwei Sichtweisen auf das (schriftliche) Argumentieren deutlich, nämlich einerseits als sozialer Ko-Konstruktionsprozess der Aushandlung von fachlichen Positionen und andererseits als individueller kognitiver Prozess der Anwendung und Veränderung von Wissensbeständen. Je nachdem, welche Perspektive aus der Bildungsforschung eingenommen wird, werden entsprechend verschiedene Funktionen und Wirkungsweisen betont, wenn es um das Lernen mittels Argumentieren geht. Perspektiven aus der Warte des *Argumentierens als eine soziale Interaktion* (Asterhan & Schwarz, 2016, S. 165 f.; Schwarz, 2009, S. 98 f.) nehmen folgende Wirkweisen an:

6.1 Argumentieren

- *Klärende Explikation der eigenen Position:* Das eigene (Nicht-)Verstehen zu explizieren und zugänglich zu machen, um es auf Kohärenz und Logik zu untersuchen (vor allem durch anwesende Gesprächspartner), schafft Klarheit. Hier hat das Argumentieren ergo eine den Sachverhalt klärende und das eigene Verstehen unterstützende Funktion, indem die eigenen Positionen explizit begründet werden müssen, was teils zu einer Restrukturierung von Wissensbeständen und zu einer (Neu-)Verknüpfung im Gedächtnis führt.
- *Mehrperspektivität anerkennen:* Das Argumentieren dient dem Anerkennen von alternativen Zugängen im Rahmen von Gesprächen, etwa durch das Wahrnehmen von anderen Positionen, um dadurch zu erlernen, dass ein Problem unterschiedlich gelöst werden kann und dass die Argumente unterschiedlich belastbar sind. Es geht also um Multiperspektivität, welche sich durch den Austausch untereinander zeigt, der zu einem vertieften Verständnis führen soll.
- *Kollektives Entwickeln von validen Aussagen.* Die gemeinsame Aushandlung von Positionen führt dazu, dass die Personen Aussagen als generalisierbar erachten (weil sie von allen Beteiligten akzeptiert werden), sie als objektiv betrachten (weil sie nicht widerlegt werden können) oder auch als konsistent (widerspruchsarm) bestätigen. Diese Prüfung von Aussagen und dass das gemeinsame Entwickeln von aufeinander bezogenen Aussagen sind damit ein Prozess einer Gruppe bzw. von Partnerinnen und Partnern, welche strittige Themen gemeinsam kommunikativ behandeln.
- *Verringern der kognitiven Belastung:* Gerade komplexe Sachverhalte mit unterschiedlichen Perspektiven generieren eine hohe kognitive Belastung. Denn es geht darum, dass man im Arbeitsgedächtnis verschiedene Informationen simultan verarbeiten und präsent halten muss, was die individuellen kognitiven Kapazitäten be- oder überlasten kann. Hier hilft die Umverteilung der kognitiven Last auf mehrere Personen, um zum einen die Kontroverse in ihrer Gänze zu behandeln, zum anderen aber dies nicht einer Person zu überantworten.

Daneben gibt es *kognitive Mechanismen,* die als lernförderlich beim Argumentieren erachtet werden. Dabei spielt die adäquate Nutzung des Vorwissens bei der Beurteilung von Aussagen und deren Strukturierung eine gravierende Rolle (Schwarz, 2009, S. 97 f.):

- *Klärungsnotwendigkeit und Explikation:* Damit etwas eine persuasive (auf Überzeugung zielende) Wirkung entfalten kann, muss es expliziert werden. Das bedeutet, dass Argumentieren ein kognitives Klären bei der Person mit sich bringt, um dadurch überhaupt eine kommunikative Wirkung bei anderen

Personen zu erzielen. Argumentieren setzt damit voraus, dass Wissen bzw. Gelerntes sprachlich auch zweifelsfrei geäußert werden muss. Dieses Klären berücksichtigt, dass der Horizont, vor dem Aussagen als inhaltlich überzeugende Argumente gelten können, einbezogen wird. Im Falle des fachlichen Argumentierens wird demnach geklärt, dass eine Aussage in einem fachlichen Kontext als qualitativ gehaltvolles Argument infrage kommt.

- *Kohärenzentwicklung für das Argumentieren:* Für das schriftliche Argumentieren müssen Zusammenhänge zwischen Informationen geklärt werden, nämlich in ihrem perspektivischen Zusammenhang untereinander. Inhaltliche und strukturelle Klärungen sind nötig, damit am Ende die schriftliche Argumentation in ihrer durchaus hohen Komplexität kohärent entwickelt wird.

Diese Liste von Begründungen, warum Argumentieren lernförderlich ist, nimmt vieles von dem auf, was zu Beginn des Kap. 5 in der Gegenüberstellung von oberflächen- und tiefenorientiertem Nutzen von Lernstrategien erläutert wurde. Demnach ist die umfassende Klärung von Aussagen zum Überzeugungszweck ein deutlicher Indikator für die Tiefenorientierung. Argumentieren erfordert individuell und in direkten Interaktionen die Nutzung des eigenen Vorwissens, um Zusammenhänge zu stiften und zu überzeugenden Lösungen zu gelangen. Doch was ist denn eigentlich Argumentieren?

▶ **Argumentieren** „Argumentieren ist eine verbale und soziale, vernunftbasierte Aktivität, die darauf abzielt, bei einer zuhörenden oder lesenden Person die Akzeptanz eines kontroversen Standpunkts zu erhöhen bzw. zu verringern, indem eine Konstellation von Propositionen hervorgebracht wird, welche den Standpunkt vor einer rationalen Gesamtbeurteilung legitimieren oder anfechten." (van Eemeren et al., 1996, S. 5)

Die obige prozessbezogene Definition geht darauf ein, dass Argumentieren sowohl eine kognitive Aktivität darstellt als auch eine soziale Interaktion ist, bei der der entstehende mündliche oder schriftliche Text dazu dient, die Akzeptabilität von Standpunkten zu untermauern und dadurch eine persuasive Wirkung zu erzielen. Diese soziale Interaktion, die dem Argumentieren zugrunde liegt, weil es darum geht, eine Person(engruppe) von etwas zu überzeugen, ist beim *schriftlichen Argumentieren* aufgrund der distanzsprachlichen Kommunikation anders gelagert als beim mündlichen, synchron stattfindenden Argumentieren. Der Adressat bzw. die Empfängerin ist nämlich abstrakt und kann nicht sofort

6.1 Argumentieren

im Gespräch reagieren – im besten Fall antizipiert eine Argumentation dies und berücksichtigt potenzielle Einwände, um diese dann sinnvoll zu behandeln. Trotz der nur simulierten Anwesenheit von Interaktionspartnerinnen und -partnern beim schriftlichen Argumentieren betonen verschiedene theoretische Modelle, dass auch das schriftliche Argumentieren deutlich geprägt ist von einem dialogischen Charakter – eben jenem Diskurs verschiedener Perspektiven (Ferretti & Graham, 2019).

Das Argumentieren stützt sich auf Regeln und *Strukturen von Argumenten.* Hierfür hat sich ein ursprünglich bereits 1958 vorgelegtes Schema von Stephen Toulmin (2003) als breit akzeptiertes Modell erwiesen. Dazu ein Beispiel eines Arguments:

„Im letzten Jahrhundert ist die Temperatur der Erde infolge der Treibhausgasemissionen gestiegen. Wissenschaftler sind sich einig, dass es keine andere Erklärung für diesen Temperaturanstieg gibt. Wissenschaftler haben die atmosphärischen Mechanismen identifiziert, durch die Treibhausgase eine Erwärmung der Erdoberfläche verursachen. Sofern nicht nachgewiesen werden kann, dass der Temperaturanstieg der Erde ausschließlich auf Temperaturschwankungen zurückzuführen ist, die im Laufe der geologischen Zeit unabhängig von menschlichen Aktivitäten aufgetreten sind, ist das Kyoto-Protokoll zur Verringerung der globalen Erwärmung wahrscheinlich erforderlich." (Beispiel gebildet aus den Ausführungen bei Andriessen & Baker, 2014, S. 440 f.)

Toulmins (2003) Schema von Argumenten geht davon aus, dass es ein Zusammenspiel von verschiedenen Bestandteilen gibt, wobei er drei für essenziell und drei weitere für fakultativ hält. Diese Bestandteile sind in ihrem idealtypischen Zusammenspiel in der Abb. 6.1 zusammengestellt.

Die essenziellen sind: Informationen, Schlussregel und Schlussfolgerung. Den Ausgangspunkt stellen – erstens – *Informationen* dar, die für wahr erachtet werden und die als Grundlage für die Schlussfolgerungen dienen (im Beispiel: Im letzten Jahrhundert ist die Temperatur der Erde infolge der Treibhausgasemissionen gestiegen). Diese Informationen bilden die Basis für – zweitens – die *Schlussfolgerung* (hier: Das Kyoto-Protokoll zur Verringerung der globalen Erwärmung ist erforderlich). Verbunden werden beide über – drittens – die *Schlussregeln,* die eine logische Verknüpfung erlauben (im Beispiel: Wissenschaftler sind sich einig, dass es keine andere Erklärung für diesen Temperaturanstieg gibt). Ein viertes, fakultatives Element sind *Stützungen,* welche die Schlussregel untermauern und ihren Geltungsbereich spezifizieren (im Beispiel: Wissenschaftler haben die atmosphärischen Mechanismen identifiziert, durch die Treibhausgase eine Erwärmung der Erdoberfläche verursachen). Zudem können

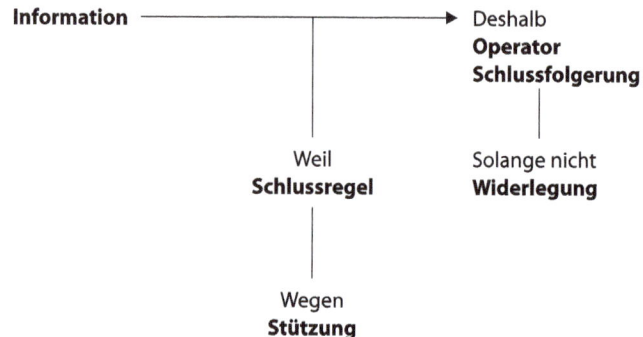

Abb. 6.1 Schema von Argumenten nach Toulmin. (Quelle: eigene Übersetzung von Toulmin, 2003, S. 97)

Schlussfolgerungen auch entkräftet werden, indem – fünftens – *Widerlegungen* bzw. Ausnahmen benannt werden (wie: Sofern nicht nachgewiesen werden kann, dass der Temperaturanstieg der Erde ausschließlich auf Temperaturschwankungen zurückzuführen ist, die im Laufe der geologischen Zeit unabhängig von menschlichen Aktivitäten aufgetreten sind). Schließlich gibt es als sechstes Element noch *Operatoren*, welche die Aussage der Schlussfolgerungen modifizieren (z. B. durch den Gebrauch des Worts „wahrscheinlich"). Die Abb. 6.2 enthält eine Darstellung des Beispielarguments in der Struktur, wie Toulmin sie beschrieben hat.

6.1.1.2 Ein Blick auf die Fachlichkeit beim Argumentieren

Wichtig ist an der obigen Definition des Argumentierens die Verknüpfung von einer „Konstellation von Propositionen" – also einem kohärent entwickelten Argumentationsgang –, welche sich daran messen lassen muss, einen Standpunkt vernünftig zu plausibilisieren. Es ist mithin eine zielgerichtete kommunikative Handlung, welche durch einen nachvollziehbaren Textaufbau unterstützt werden soll. Das ist deshalb hervorzuheben, weil es nicht allein um die kohärente und logisch nachvollziehbare Themenentwicklung geht, sondern zudem darum, dass auch die Prämissen und Bewertungsgrundlagen für die Beurteilung von Belang sind. Sind die Aussagen auf der Basis von Logik stimmig? Repräsentieren sie fachliche Grundüberlegungen angemessen, um tragfähige Urteile zu ermöglichen? Solche Fragen sind für das fachliche Lernen wichtig, weil sie beim Argumentieren mitschwingen und im Idealfall zeigen, dass die Lernenden fachlich angemessen argumentieren, fachliches Wissen richtig anwenden und die aktuell im Schreibanlass strittige Frage mit dem eigenen Domänenwissen adäquat

6.1 Argumentieren

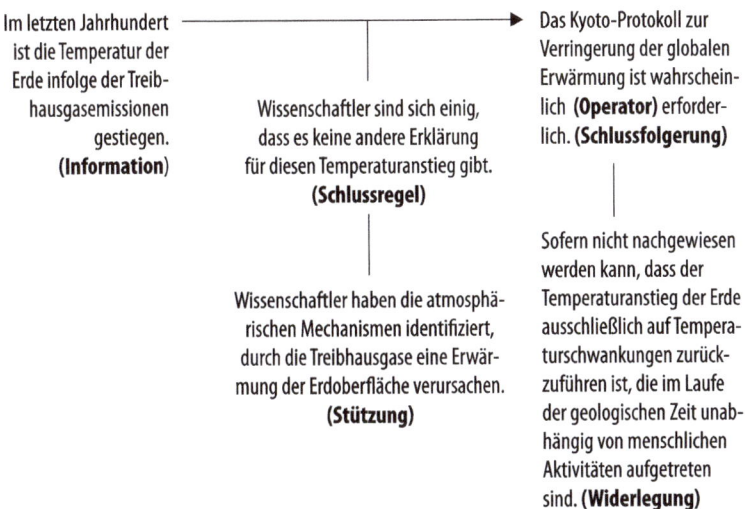

Abb. 6.2 Schematische Darstellung eines exemplarischen Arguments in der Darstellungsweise von Toulmin (Quelle: eigene Darstellung, basierend auf Andriessen & Baker, 2014, S. 440 f., Toulmin, 2003, S. 97)

bearbeiten und beurteilen. Solche Fragen betreffen epistemische Kriterien, also Standards, die zu wissensbezogenen Aussagen einzuhalten sind.

Das wiederum hängt mit der Toulmin'schen Logik von Argumenten zusammen. In seinem Schema von Argumenten sind es besonders die Schlussregeln und die Stützungen, die in der Fachlichkeit zum Tragen kommen. Toulmin selbst benennt mehrfach explizit, dass die Stützungen als Basis für das Etablieren von Schlussregeln variabel sind und je nach Bereich – hier: Wissensdomänen – unterschiedlich ausfallen (Toulmin, 2003, S. 96). Es gibt Fachspezifika, auf welcher Grundlage wir Schlussfolgerungen in den verschiedensten Wissensdomänen als gültig akzeptieren. Ein mathematischer Beweis folgt anderen Grundlagen als Entscheidungen in moralischen Dilemmata. Es müssen daher die zugrunde liegenden spezifischen Regeln adäquat angewendet werden (und im schriftlichen Produkt zur Geltung kommen), und das leitet über zu dem, was als „epistemische Kriterien" bezeichnet wird, die sich in den Stützungen und Schlussregeln besonders markant zeigen.

Wenn von *epistemischen Kriterien* die Rede ist, was ist dann damit gemeint? Dieser Ausdruck ist kein feststehendes Konzept, sondern meint einen kritisch-evaluativen wissensbasierten Umgang mit Informationen, der sich auf die sachlich nachvollziehbare Angemessenheit und Verlässlichkeit von Aussagen in Kontexten bezieht. Es geht also um eine Sensibilität einer lesenden und schreibenden Person, die erkennen können muss, warum eine Aussage zum Beispiel zur Gesundheitsprävention auf Studien oder zumindest auf plausiblen Theorien und Annahmen aus der Medizin fußen sollte, damit sie als wissensbasiert gelten kann. Dieses kleine Beispiel zeigt schon, dass nicht nur einzelne Informationen von Belang sind, sondern auch die Antwort auf die Frage, wie sie hergestellt wurden, damit sie den Status von Wissen haben. Es lassen sich mehrere solcher kollektiven Überzeugungen und/oder Wissensbestände klassifizieren, die aus dem heterogenen Forschungsfeld der sogenannten „epistemischen Kognitionen" stammen und sich meist auf die Individuen beziehen (Sandoval et al., 2016).

Im schulischen Kontext geht es darum, innerhalb von Fächern und Fächergruppen Wissen zu erwerben und zugleich die Domänenspezifik kennenzulernen. Die Frage lautet dann also: Wie wird Wissen innerhalb der Fachgemeinschaften so hergestellt, das Aussagen echtes Wissen sind, d. h., welche *Gütekriterien und Standards müssen Aussagen erfüllen, damit sie als Wissen gelten* können (Barzilai & Chinn, 2018)? Dies sind je nach Fach unterschiedliche Anforderungen, die als Regularien für Lernende mehr oder minder deutlich sind, die sie aber benötigen, wenn sie argumentierend Positionen abwägen müssen, um Fragen wie nach dem Nutzen von Impfungen oder auch der besonderen Typik eines Romans für eine Epoche begründet zu klären und zu entscheiden.

Um diesen Punkt zu illustrieren, ist eine aktuelle Überblicksarbeit zum (argumentativen, tendenziell sekundarstufenspezifischen) Lesen in drei Fächergruppen/Domänen hilfreich: literarisches Lesen, Naturwissenschaft und Geschichte (Goldman et al., 2016). Gegenstand besagter Überblicksarbeit ist die Frage danach, welche Anforderungen an Lesende in den drei Fächerdomänen bestehen, aus den für die Fächer typischen Texten und Lernmaterialien domänenspezifisches Wissen angemessen aufzubauen (vgl. Tab. 6.1). Aus Platzgründen kann nur auf die Sammlung von fachspezifischen epistemischen Kriterien – Was gilt in einer Fachgruppe als Wissen? Wie werden Informationen strategisch verknüpft? Vor welchem Hintergrund an fachlichen Eigenheiten geschieht dies? Und auf welche für das Fach typische Texte und deren (linguistische) Merkmale greift man zurück? – verwiesen werden. Entscheidend für die Zwecke dieses Buches ist das, was in der letzten umfassenden Zeile von Tab. 6.1 enthalten ist: die Lernziele bzw. die Indikatoren für glückendes schriftliches Argumentieren. Diese lassen sich sowohl für rezeptive Leseleistungen als auch für expressive Schreibleistungen anwenden. Zugleich zeigt sich in den stichwortartigen Aufzählungen, dass aufsteigend die Anforderungen zunehmen und das fachliche Verstehen, das sich in argumentativen Textprodukten manifestiert, immer umfassender wird. Insbesondere wird an den Einträgen in den Listen markant, dass immer mehr

6.1 Argumentieren

Tab. 6.1 Überblick über prototypische Merkmale von Lesen und Wissenskonstruktion in drei schulischen Fächergruppen. (Darstellung basierend auf Goldman et al., 2016, S. 223–238)

Vergleichsdimension	Erzählende Literatur	Naturwissenschaft	Geschichte
Erkenntnistheorie (Wissen und Wissenserwerb – Was gilt als Wissen? Wie wissen wir, was wir wissen?)	• Einblicke in die menschliche Verfasstheit • Offenheit und Dialogizität in der Bedeutungskonstruktion • Zusammenspiel von Inhalt und Form für Bedeutung	• Erklärung von Phänomenen in der Umwelt mittels Theorien und empirischen Daten als Annäherungen • Theorien sind Gegenstand von Weiterentwicklungen und Revisionen innerhalb von Wissensgemeinschaften	Interpretation von (Primär-)Quellen als unvollständige und wandelbare, gleichwohl regelgeleitete Befragung, die mit Unvollständigkeit und Widersprüchlichkeit zu tun hat
Strategien des kritischen Denkens und der Wissenskonstruktion (Wie werden Aussagen und Belege hergestellt, verbunden und bestätigt?)	Anwendung von Strategien a) zum Erkennen von typischen Merkmalen von Literatur, b) der Bedeutungszuweisung, c) dem Klären potenzieller Inhalte, d) der allgemeinen Kohärenzherstellung	• Konstruktion von Wissen über empirische Daten und die Widerspruchsarmut von Aussagen • Prüfen der Eignung von Daten für spezifische Erklärungen	• Sourcing: Interpretation zur Quelle hinter den Primär- und Sekundärquellen • Kontextualisierung: Betrachtung und Analyse der Quellen zum Zeitpunkt ihrer Entstehung • Abgleich: Vergleich der Inhalte verschiedener Quellen untereinander zur Prüfung der inhaltlichen Konsistenz
Übergeordnete Konzepte, Themen und Rahmen (Kernideen und -prinzipien für die Gewährleistung und Verknüpfung von Aussagen und Belegen)	Interpretation der Inhalte von literarischen Texten und deren impliziten Zusammenhängen aufgrund von allgemeinem Welt- und domänenspezifischem Vorwissen	Universelle naturwissenschaftliche Prinzipien aus Theorien als Unterstützung von Aussagen	Interpretation von Quellen innerhalb von bestimmten Weltsichten und Gesamtperspektiven mit dem Ziel der Konsistenz und Kohärenz

(Fortsetzung)

Tab. 6.1 (Fortsetzung)

Vergleichs-dimension	Erzählende Literatur	Naturwissenschaft	Geschichte
Typische Formen der Inhaltsrepräsentation (mediale und strukturelle Formen der üblichen Inhaltsrepräsentation in der Domäne)	Geschichtengrammatiken und andere konventionalisierte Formen von Narrationen	• Sprachliche und nicht-sprachliche Darstellungen zur klaren Kommunikation von Inhalten, dabei teils mehrere Darstellungen nötig, um Inhalte adäquat darzustellen (z. B. Grafiken und Text) • Verschiedene Arten von Textsorten und Texten, die sich je nach Leserschaft unterscheiden (z. B. Fachartikel)	• Primärquellen wie Reden, Zeitzeugnisse etc • Sekundärquellen, welche auf Primärquellen aufbauen und diese systematisch auswerten • Tertiärquellen: allgemeine Texte, welche historisches Wissen beinhalten (wie Schulbücher)
Strukturen und Merkmale von Diskursen und Sprache (linguistische Typik)	Figurative Sprache, Plot-Strukturen – dabei starker Zusammenhang von sprachlicher Gestaltung und Wirkung	Wissenschaftliche Fachsprache mit teils starken Konventionen, etwa für datenbasierte Interpretationen	Markierungen von Quellenwiedergaben, Positionen, Uneindeutigkeit, Kon- und Divergenz von Quellen

(Fortsetzung)

6.1 Argumentieren

Tab. 6.1 (Fortsetzung)

Vergleichs-dimension	Erzählende Literatur	Naturwissenschaft	Geschichte
Indikatoren für glückendes schriftliches Argumentieren (Lernziele)	1. Genaues Lesen und Belege für Nachvollzug von verschiedenen inhaltlichen Informationen und stilistischen Merkmalen 2. Erkennen von Mustern, um generalisierende Aussagen zum Thema und zur Gestaltung zu treffen 3. Konstruktion von klar und logisch formulierten argumentativen inhaltlichen bzw. strukturellen Generalisierungen unter Berücksichtigung von Aussagen, Belegen und deren Verknüpfung 4. Finden von allgemeinen, generalisierenden Argumenten zum Stil 5. Demonstration des Verständnisses einer grundsätzlich offenen Bedeutungskonstruktion bei literarischen Texten als Ausdruck der Behandlung von menschlichen Grundthemen	1. Genaues Lesen, um wissenschaftliche Konzepte zu verstehen 2. Verbinden von Inhalten aus mehreren Zeichensystemen im Verbund 3. Erklärung für das naturwissenschaftliche Phänomen über den Gebrauch von naturwissenschaftlichen Prinzipien, Wissensbeständen und Daten erstellen 4. Erklärungen mit naturwissenschaftlichen Prinzipien und Belegen verteidigen und dabei die Belege kritisch evaluieren 5. Naturwissenschaftliche Erklärungen mittels Prinzipien und Belegen kritisieren 6. Flexibles Anwenden von Naturwissenschaft, auch um ein neues Verständnis zu entwickeln und die Grenzen und Erträge von Wissenschaft bei der Erklärung von Phänomenen anzuerkennen	1. Genaues Lesen verschiedener Quellen mit Wissen über die Typik dieser Quellenarten 2. Sourcing, Kontextualisierung und Abgleich innerhalb von Quellen und über Quellen hinweg 3. Konstruktion von Aussage-Beleg-Beziehungen, indem Quellen angeführt werden sowie Zusammenhänge zwischen Quellen erläutert und in ihrem Zusammenhang dargelegt werden 4. Interpretative historische Rahmen (etwa Gesellschaftsstrukturen und -systeme sowie Muster) dafür nutzen, um historische Belege und Argumentationen zu analysieren und dadurch historische Fragen zu beantworten 5. Geschichtliche Interpretationen auf Vollständigkeit, Kohärenz und Qualität sowie die Perspektive der interpretierenden Person prüfen 6. Verständnis von Geschichte als unabschließbarem Prozess demonstrieren, Geschichte als unterschiedliche Interpretationen sehen sowie für neue Belege und Interpretationen offen sein

fachtypische Eigenheiten zur Wissenskonstruktion in der Anwendung benötigt werden, um die entsprechenden Leistungen zu zeigen – insbesondere bei Verallgemeinerungen.

Was bedeuten die bisherigen Ausführungen zusammengefasst? Argumentieren dient als kognitive bzw. soziale kommunikative Aktivität dazu, eine persuasive Wirkung zu erzielen. Dass dies auch zum Fachlernen genutzt werden kann, beruht darauf, dass fachlich strittige Themen unter der Nutzung von eigenen Vorwissensbeständen und mit selektiv-strukturierender Verwendung von Argumenten und Beispielen zum Entkräften oder Untermauern von Behauptungen geklärt werden. Hierbei bestehen Fachspezifika im Sinne epistemischer Kriterien, welche die Gültigkeitsansprüche von Aussagen gemäß den Regeln von Fächern betreffen. Deshalb gibt es durchaus allgemeine Muster des Argumentierens, diese sind aber spezifisch in den Fächern, wie es die Beispiele aus drei Domänen – literarisches Lesen, Naturwissenschaft und Geschichtswissenschaft – illustriert haben.

6.1.2 Das didaktische Designprinzip zum schriftlichen Argumentieren als Mittel für das Fachlernen

Das didaktische Designprinzip für das schriftliche Argumentieren setzt in sein Zentrum, dass kognitive Klärungen und Transformationen zu strittigen, offenen Fragen stattfinden und in ein schriftliches Produkt münden. Ausgelöst wird dies von verschiedenartigen Maßnahmen, denen bei aller Unterschiedlichkeit eine Gemeinsamkeit zugrunde liegt: das Vorhandensein einer offenen und komplexen Frage, welche epistemisch geklärt werden muss. Das bedeutet: Regelgeleitete wissensbezogene Aussagen in ihrem Verbund werden dazu benötigt, den strittigen Sachverhalt zu entscheiden und eine andere Person von der Richtigkeit dieser Entscheidung gesamthaft zu überzeugen. Dabei beruht die Überzeugungskraft darauf, wie nachvollziehbar Aussagen gemäß den epistemischen Kriterien des Fachgebietes aufeinander bezogen und womit sie begründet werden.

Didaktisches Designprinzip 7: Schriftliches Argumentieren als Anwendung epistemischer Kriterien zur Klärung strittiger Fragen
Wenn Lernende durch das argumentative Schreiben zu einer kognitiv tiefen Vernetzung und Repräsentation von Lerninhalten und Vorwissen gelangen sollen, dann sind dialogisch geprägte Anwendungen von epistemischen Kriterien in Wissensdomänen bei strittigen oder zumindest offenen Fragen und Problemen notwendig (Abb. 6.3).

6.1 Argumentieren

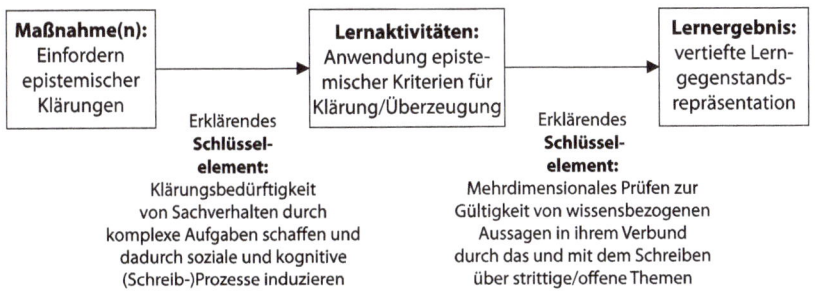

Abb. 6.3 Visualisiertes didaktisches Designprinzip 7 – Argumentierendes Schreiben als Anwendung epistemischer Kriterien zur Klärung und/oder Überzeugung bei strittigen Fragen (Eigene Darstellung)

Bezogen auf das Fördern und Fordern von Strategien des Argumentierens bestehen verschiedene Varianten (Miller et al., 2018), welche sich auf die *Maßnahmen* beziehen lassen. So lassen sich einerseits die schon andernorts beschriebenen Vorgehensweisen der expliziten Strategievermittlung – hier bezogen auf das Argumentieren in Fächern – anführen (vgl. Abschn. 4.1.2). Andererseits gibt es auch das Vorgehen, dass strittige Themen im Sinne eines forschenden Zugangs von den Lernenden den Ausgangspunkt bilden. Beide Varianten wirken komplementär, und entscheidend ist hierbei, dass die Schreibanlässe selbst die intendierten tiefenorientierten Lernstrategien tatsächlich erfordern. Spielraum besteht auch darin, inwieweit das Argumentieren als soziale (mündliche) Praxis oder als individuelle schriftliche Aktivität erfolgt. Auch dies ist an und für sich kein Widerspruch, sondern lässt sich kombinieren, indem Strittiges zunächst mündlich be- und verhandelt wird und danach eine Phase des Schreibens im Anschluss erfolgt. Beim Fördern des Argumentierens bzw. des Fachlernens mithilfe des Argumentierens bietet sich die Nutzung der Mündlichkeit sogar dezidiert an (Ferretti & Lewis, 2018).

Bedeutsam ist dabei, dass die ausgelösten *Lernaktivitäten* in ihrem Kern ähnlich sind. Wie im Abschn. 6.1.1 dargelegt wurde, ist die Anwendung von allgemeinen Kriterien nötig, welche den spezifischen strittigen Sachverhalt aus der domänenspezifischen Warte heraus klären. Schülerinnen und Schüler müssen dafür nicht nur Informationen angemessen beurteilen, sondern auch verschiedene Perspektiven einnehmen, um dem Gegenstand gerecht zu werden und (mehrzügige) Argumentationen zu entwickeln. Sodann müssen sie nach einem solchen klärenden Zugang ebenfalls die schriftliche Argumentation strukturieren und sie sprachlich so formulieren, dass sich diverse sprachliche Handlungen (das

Positionieren, das Konzedieren, das Einführen von Pro- und Kontraargumenten etc.) nachvollziehen lassen, um die schlussendliche Konklusion verständlich zu machen (vgl. hierzu die Ausführungen zum materialgestützten Argumentieren von Schüler, 2018). Der Text ist demnach Ausdruck dessen, was sich mental bei den Schreibenden als Lernergebnis einstellen soll: eine vertiefte Gegenstandsrepräsentation. Hierfür wurden bereits im Abschn. 6.1.1 Gründe dargelegt, die aus der Sicht auf das Individuum auf das Anwenden von eigenen Wissensbeständen (darunter den epistemischen Kriterien) im Sinne eines Elaborierens von Informationen hinauslaufen.

Als weiteres Schlüsselelement, warum das Prüfen und Arrangieren von schriftlichen Argumenten so wirksam ist, kommt die „Genre-Hypothese" infrage: Ihr zufolge erhöht das (Re-)Strukturieren von Informationen gemäß den Konventionen von Textsorten das Lernen, weil diese Inhaltsorganisation für den Text neue Verbindungen zwischen den kognitiv repräsentierten Inhalten erfordert (Klein, 1999). Das lässt sich beispielsweise im Falle des schriftlichen Argumentierens mit Prozessen des generativen Lernens abstützen (Hand et al., im Druck), einer allgemeinen Lerntheorie, die Strategien des (schriftbasierten) Lernens mit Auswahl-, Organisations- und Verknüpfungsprozessen begründet (Philipp, 2021). Dies ist eine zusätzliche Erklärung, warum insbesondere das kohärente Argumentieren einen Mehrwert für das Lernen hat, der sich in der Tendenz auch empirisch nachweisen lässt (Graham et al., 2020).

6.1.3 Typische Lehraktivitäten bzw. Elemente bei der Vermittlung und Nutzung des schriftlichen Argumentierens

Bei den Lehr-Lern-Aktivitäten für das schriftliche Argumentieren zum Lernen fachlicher Inhalte bestehen verschiedene Ansatzpunkte aus didaktischer Sicht. Einen Überblick gibt Tab. 6.2, und er fällt selektiv aus. Denn die Bestandteile der interaktiven (mündlichen) Argumentationen sind dort ausgespart, was aus Platzgründen erfolgt ist (vgl. dazu bspw. Asterhan & Schwarz, 2016; Newell et al., 2011; Nussbaum, 2021).

Eine wichtige Stellschraube für das Lernen auf Basis des Argumentierens ist der *Arbeitsauftrag*. Dabei existieren hierfür verschiedene Ansatzpunkte. So gibt es produktbezogene Aufträge, welche dabei helfen, die Anforderungen an das erwartete Produkt zu klären. Es handelt sich um Spezifikationen wie die Vollständigkeit von Bestandteilen von Argumentationen (z. B. auch Gegenargumente) oder etwa Hinweise darauf, bei den Adressatinnen und Adressaten eine

Tab. 6.2 Merkmale von empirisch erprobten Förderansätzen zur Nutzung und Vermittlung des Argumentierens. (*learning to argue* und *arguing to learn;* Quellen: Andriessen & Baker, 2013, S. 330 f.; Ferretti & Lewis, 2018, S. 152–155; Jonassen & Kim, 2010, S. 445–449; Litman & Greenleaf, 2018, S. 113; Newell et al., 2011, S. 281)

Bestandteile	Ziel	Lehr-Lern-Aktivitäten
1. Komplexe Aufgaben mit Hinweisen zum Produkt: Merkmale und Ziele des erwarteten Textes klar in der Aufgabenstellung benennen, aber offene Wege dorthin und komplexe Informationstransformationen ermöglichen	Aufbau von Aufgabenmodellen bei Lernenden als Sicherung bei gleichzeitig hoher kognitiver Aktivierung	• Klares Benennen, dass die Argumentation spezifische Bestandteile (Gegenargumente, ausreichende Beispiele, Begründungen etc.) aufweisen soll • Spezifische Fragen zur Rhetorik (z. B. warum einzelne Argumente glaubhaft sind, welches Argument welche Position stützt etc.) • Offene Aufgaben (z. B. Beurteilung von Argumentationen von anderen bzw. eigenes Entwickeln von (komplexen) Argumentationen)
2. Nutzung von (elektronischen) Graphic Organizers für Strukturen von Argumentationen	Schrittweise Inhaltsorganisation für das Argumentieren	• Kenntlichmachen von Beispielen, Argumenten und Schlussfolgerungen mittels (typo-)grafischer Hervorhebungen • Grafisches Anordnen von Argumentationsbestandteilen und deren Vernetzung als Teil des Planens (z. B. V-Diagramme oder Argument Maps)
3. Vermittlung von argumentativen fachspezifischen Schreibstrategien	Strategisches Vorgehen für die Bearbeitung von schriftlichen argumentativen Schreibaufträgen	• Generische, fachübergreifende Strategien vermitteln (vgl. z. B. TREE in Abschn. 4.1.4) • Fachspezifische Strategien zur Nutzung epistemischer Kriterien vermitteln, etwa Sourcing in der Domäne Geschichte

spezifische Wirkung zu erzielen (etwa sie von der eigenen Meinung vollständig zu überzeugen; Newell et al., 2011). Solche Hinweise in den Arbeitsaufträgen fungieren als Unterstützung für das sogenannte „Aufgabenmodell", also eine in der schreibenden Person mental repräsentierte Vorstellung davon, welches Ziel und welche Eigenschaften das Produkt haben soll und wie man dieses Ziel idealerweise erreichen kann (Britt et al., 2017). Zudem ermöglichen solche klar formulierten Zielvorgaben es der schreibenden Person, ihr Textprodukt später zu überprüfen und zu optimieren, sodass das Planen und das Revidieren dadurch erleichtert werden.

Zum Arbeitsauftrag gehört ferner, welche Offenheit er aufweist. In einer Beobachtungsstudie in der Sekundarstufe in verschiedenen Fächern prüften zwei Forscherinnen die *Komplexität der argumentativen Aufgaben* (Litman & Greenleaf, 2018). Fünf Kategorien unterschieden sie dabei und stützten sich vor allem auf mündliche Interaktionen:

- Kategorie 1: Die Schülerinnen und Schüler bestimmen die richtige Antwort aus einer begrenzten Anzahl vorgegebener Möglichkeiten.
- Kategorie 2: Die Lehrperson stellt zwei alternative Schlussfolgerungen zur Verfügung, und die Schülerinnen und Schüler legen Beweise vor, um eine zu unterstützen.
- Kategorie 3: Die Schülerinnen und Schüler generieren Schlussfolgerungen und Belege als Antwort auf eine vorgegebene Frage oder ein Thema.
- Kategorie 4: Die Schülerinnen und Schüler generieren eine Frage für eine Argumentation oder ein Thema und entwickeln dann Schlussfolgerungen und Belege.
- Kategorie 5: Die Schülerinnen und Schüler bewerten eine von einer Autorin bzw. einem Autor postulierte Aussage und die Beweise.

Das Ergebnis war, dass komplexere Aufgaben, also Aufgaben weiter unten aus der Liste, mit einem stärkeren kognitiven Engagement korrespondierten. Dieses Ergebnis spiegelt wider, was hinsichtlich des Transformationsbedarfs von Informationen beim Schreiben zu Beginn des Kap. 5 bereits beschrieben wurde. Insgesamt ist bei den Hinweisen und dem Arbeitsauftrag als gemeinsamer Nenner anzuführen, dass es günstig wirkt, eine durchaus komplexe Aufgabe zu stellen, aber unterstützende Hilfestellungen in Form von flankierenden, produktbezogenen Hinweisen anzubieten.

Ein weiterer Bestandteil der Förderung argumentativen Lernens besteht aus grafischen Planungstools, die zunehmend auch mit Apps, also digital, operieren und dadurch flexible und durchaus komplexe Planungsprozesse erlauben. Dabei spielen die Graphic Organizers, die bereits in Abschn. 5.2 behandelt wurden, eine große Rolle. Anders als beim grafischen Zusammenfassen mittels des (textsortenspezifischen) Graphic Organizers geht es aber nicht um eine nachträgliche Reduktion der Texte auf ihre (textsortenspezifisch funktionalen) Bestandteile. Vielmehr sind hier Graphic Organizers dazu da, Texte vorgängig zu planen, also

Inhalte und Struktur der zu schreibenden Argumentationen zu kreieren. Insofern dienen die Graphic Organizers dazu, Inhalte zu generieren und sie argumentativ zu organisieren. Ein Beispiel dafür ist das V-Diagramm (Nussbaum, 2021, vgl. Abb. 6.4), welches wegen seiner Form so benannt ist. Dabei handelt es sich um eine Version, in der bereits kritische Fragen hinzugefügt wurden, welche dabei helfen, die Argumente begründet zu gewichten. Die strittige Frage wird im V-Diagramm in die Mitte geschrieben, die Argumente bzw. die weiteren Bestandteile wie Stützungen für oder gegen den in der Frage zu behandelnden Standpunkt werden rechts und links an den Schenkeln des V notiert. Die kohärenten Bezüge der einzelnen Argumente dies- und jenseits werden dann mit Pfeilen visualisiert, um die Inhalte zu organisieren (Welches Argument geht auf welches Gegenargument ein? Gibt es Zusammenhänge zwischen einzelnen Pro- und Kontraargumenten?). Der untere Teil der Abbildung mit den kritischen Fragen dient dann dazu, die Argumente zu bewerten und zu prüfen, ehe man auf dieser Basis zur begründeten und gewichteten Argumentation für die Beantwortung der Fragestellung gelangt. Dieses Beispiel illustriert, welche vielfältigen Funktionen Graphic Organizers haben können (zumal noch mit der (typo-)grafischen Unterscheidung von Bestandteilen), und ist sicher eines der elaboriertesten Vorgehen, die aktuell vorliegen, insbesondere weil sie viele Stützungen bei kritischen Fragen erlauben und erfordern.

Eine weitere typische Lehraktivität ist das Vermitteln von *Schreibstrategien,* was allerdings im didaktischen Lernprinzip aus Abschn. 6.1.2 nicht explizit vorkommt. Dass diese in diesem Band mehrfach behandelte Thematik dennoch hier erneut zum Tragen kommt, hängt damit zusammen, dass Strategien des argumentativen Schreibens im Fach nicht zwingend vorausgesetzt werden können sowie insbesondere das Stützen und das Evaluieren von Aussagen nicht nur allgemeiner Natur sind, sondern Fachspezifika aufweisen (vgl. Abschn. 6.1.1). Inwiefern das wissenschaftliche Argumentieren eine allgemeine oder domänenspezifische Fähigkeit ist, ist Gegenstand von Kontroversen (Fischer et al., 2018), womit sich auch die Frage stellt, wo solche Fähigkeiten sowohl gefördert als auch erworben und wo sie im Sinne eines Transfers angewendet werden. Bestehende Förderansätze nehmen dies geschickt auf, indem sie mit unterschiedlichen Mischungsverhältnissen allgemeine Schreibstrategien des Argumentierens mit domänenspezifischen Vertiefungen und Anwendungen kombinieren (Ferretti & Lewis, 2018). Sie tun damit etwas Vergleichbares wie die Kombination von allgemeinen und textsortenspezifischen Planungsstrategien (vgl. Abschn. 4.1.1.3). Die Kombination mit dem jeweils spezifischen Bestandteil – etwa dem Sourcing oder dem quellenvergleichenden Analysieren – bildet dann die fachliche Vertiefung und damit den eigentlichen Mehrwert (MacArthur, 2014). So lässt

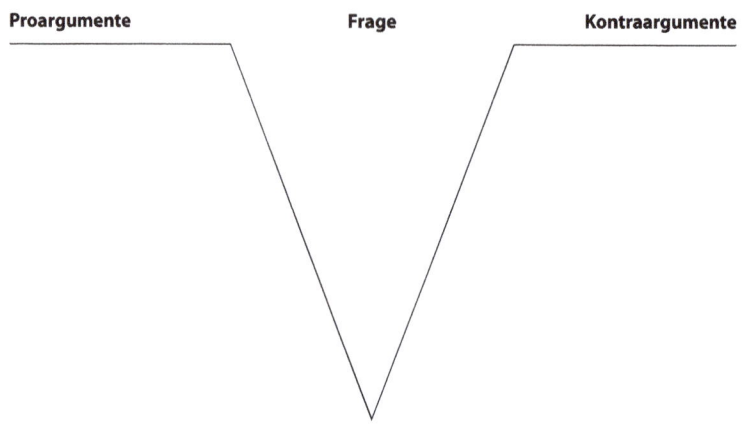

Kritische Fragen
Betrachte die Argumente oben. Beantworte die folgenden Fragen,
ehe du die abschließende Positionierung schreibst, um dadurch deine abschließende
Position vor dem Hintergrund von Gegenargumenten zu stärken.

	Erklärungen für Proargumente	Erklärungen für Kontraargumente
Sind einige der Argumente **falsch** oder **unwahrscheinlich** – ganz oder teilweise?		
Kannst du **Belege bzw. Beweise** anführen, um Argumente **zu stützen**?		
Kannst du **Belege bzw. Beweise** anführen, die Argumenten **widersprechen**?		
Gibt es **spezifischere oder andere Lösungen** für das aufgeworfene Problem?		
Sind Argumente auf der einen Seite **weniger wichtig** als auf der anderen Seite?		

Abschließendes Fazit
Erläutere mithilfe deiner Antworten auf die kritischen Fragen, weshalb eine Seite stärker
oder schwächer ist. Gibt es möglicherweise sogar eine andere Lösung?
(Bitte benutze hierfür ein separates Blatt Papier.)

Abb. 6.4 Blanko-V-Diagramm mit kritischen Fragen. (Quelle der modifizierten Darstellung: Nussbaum, 2021, S. 8)

sich die Kontroverse von domänenübergreifenden wie -spezifischen Fähigkeiten produktiv überwinden und als Kombination von verschiedenen Ausdifferenzierungen des schriftlichen Argumentierens nutzbar machen.

6.1.4 Zwei Beispiele für die Vermittlung und Nutzung des schriftlichen Argumentierens

Die beiden folgenden Beispiele nutzen gezielt die Interaktion von Schülerinnen und Schülern in Kleingruppen, ehe die Einzelpersonen schriftlich argumentierten. Das hängt damit zusammen, dass es substanzielle Zusammenhänge zwischen qualitativ hochwertigen argumentativen Diskussionen in Gruppen und schriftlichen Argumentationen der Gruppenmitglieder gibt (Sampson et al., 2011). Beide Ansätze nutzen zudem die Lehrperson als Feedbackgeberin und als diejenige Person, die die fachliche Angemessenheit der Argumentationen im Blick behält. Differenzen liegen darin, wie viel Offenheit den jugendlichen Lernenden gewährt wird. Im ersten Beispiel besteht bei aller Offenheit bei der Lösungsbearbeitung ein gewisses Limit in puncto Interaktion und Auseinandersetzung mit den epistemischen Kriterien. Demgegenüber sind die epistemischen Kriterien viel stärker im zweiten Beispiel prononciert, in dem die Schülerinnen und Schüler in jene Prozesse im Sinne des soziokulturellen Lernens eingeführt werden, die für die adäquate Herstellung von Wissen – in diesem Fall: in den Naturwissenschaften – typisch sind. Damit passt sich speziell das zweite Beispiel besonders deutlich in die Art von Förderung ein, wie sie in diesem Teilkapitel insgesamt skizziert wurde.

Der Mehrwert einer Kombination des mündlichen und schriftlichen Argumentierens im Fach Mathematik
Schülerinnen und Schüler neunter Klassen absolvierten eine mehrwöchige Fördermaßnahme im Fach Mathematik, bei der sich eine Kombination aus mündlichem und schriftlichem Argumentieren als besonders lernförderlich erwiesen hat (Cross, 2009). Kernstück der Förderung war das Beantworten zweier Fragen. Dazu wurden mathematische Probleme und Formeln als Stimuli genutzt, die von einer offen formulierten Frage gerahmt wurden, zu der sich die Schülerinnen und Schüler argumentativ äußern sollten. Der Ablauf war wie folgt:
Zunächst gab es ein *mündliches Argumentieren* in Kleingruppen, das aus drei Schritten bestand. Als Erstes lasen die Jugendlichen das mathematische

Problem nebst Frage für sich, danach formulierte jedes Gruppenmitglied seine Antwort und begründete sie mit einer Aussage, warum es glaubte, dass die Antwort korrekt sei. In der sich anschließenden Diskussion galt es, die eigene Lösung im Licht der anderen Wortmeldungen zu verteidigen. Die Lehrperson zirkulierte zwischen den Gruppen, um die mathematischen Diskussionen zu stimulieren (etwa durch Nachfragen), ohne allerdings die Lösungen zu bewerten oder zu beurteilen. Nach dem mündlichen Diskutieren schrieben die Jugendlichen eine individuelle schriftliche Antwort.

Der zweite Teil, der sich auf eine zweite Frage bezog, erfolgte nur mit einem *individuellen Schreiben*. Hier waren die Jugendlichen gefragt, in ihren Argumenten zu begründen, warum und wie sie die jeweiligen Formeln genutzt hatten und warum sie der Meinung waren, dass ihre Lösung korrekt sei. Auch hier zirkulierte die Lehrperson, um Fragen zu den entstehenden Texten aufzugreifen. Diese schriftlichen Argumente wurden eingesammelt und von der Lehrperson mit einem schriftlichen Feedback versehen.

Da die mündlich und schriftlich argumentierende Gruppe mit einer nur schriftlich argumentierenden Gruppe verglichen wurde, ließen sich die Texte gegenüberstellen. Dabei zeigte sich, dass die sowohl mündlich als auch schriftlich argumentierenden Jugendlichen weniger über die Werte aus den Aufgaben argumentierten, sondern ein tieferes konzeptuelles Verständnis in den Texten demonstrierten. Generell schnitt die mündlich und schriftlich argumentierende Gruppe auch in Leistungstests deutlich besser ab. ◀

Die argumentationsbasierte Forschung – ein komplexes Setting für naturwissenschaftliches Argumentieren
Ein Förderansatz mit einem breiten Einsatzgebiet wurde in einer Studie geprüft, in der Schülerinnen und Schüler der siebten bis elften Klasse in verschiedenen Fächern (Biologie, Chemie, Physik) eine längerfristige Förderung erfuhren (Sampson et al., 2013). Mögen die Fächer und die Altersgruppen divergieren, so gab es doch immer die Gemeinsamkeiten von experimentell zu testenden Forschungsfragen, dem Argumentieren sowie zu verfassenden Forschungsberichten und einem Ablaufschema, welches Tab. 6.3 enthält. Die Lehrpersonen hatten in dieser Studie große Freiheiten, und sie nutzten je nach Zeitpunkt im Schuljahr unterschiedlich viele solcher Forschungsberichte. Es entstanden jedoch im ersten Schulhalbjahr zwischen vier und sechs Berichte und im zweiten Halbjahr zwischen zwei und sechs.

Das Schema umfasste acht Schritte bzw. Phasen. Die *erste Phase* bestand darin, dass die Lehrperson die jeweilige Thematik einführte und eine leitende

Tab. 6.3 Ablauf der argumentationsbasierten Forschung. (Quelle: modifizierte Darstellung nach Sampson et al., 2013, S. 651)

Phase	Beschreibung
1. Aufgabe und Forschungsfrage	Lehrperson führt Schülerinnen und Schüler in das Thema ein, das beforscht werden soll, und präsentiert eine von den Schülerinnen und Schülern zu beantwortende Forschungsfrage.
2. Datensammlung und -analyse	Kleingruppen entwickeln eigenverantwortlich eine Methode für die Datensammlung und -analyse; die Lehrperson assistiert bei diesem Prozess und entscheidet über einen Forschungsantrag, ehe die Gruppe mit der Datensammlung beginnt.
3. Argumententwicklung	Gruppen entwickeln auf für alle anderen gut sichtbaren Flächen (Poster, Tafel etc.) eine vorläufige datenbasierte Argumentation als mögliche Antwort auf die Frage, inkl. Aussage, Begründung und Stützung.
4. Argumentationssitzung	Wechselseitiges Präsentieren, Kritisieren und Erläutern der Argumentationen innerhalb einer Lektion; fakultative Folge: erneute Datensammlung, anderes Experiment oder erneute Prüfung der Daten (für Argumentationsentwicklung (Nr. 3) oder für den eigenen Forschungsbericht (Nr. 5))
5. Schreiben eines individuellen Forschungsberichts	Verfassen eines eigenen Forschungsberichts über das Gelernte, dabei drei Bestandteile: a) Forschungsziel, b) verwendete Methodik, c) Argumentation
6. Doppelt verblindetes Peer-Review-Verfahren	Jede Gruppe begutachtet verblindete Forschungsberichte entlang einer Kriterienliste und gibt Rückmeldungen.
7. Überarbeitung der Forschungsberichte und Einreichung	Schülerinnen und Schüler überarbeiten anhand der erhaltenen Rückmeldungen ihren Forschungsbericht und reichen ihn bei der Lehrperson ein.
8. Abschlussdiskussion	Gemeinsame Diskussion von Lehrperson, Schülerinnen und Schülern über inhaltlich Gelerntes, wissenschaftliches Forschen und Wissenschaftlichkeit sowie Optimierungsmöglichkeiten für nächste Forschungsaktivitäten

Frage formulierte, welche die Jugendlichen im Zusammenhang mit Arbeiten in einem Labor beantworten sollten – dies geschah in Kleingruppen. Hierfür mussten sie in der *zweiten Phase* ein angemessenes Forschungsdesign entwickeln, sie mussten sich also überlegen, wie sie mit einem Experiment und den dabei entstehenden Fragen die ursprüngliche Frage beantworten könnten. Dabei half ihnen die Lehrperson, die das Design, welches die Jugendlichen in einem Forschungsantrag beschreiben mussten, absegnete. Teil der zweiten Phase war auch das eigentliche Experiment.

Die *dritte Phase* nahm das Argumentieren auf. Auf Basis der Daten und deren angemessener Interpretation waren die Jugendlichen gefragt, eine erste und vorläufige Argumentation (als Teil eines Forschungsberichts) zu verfassen, die datenbasiert erfolgte. Diese vorläufige Argumentation hatte insofern öffentlichen Charakter, als sie als Zwischenergebnis galt und als Grundlage für eine klassenweit zu führende Diskussion fungierte.

In einer Argumentationssitzung in der *vierten Phase* wurden sämtliche Argumentationen, die als Tafelbild, als Poster oder auf sonstige Weise entstanden waren, im Klassenverband besprochen und auf Plausibilität evaluiert. Durch dieses Überprüfen mit anderen Perspektiven der nicht unmittelbar an dem jeweiligen Gruppenexperiment beteiligten Mitschülerinnen und Mitschülern konnten methodische Fragen so geklärt werden, dass ggf. Experimente modifiziert und wiederholt durchgeführt wurden.

In der *fünften Phase* kam es zum Schreiben eines Forschungsberichts, der im Wesentlichen Antwort auf drei Fragen geben musste: a) Was wollte die Gruppe zur Beantwortung der Forschungsfrage tun und warum wollte sie es tun?; b) Was hat die Gruppe tatsächlich getan und warum?; c) Was ist die Argumentation auf Basis des Experiments? Diese Texte schrieben die Gruppenmitglieder einzeln und konnten dabei auch auf Diagramme, Tabellen etc. als Teil ihres jeweiligen Textes zurückgreifen.

Diese Texte wurden als anonymisierter Ausdruck in mehrfacher Ausfertigung von der Lehrperson gesammelt und in der *sechsten Phase* in ein verblindetes Peer-Review-Verfahren gegeben. Das heißt: Die Jugendlichen wussten nicht, wer welchen Text geschrieben bzw. wer ihn begutachtet hatte. Mehrere dieser Texte wurden als Set den einzelnen Gruppen gegeben, und sie sollten gemeinsam mithilfe eines strukturierenden Beurteilungsbogens mit Beurteilungskriterien die Texte einschätzen. Die Gruppen sollten Hinweise zur Überarbeitung geben, damit sich die Textqualität steigern ließ. Auf dieser Basis überarbeiteten die Jugendlichen ihren Text in der *siebten Phase.* Sie legten der überarbeiteten Fassung die Ursprungsfassung bei und gaben beide Texte bei der Lehrperson ab. In der finalen *achten Phase* diskutierte die Lehrperson mit den Jugendlichen darüber, was diese inhaltlich gelernt hatten und wie dieses Vorgehen dem Erstellen und Überprüfen von Wissen in der jeweiligen Wissensdisziplin entsprach. ◀

6.1 Argumentieren

▶ **Das echte Argumentieren unterstützen** Fachliches Lernen mittels Argumentationen bietet aufgrund der großen Offenheit – darunter in der Spezifik der Fächer – viel Lernpotenzial, denn in der Lehr-Lern-Forschung gelten die Fähigkeiten zum wissenschaftlichen Denken und zum Argumentieren als aufs Engste verknüpft. Allerdings bedarf es auch der Steuerung, Vorbereitung und Unterstützung. Aus der Forschungsliteratur lassen sich mindestens zwei grundsätzliche Empfehlungen ableiten (hier: gebündelt aus Andriessen & Baker, 2014, S. 455 f.):

- *Die Zulässigkeit und Notwendigkeit von echter Aushandlung:* Das Lernen über das (schriftliche) Argumentieren ist kein Entweder-oder-Gegensatz, sondern ein Zusammenspiel von vielen Perspektiven, die es auszutarieren gilt. Das zeigt sich nicht zuletzt daran, dass Argumentieren eine soziale Praxis ist, die auch das schriftliche Argumentieren aufgreift. Deshalb spielen das Aushandeln und das Begründen fachbezogener Positionen (mittels epistemischer Kriterien) bei offenen Fragen die entscheidende Rolle. Das bedeutet auch, dass dafür der Raum bestehen muss.
- *Die Notwendigkeit von diversen Unterstützungsleistungen:* Aufgrund seiner Komplexität benötigt Argumentieren nicht nur verschiedene Arten des Wissens, sondern auch Unterstützungen. Dies kann über die Arbeitsteilung in Gruppen erfolgen, über grafische Organisationsformen zur externen Darstellung von netzwerkartigen Argumentationszusammenhängen, aber auch über das explizite Vermitteln von argumentativen Planungs- (und Revisions-) Strategien.

Fazit

Schriftliches Argumentieren – zumal in fachlichen Kontexten – zwingt die argumentierenden Personen dazu, offene bzw. kontroverse Fragen und Themen mehrperspektivisch zu betrachten, was tiefe Vernetzungen von Aussagen begünstigt. Dies erfolgt bestenfalls sowohl kognitiv als auch sozial bzw. soziale Interaktionen antizipierend und schlägt sich in kohärent entwickelten Argumentationen nieder. Solche Argumentationen bestehen aus verschiedenen Bestandteilen, welche die logisch nachvollziehbare, überzeugende Absicht gesamthaft unterstützen. Um die fachliche Nachvollziehbarkeit zu gewährleisten, bedarf es neben allgemeinen argumentativen Fähigkeiten zusätzlich einer Anwendung von epistemischen Kriterien, die als Stütze dienen, um

Aussagen zu plausibilisieren. Solche Kriterien basieren auf den Regeln, wie innerhalb von einzelnen Wissensgebieten Wissen hergestellt wird und warum Aussagen als Wissen gelten. Schreibdidaktische Maßnahmen vernetzen solche fachlichen Kriterien günstigenfalls mit anderen instruktionalen Merkmalen, darunter auch dem in diesem Teilkapitel nur randständig behandelten mündlichen Argumentieren.

6.2 Synthetisieren (materialgestütztes Schreiben)

▶ Mit dem schriftlichen Synthetisieren – *Diskurssynthese* oder auch *materialgestütztes Schreiben* genannt – ist ein Schreiben gemeint, bei dem die lernende Person auf Basis von mindestens zwei externen Lernmaterialien (schriftliche oder mündliche Texte, Diagramme, Daten etc.) ein eigenes Textprodukt herstellt. Das unterscheidet das schriftliche Synthetisieren von dem Schreiben über einen einzelnen Text. Zugleich stellt es in drei Prozessen erhöhte Anforderungen an die lesende und schreibende Person: beim Auswählen geeigneter Informationen, beim strukturierenden Organisieren dieser Informationen und dem systematischen Verknüpfen der Informationen mit dem eigenen Vorwissen. Diese hochdynamischen kognitiven Transformationsprozesse bilden die eigentlichen Lernaktivitäten des Synthetisierens, die für eine vernetzte Repräsentation der externen Inhalte im eigenen Textprodukt verantwortlich sind.

6.2.1 Was heißt es, Informationen zu synthetisieren?

Angenommen, es gäbe folgenden Arbeitsauftrag für Sie, den Sie auf Basis von drei Texten (zwei Redeauszügen und einem Zeitungsartikel) bearbeiten sollen:

„Historiker arbeiten mit Quellen wie Zeitungsartikeln, Autobiografien und Dokumenten wie Tagebucheinträgen und öffentlichen Reden zum Verstehen von Geschichte. Ihre Aufgabe ist es, die Rolle des Historikers zu übernehmen und eine Zusammenfassung über die Frage zu entwickeln: Hätten Sie für oder gegen die Anwendung von Gewalt als Reaktion auf den Vorfall am Golf von Tonkin im Jahr 1964 gestimmt? Lesen Sie die Dokumente und entwickeln Sie eine Zusammenfassung, die beide Seiten des Problems als Reaktion auf den Vorfall am Golf von Tonkin im Jahr 1964 berücksichtigt: Wenn Sie zum Zeitpunkt des Ereignisses

6.2 Synthetisieren (materialgestütztes Schreiben)

Mitglied des Kongresses gewesen wären, hätten Sie für oder gegen die Gewaltanwendung als Reaktion auf den Vorfall am Golf von Tonkin gestimmt?" (eigene Übersetzung von De La Paz & Wissinger, 2015, S. 115).

Der Arbeitsauftrag ist echt und war Bestandteil einer experimentellen Studie mit US-amerikanischen Schülerinnen und Schülern der elften Klasse. Dabei variierte der Arbeitsauftrag: Eine Hälfte der Jugendlichen erhielt den oben genannten Auftrag, die andere Hälfte sollte statt einer Zusammenfassung eine Argumentation schreiben. Nur dieses eine Wort wurde im Auftrag variiert (De La Paz & Wissinger, 2015). Aus diesem Beispiel geht hervor, was beim Synthetisieren gefordert ist: eine gezielte Indienstnahme von mehreren Texten zum Zweck des Schreibens eines eigenen Textes.

Für die Fähigkeiten, um die es in diesem Teilkapitel geht, sind verschiedene Begrifflichkeiten im Umlauf, darunter im angelsächsischen und psychologischen Diskurs „Discourse Synthesis" und „Multiple Documents Literacy", während im deutschsprachigen und -didaktischen Diskurs vom „materialgestützten Schreiben" die Rede ist. Diese Konzepte haben verschiedene Merkmale, aber auch eine große Schnittmenge. Im Folgenden soll der breit etablierte internationale Begriff „Diskurssynthese" verwendet werden. Doch was ist eigentlich eine Diskurssynthese?

▶ **Diskurssynthese** Der Ausdruck Diskurssynthese bezeichnet „jene Lese- und Schreibakte, in denen eine schreibende Person Material aus multiplen textuellen Quellen integriert, um einen neuen Text zu kreieren. In solchen Akten wird ein Diskurs (eine verbale Behandlung eines Themas) in einem Prozess hergestellt, der eine Synthese (Kombination und Abstimmung) anderer Diskurse beinhaltet. Die schreibende Person erachtet Materialien als relevant und führt verschiedene Transformationen durch, um diesen Inhalt im eigenen Text zu integrieren und in den Dienst zu nehmen" (eigene Übersetzung von Nelson, 2001, S. 379).

Diskurssynthesen sind nach dem obigen Begriffsverständnis *keine eigene Textsorte*, sondern beschreiben vielmehr einen hybriden Lese- und Schreibprozess, bei dem auf Basis mehrerer Texte, Dokumente und Materialien eigene Texte entstehen. Diese eigenen Zieltexte können wiederum sehr deutlich Textsorten folgen, etwa weil die Aufgabe dies explizit so erfordert. Das bedeutet, dass Diskurssynthesen die Gestalt von Beschreibungen, Zusammenfassungen, Argumentationen, Berichten etc. annehmen können. Bislang dominieren Studien zum schriftlichen Synthetisieren, die sich entweder dem synthetisierenden Argumentieren oder dem synthetisierenden Informieren zuordnen lassen (van Ockenburg et al., 2019). Hierin fügt sich das Eingangsbeispiel aus den USA nahtlos ein.

Die Dominanz zweier Textsorten bzw. von Schreibanlässen ist keine triviale Aussage, weil das lernförderliche Potenzial des Schreibens von Diskurssynthesen nach gegenwärtigem Kenntnisstand an Bedingungen geknüpft ist. Als günstig gilt es aus empirischer Sicht (nämlich aus der Warte von zusammengetragenen Experimentalstudien mit älteren Personen), wenn das Ausgangsmaterial in seinem intertextuellen Verhältnis der zu verarbeitenden Texte und die Zieltextsorte der zu schreibenden Diskurssynthese eine Übersetzung erfordern (Philipp, im Druck). Das kann zum Beispiel das Argumentieren auf Basis von inhaltlich komplementären Texten sein, bei denen jemand die eigentliche Kontroverse erst herausarbeiten muss. Ein anderes Beispiel ist, dass sich durch das schriftliche Zusammenfassen mehrerer, sich inhaltlich widersprechender Texte verstehensförderliche Effekte ergeben. Beide Beispiele eint, dass es zu starken, auf der kognitiven Leistung von synthetisierenden Personen basierenden Transformationen kommen muss, damit die Personen vom Akt des schriftlichen Synthetisierens besonders profitieren.

Damit Diskurssynthesen die lernförderliche Wirkung tatsächlich entfalten, müssen die sowohl lesenden als auch schreibenden Personen Informationen aktiv transformieren. Zentral für das Erstellen einer Diskurssynthese aus verschiedenen Bezugstexten ist ein Verbund von drei Prozessen, die allesamt dem Ziel des Transformierens dienen (Spivey, 1990; van Ockenburg et al., 2019). Diese Prozesse werden als *Auswählen, Organisieren* und *Verknüpfen* bezeichnet und haben verschiedene Funktionen beim Lesen und Schreiben (vgl. Tab. 6.4), wobei sie sich ergänzen und wechselseitig bedingen. Diese wechselseitige Bedingtheit gilt einerseits untereinander innerhalb des Lesens und Schreibens, also für das Auswählen, Organisieren und Verknüpfen beim Lesen bzw. beim Schreiben. Andererseits ist dieser Prozessverbund fluide zwischen dem Lesen und Schreiben: Das Auswählen von Informationen beim Lesen folgt bereits dem Auswählen für die Eignung von Informationen für das Schreiben, das strukturierende Organisieren beim Schreiben als Textplanung kann spezifisches Nachlesen von benötigten Informationen nach sich ziehen, und die wechselseitigen Bezüge zwischen den Texten herzustellen, erfolgt sowohl beim Lesen als auch beim Schreiben durch die Vorwissensanreicherung. Dadurch klärt sich lesend das, was schreibend zu verarbeiten ist. Studien zeigen, dass sich solche Prozesse, die im Wechsel erfolgen und sich als Problemlöseprozess beschreiben lassen, zu besseren Texten führen als lineares Abarbeiten von einzelnen Lese- und Schreibprozessen – hier sind ältere Schülerinnen und Schüler klar in ihren Leistungen überlegen und konzertieren die Prozesse zudem besser (Mateos & Solé, 2009; Vandermeulen et al., 2020).

6.2 Synthetisieren (materialgestütztes Schreiben)

Tab. 6.4 Lese- und schreibbezogene Transformationsprozesse bei der Diskurssynthese. (Eigene Darstellung, basierend auf Fiorella & Mayer, 2015, S. 7; McCrudden & Schraw, 2007; Spivey, 1990; adaptierte Version aus Philipp, 2020, S. 283)

Kognitiver Transformationsprozess	Lesen	Schreiben
Auswählen: Aufmerksamkeit auf spezifische, in der Zahl limitierte Informationen richten	Analysebasierte Zuschreibung von • textintern signalisierter und rekonstruierter Wichtigkeit und/oder • textextern aufgrund der Passgenauigkeit zum Aufgabenziel zugewiesener Relevanz von Informationen	Analysebasierte Auswahl von wichtigen und/oder relevanten Informationen für den eigenen (Zwischen-)Text
Organisieren: Kognitives auf Kohärenz abzielendes Strukturieren von ausgewählten Informationen	Erkennen und (Re-)Konstruieren von Strukturen textseitiger Informationen (konkrete Textstruktur bei Einzeltexten und z. T. bei konventionalisierten Strukturen: Textsorten)	Nutzen der Informationsstrukturen der gelesenen Texte für eine (aufgabenspezifische) (Re-)Organisation der Inhalte mit verschiedenen Graden an (Re-)Strukturierungen für die eigene Textstruktur bzw. die geforderte Textsorte
Verknüpfen: Inhalte aus verschiedenen in- und externen Quellen (Gedächtnis, Texte) vorwissensbasiert miteinander verbinden und aufeinander beziehen	Verbinden der Textinhalte mit eigenem Vorwissen auf der Basis text- und vorwissensbasierter Schlussfolgerungen bis hin zu integrierten mentalen Modellen	Verbinden von Vorwissen und Textinformationen im Schreibprozess, dabei Kreieren bzw. Ergänzen neuer Informationen durch Schlussfolgerungen (Inferenzen); Transferanwendung des Wissens

Für das Synthetisieren ist zu attestieren, dass es nicht nur darum geht, die Inhalte aus den verschiedenen Lernmaterialien und Dokumenten dazu zu nutzen, ein sogenanntes *integriertes mentales Modell* lesend und schreibend aufzubauen. Ein solches integriertes mentales Modell beinhaltet als kognitive Repräsentation die intertextuell kohärent aufeinander bezogenen Inhalte – gleichsam die Makrostruktur über mehrere Texte hinweg – und spiegelt damit die Wichtigkeit wider (List & Alexander, 2019). Dies stellt eine immense Leistung einer lesenden Person dar, welche über eine Vielzahl von Schlussfolgerungen (Inferenzen) Bezüge herzustellen hat, um beispielsweise zu erkennen, dass sich die Inhalte der Dokumente ergänzen, sich partiell widersprechen, unterschiedliche Perspektiven auf eine Thematik einnehmen, ähnliche Punkte behandeln etc. Diese textübergreifenden Inferenzen sind gedankliche Eigenleistungen, die Lesenden besonders im Vergleich zu Leistungen innerhalb eines einzelnen Texts nachweislich schwerer fallen (Yukhymenko-Lescroart et al., im Druck).

Hinzu kommt, dass es auch – und beim synthetisierenden Schreiben dürfte dies den Regelfall darstellen – *relevanz*bezogene Auswahlprozesse gibt, die sich von den wichtigen Informationen unterscheiden können, aber nicht müssen. Der wesentliche Unterschied zwischen Wichtigkeit und Relevanz besteht darin, dass Wichtigkeit immanent und bedeutsam für das Textverstehen ist, während Relevanz von außen an Texte herangetragen wird, seien es einzelne Texte oder mehrere (McCrudden, 2018). Die Zuweisung von Relevanz, die sich insbesondere beim Auswählen zeigt, hängt also mit Kriterien zusammen, denen Informationen und Informationseinheiten genügen müssen, um ein mit dem Lesen verbundenes Ziel zu erreichen. Diese Ziele können sich beispielsweise zentral aus dem Arbeitsauftrag ergeben und stellen in ihrer mentalen Repräsentation innerhalb der lesenden und schreibenden Person eine metakognitive Steuereinheit dar.

Die bei alldem steuernd wirkenden Relevanzkriterien haben McCrudden und Schraw (2007) systematisiert. Sie haben eine Taxonomie von verschiedenen Arbeitsaufträgen aus Studien extrahiert, welche verschiedene Arten von Relevanzentscheidungen nach sich ziehen. Ihre Taxonomie ist deshalb von Interesse, weil sie dabei hilft, den potenziellen Ertrag von verschiedenen arbeitsauftragsbasierten Relevanzkriterien abzuschätzen. Die Taxonomie trennt spezifische von allgemeinen Relevanzanweisungen, beide Gruppen werden nochmals in zwei Subgruppen untergliedert:

- *Spezifische Anweisungen* können sich auf der einen Seite auf *einzelne Fakten* beziehen (etwa: Wie viele Gruppen von Relevanzanweisungen unterscheiden McCrudden und Schraw?). In diesem Fall ist es wahrscheinlich, dass diese Fakten besser gelernt werden. Entscheidend sind demnach hierbei Kriterien, die für Antworten auf die Frage nach dem Was gelten. Auf der anderen Seite gibt es Anweisungen und daraus extrahierte Relevanzkriterien, welche als *Elaborationsfragen* und als Warum-Fragen bezeichnet werden (Beispielfrage: Worin unterscheiden sich die Anweisungsarten und welche sind lerntheoretisch warum besonders günstig?). Hierbei müssen Personen Schlussfolgerungen herstellen, die auf textuellen Informationen und dem Vorwissen basieren, weshalb der Prozess des Verknüpfens benötigt wird. Studien mit kurzen Texten und Satzfolgen erbrachten für diese elaborativen Hinweise Vorteile in verbesserten Verstehensleistungen.
- *Allgemeine Anweisungen* sind generische und nicht auf einzelne Textteile oder einzelne Inferenzen abzielende Aufträge, die in globalere Relevanzkriterien überführt werden. Hierbei gibt es zwei Untergruppen: perspektivisches und verwertungsbasiertes Lesen. Das *perspektivische Lesen* zielt darauf ab, dass

man Texte aus einer bestimmten Warte unter Anwendung seines Vorwissens lesen soll, etwa als Befürworterin oder Gegnerin von einem strittigen Sachverhalt, etwa der Gewaltanwendung nach dem Tonkin-Vorfall aus dem Eingangsbeispiel. Solche Anweisungen führen dazu, dass die dazu passenden Informationen tatsächlich den Lesenden besser im Gedächtnis bleiben, allerdings teils zuungunsten weiterer wichtiger Informationen. *Verwertungsbasiertes Lesen* geht mit dem Auftrag einher, das Lesen zu einem allgemeinen Zweck wie der Unterhaltung oder dem Lernen zu lesen – oder dem Schreiben einer Zusammenfassung oder einer Argumentation auf der Basis ein und desselben Sets an Dokumenten. Dies wirkt sich auf die Vorgehensweisen aus, etwa bei den Lesezeiten und den angewendeten Strategien, die sich klar erkennbar diesen Verwertungslogiken unterordnen.

Die Anwendung von Relevanzkriterien, welche sich über Arbeitsaufträge bei Lesenden beeinflussen lässt, ist prototypisch für die Diskurssynthese. Und natürlich ersetzen relevanzbasierte Kriterien nicht wichtigkeitsbezogene Auswahl-, Organisations- und Verknüpfungsprozesse, um ein gehaltvolles und adäquates integriertes mentales Modell zum Sachverhalt aufzubauen. Die Vielzahl von kognitiven Prozessen der Diskurssynthese nebst einem von der lesenden Person teils erst selbstständig zu entwickelnden Aufgabenmodell als Steuereinheit wurden in der Forschung bereits als Herausforderung erkannt (Britt et al., 2017).

Die Implikation daraus ist demnach klar benennbar: Die Diskurssynthese erfordert es, diverse Strategien und damit (meta-)kognitive Prozesse des Lesens und Schreibens zu orchestrieren, und zwar auf der Ebene einzelner wie auch multipler Texte. Das macht – entsprechende Anstrengungen der synthetisierenden Person vorausgesetzt – diesen hybriden Lese- und Schreibanlass zu einem Aspiranten tiefer gehender Lern- und Verstehensprozesse (Mateos et al., 2014; Wiley & Guerrero, 2018).

6.2.2 Das didaktische Designprinzip zum schriftlichen Synthetisieren

Schriftliches Synthetisieren ist ein komplexer Prozess der Auswahl von Informationen und ihrer aufgaben- und zieltextsortenadäquaten Organisation unter der Nutzung des eigenen Vorwissens (Verknüpfen). Dieses Transformieren ist nicht nur komplex, sondern es erfordert zudem diverse Lese- und Schreibstrategien im Verbund. In Bezug auf das Lesen ist das Verstehen einzelner Texte und Lernmaterialien (intratextuelles Verstehen) ebenso anzuführen wie das text-

und materialübergreifende, also intertextuelle Verstehen nebst dem relevanzbasierten Verarbeiten der Informationen (List & Alexander, 2019). Das bedeutet, dass allein beim Erschließen der multiplen Materialien bereits diverse Lese- und Lernstrategien notwendig sind, welche die Eigenheiten einzelner und multipler Materialien adressieren. Hinzu kommen für das schriftliche Synthetisieren Schreibstrategien, darunter vor allem das Planen im Sinne der Inhaltsorganisation, wobei die zu organisierenden Inhalte durch das Zusammenspiel von externen Inhalten und der Vorwissensnutzung entstehen. Die Hybridität des schriftlichen Synthetisierens in Bezug auf die im Verbund wirkenden und nötigen Lese- und Schreibstrategien legt es nahe, dass das didaktische Designprinzip diesem Umstand gerecht wird. Entsprechend nimmt das achte Designprinzip dies auf: Es fokussiert stark auf die Vermittlung von Lese- und Schreibstrategien und wiederholt damit, was andernorts in extenso ausgeführt wurde (vgl. Abschn. 4.1.2).

> **Didaktisches Designprinzip 8: Lese- und Schreibstrategievermittlung als Nukleus des Lernens mit dem schriftlichen Synthetisieren**
> Wenn Lernende inhaltlich transformierende Diskurssynthesen auf der Basis des intertextuellen Auswählens, Organisierens und Verknüpfens verfassen und dadurch ein vertieftes Verstehen der multiplen Materialien erzielen sollen, dann müssen ihnen strategische Prozesse des textübergreifenden Textverstehens und des (textsortenspezifischen) Planens vermittelt werden, um dadurch einen flexibel nutzbaren Schreibplan zu entwickeln. (Modifizierte Version von Philipp, 2021, S. 97; Abb. 6.5)

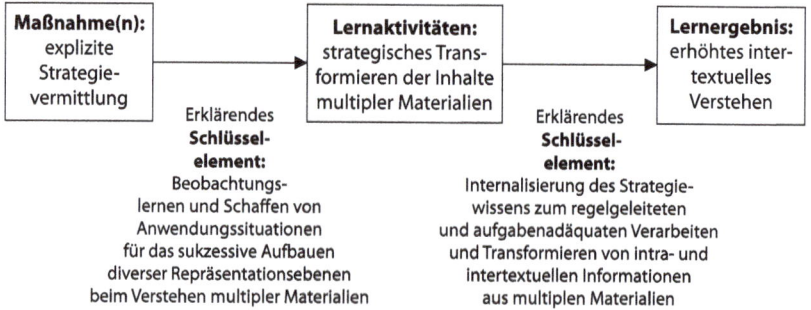

Abb. 6.5 Visualisiertes didaktisches Designprinzip 8 – Explizite Vermittlung des schriftlichen Synthetisierens von mehreren Texten bzw. Lernmaterialien (Eigene Darstellung)

6.2 Synthetisieren (materialgestütztes Schreiben)

Mehrere Forschungsüberblicke stützen das achte didaktische Designprinzip. Auf der einen Seite sind dies zusammenfassende Arbeiten zum Integrieren von Informationen aus mehreren, inhaltlich sowohl komplementären als auch konfligierenden Texten im Allgemeinen (Barzilai et al., 2018; Philipp, 2019) bzw. von ausschließlich komplementären, sich damit ergänzenden Informationen im Besonderen (Firetto, 2020). Auf der anderen Seite gibt es Studienüberblicke, die sich ausschließlich auf das schriftliche Synthetisieren erstrecken (van Ockenburg et al., 2019). All die genannten Forschungsüberblicke verdeutlichen zwei didaktische Grundmuster beim schriftlichen Synthetisieren:

- *das Einfordern der Lese- und Schreibstrategien über Arbeitsaufträge.* Damit ist gemeint, dass die Aufträge bereits diverse Hinweise zum erwarteten Produkt, der Synthese, enthalten. Sie geben damit Eigenschaften des Textprodukts und teilweise Herangehensweisen vor. Eine derartige Steuerung der Lernenden setzt die Beherrschung der nötigen Strategien voraus und aktiviert diese durch aufmerksamkeitslenkende Hinweise, welche häufig Selektions- und Organisationsprozesse direkt betreffen. Dieses Vorgehen bedingt, dass die Lernenden über die entsprechenden Strategien bereits verfügen – entsprechend verzichten diese Ansätze darauf, Strategien zu vermitteln. Es ist bislang dann häufig zum Einsatz gekommen, wenn mit digitalen Texten gelernt wurde und die Personen allein vorgingen.
- *die explizite Vermittlung von Strategien im Verbund.* Diese Form, welche bei analogen Texten häufiger zum Einsatz kam und in soziale Interaktionen wie gemeinsames Üben eingebettet war, steht eher in der Tradition der klassischen kognitiven Meisterlehre. Dieser didaktische Zugang legt einen Fokus auf das Fördern der Lesestrategien. Je nach Art der Materialien geht es um durchaus unterschiedliche Strategien: Bei konvergierenden Textsets liegt ein Schwerpunkt auf das intertextuelle Integrieren der Information; bei konfligierenden Texten kommt häufig das sogenannte „Sourcing" noch hinzu (im Überblick: Philipp, 2020).

Als gemeinsamer Nenner beider Zugänge sind die Lernaktivitäten zu bezeichnen. Denn es geht darum, die Prozesse des Auswählens, Organisierens und Verknüpfens gezielt hervorzurufen, und zwar im besten Falle selbstreguliert. Dies soll dazu führen, dass vor allem die intertextuellen Beziehungen zwischen Informationen aus verschiedenen Materialien aktiv konstruiert werden. Diese Informationen müssen dann noch in ein Textprodukt überführt werden, nämlich durch das Transformieren von Inhalten, welches eine hohe Ähnlichkeit zum

Schreiben als Wissenstransformation sensu Scardamalia und Bereiter (1987) aufweist. Damit ist ein wechselseitiges Beeinflussen von inhaltlichen und rhetorischen Abwägungen gemeint, welches im Optimalfall zu einer sorgfältigen Überprüfung führt. Dieses mehrfache Überführen und Übersetzen von Inhalten in ein eigenes internes mentales Modell – das sogenannte integrierte mentale Modell – und in ein externes schriftliches Textprodukt gilt als der wesentliche Grundmechanismus für die Lernförderlichkeit der Diskurssynthese. Er wird zudem als einer der zentralen Wirkmechanismen für das Schreiben über Gelesenes allgemein angenommen (Klein, 1999).

6.2.3 Typische Lehraktivitäten bzw. Elemente bei der Vermittlung des schriftlichen Synthetisierens

Die Vermittlung des schriftlichen Synthetisierens folgt in ihrem Grundmuster stark der Schreib- und Lesestrategievermittlung nach dem Muster des Selbstregulationserwerbs (vgl. Abschn. 4.1.3). Diese explizite Vermittlung ist als Grundmuster in der Vermittlung der Fähigkeiten für das schriftliche Synthetisieren häufiger Bestandteil von effektiven Fördermaßnahmen (Barzilai et al., 2018; Philipp, 2017). Trotz des weitverbreiteten Grundmusters dieser Vermittlungsform gibt es eine gewisse Variabilität in der Umsetzung des didaktischen Designprinzips. Darüber gibt die Tab. 6.5 Auskunft.

Zuvorderst in der Tabelle stehen lenkende *Hinweise und Fragen*. Diese können einerseits Bestandteile von umfassenden Strategien sein, um notwendige Informationen zu extrahieren oder einzelne Arbeitsschritte zu absolvieren. Solche Hinweise können aber auch die Arbeitsaufträge selbst betreffen. Um dies einmal an einem Beispiel zu verdeutlichen, folgt nachstehend ein authentischer Arbeitsauftrag. Er wurde in einer Studie eingesetzt, in der Schülerinnen und Schüler der siebten Klasse auf Basis von sieben verschiedenen Texten (darunter auch solche mit grafischen Darstellungen) folgende Anweisung erhielten:

> „Der Hauptzweck des Lesens in der Wissenschaft besteht darin, die Ursachen wissenschaftlicher Phänomene zu verstehen. Das heißt, dein Ziel beim Lesen ist es zu verstehen, wie und warum Dinge passieren. Um ein Verständnis für ein neues Thema im Alltag zu erlangen, müssen wir häufig Informationen aus mehreren Quellen sammeln. In der heutigen Aufgabe besteht dein Ziel darin, die Ursachen globaler Temperaturveränderungen anhand mehrerer Dokumente zu ermitteln. Du musst wichtige Informationen in den Dokumenten zusammenfügen, um ein gutes Verständnis zu erhalten. Kein Text allein wird die Antwort geben. Diese Aufgabe ist interessant, weil du die Verbindungen zwischen Dokumenten herstellst und

6.2 Synthetisieren (materialgestütztes Schreiben)

Tab. 6.5 Merkmale von empirisch erprobten Förderansätzen zur Vermittlung des schriftlichen Synthetisierens bzw. des intertextuellen Integrierens. (Quellen: Barzilai et al., 2018, S. 990; Firetto, 2020, S. 238; Philipp, 2019, S. 12; van Ockenburg et al., 2019, S. 413–416, 419)

Bestandteile	Ziel	Lehraktivitäten
1. Nutzung von metakognitiven Aufforderungen und Fragen	Gezielte Aufmerksamkeitslenkung und Hervorrufen der strategischen Transformationsprozesse	• Gezielte Fragen zu einzelnen Positionen in Dokumenten • Aufforderungen, Hauptideen zu benennen bzw. zu kategorisieren • Fragen zur Struktur bzw. zum Verhältnis von Inhalten • Hinweise zur Verwendung von Informationen aus allen Dokumenten
2. Grafisches Organisieren	Intertextuelles Integrieren von Inhalten erleichtern (teils auch als Planungshilfe für das Schreiben, d. h. für Inhaltsorganisation)	• Nutzung von Graphic Organizers (teils textsortenspezifisch) • Nutzung von Tabellen für die Informationsanordnung • Nutzung von Color-Coding (thematisches Bündeln von Hauptideen mit farbigen Zetteln, wobei jede Farbe für einen Text steht)
3. Nutzung intra- und intertextueller Organisationsstrategien	Zusammenhänge zwischen Hauptideen und ganzen Materialien/ Texten herstellen	• Zusammenhänge zwischen einzelnen Informationen in Texten erkennen lassen (intratextuelles Organisieren), etwa durch Erstellen von Notizen bzw. Einzeltextzusammenfassungen • Zusammenhänge zwischen einzelnen Informationen aus mehreren Texten erkennen lassen (intertextuelles Organisieren) • Bezeichnungen des intertextuellen Verhältnisses von ganzen Dokumenten klären, z. B. welches Dokument Perspektiven ergänzt oder andere Warten einnimmt

eine Erklärung findest. Kein Autor hat die Arbeit bereits für dich erledigt. Es ist auch wichtig, dass du Informationen aus den Dokumenten verwendest, um deine Erklärung der Ursachen zu unterstützen.

Deine Aufgabe ist es, anhand dieser Dokumente einen Text zu verfassen, in dem erläutert wird, wie und warum sich die jüngsten Muster der globalen Temperatur von denen in der Vergangenheit beobachteten unterscheiden. Stell sicher, dass du bestimmte Informationen aus den Dokumenten verwendest, um deine Schlussfolgerungen und Ideen zu unterstützen." (eigene Übersetzung von Griffin et al., 2012, S. 72).

Dieser Auftrag verdeutlicht, dass es ein übergeordnetes Ziel gibt, für dessen Erreichung das gesamte Set an Texten (im Auftrag als „Dokumente" bezeichnet) nötig ist. Insbesondere verdeutlicht der Auftrag, ohne das Vorgehen vorzugeben, welches allgemeine Ziel erreicht werden soll.

Andere Bestandteile von Fördermaßnahmen lassen sich deutlich den *Organisationsstrategien* zuordnen. Diese helfen dabei, entweder auf der Ebene einzelner Texte bzw. Materialien oder auf der Ebene gesamter Sets von gegebenen (oder zu recherchierenden) Texten das Verhältnis von Informationen untereinander zu klären. Für das Schreiben haben solche Organisationsstrategien die Funktion der Inhaltsorganisation, also eine strukturschaffende Funktion. Einen Sonderfall bilden grafische Organisationsformen, die teils das beinhalten, was bereits im Abschn. 5.2 beschrieben wurde. Teils gehen solche Maßnahmen darüber hinaus, indem – etwa bei Vergleichen – gezielt Tabellen genutzt werden, um Informationen nach Dimensionen zu ordnen. Eine andere, „Color Coding" genannte Variante besteht darin, mittels verschiedenfarbiger Zettel Hauptideen aus Texten thematisch zu bündeln. Diese Variante dient dazu, dass die farbigen Zettel die Quelle angeben (grüne Zettel = Text 1, gelbe Zettel = Text 2 etc.), um später Belege einfügen zu können. Weiter gefasste intra- und intertextuelle Organisationsstrategien zielen darauf ab, das Verhältnis von einzelnen Texten bzw. Informationen kognitiv zu klären und schriftlich in Form von Zwischentexten wie Notizen festzuhalten. Diese Strategien sind insbesondere für geübte Lesende typisch, die versuchen, das intertextuelle Verhältnis von Informationen aktiv zu verstehen – dies ist zudem ganz typisch für das Lesen von digitalen Texten und Dokumenten aus dem Internet (Cho et al., 2018).

Hervorzuheben ist, dass die Zwischenprodukte der lesenden Erarbeitung beim synthetisierenden Schreiben bereits dazu dienen, später beim Schreiben als Schreibplan zur Verfügung zu stehen, d. h., die Notizen, Graphic Organizers etc. stellen eine Art Vorstrukturierung dar, die zum Teil schon eng auf die Zieltextsorte abgestimmt ist. So lassen sich dann Informationen bereits so anordnen, dass sie später beim Schreiben gezielt aufgegriffen werden können.

Ein weiterer Aspekt, der aus Tab. 6.5 nicht explizit hervorgeht, ist die Einbindung des schriftlichen Synthetisierens innerhalb größerer Verwertungszusammenhänge, etwa indem größere Rechercheaufträge mit digitalen Texten zu bearbeiten sind, an deren Ende dann eine schriftliche Synthese steht (Brand-Gruwel und van Strien, 2018). Solche komplexen *Problemlösungssettings* nehmen weitaus mehr in den Blick als die reine Vermittlung von Lese- und Schreibstrategien des schriftlichen Synthetisierens. Vielmehr geht es darum, die Recherche und Auswahl von (digitalen) Dokumenten anzuleiten und diese mittels komplexer Strategien weiterzuverarbeiten, darunter solcher, die in diesem Buch nicht eigens explizit behandelt werden. Damit setzen die umfassenderen Förderansätze an anderer Stelle an und sind erheblich weiter gefasst. Dies sei an dieser Stelle nur der Vollständigkeit halber erwähnt – auch um darauf hinzuweisen, dass das schriftliche Synthetisieren kein Selbstzweck ist, sondern sich insbesondere beim Umgang mit digitalen Dokumenten anbietet. Hier besteht allerdings noch eine größere Forschungslücke.

6.2.4 Zwei Beispiele für die Vermittlung des schriftlichen Synthetisierens

Wie in Abschn. 6.2.1 verdeutlicht wurde, ist der Ausdruck „Diskurssynthese" ein Platzhalter für unterschiedliche Zieltextsorten und bezeichnet eher den kommunikativen Zweck des Schreibens: das Erstellen eines eigenen Textes auf Basis multipler fremder Texte und Materialien. Damit stehen der Diskurssynthese prinzipiell diverse Textsorten als Zieltextsorte offen, faktisch sind aber vor allem argumentative Diskurssynthesen besonders häufig untersucht worden (Barzilai et al., 2018). Das mag mit zweierlei zu tun haben: Zum einen stammt vieles, was wir wissen, aus der Domäne Geschichte, bei der strittige Fragen aus der Perspektive mehrerer Quellen und Sekundärtexte rekonstruiert werden; zum anderen dominieren in der (Interventions-)Forschung Zugänge, die auf inhaltlich konfligierenden Sets von Texten basieren (Barzilai et al., 2018; Primor & Katzir, 2018). Solche Dokumentensets bieten sich wegen ihrer Multiperspektivität für argumentative Zieltexte an, in denen die schreibende Person sich argumentativ abgestützt für eine Position entscheidet. Die Dominanz, die in der bisherigen Forschung also zu beobachten ist, hat ihre Gründe, soll damit aber nicht implizieren, dass dies das Einsatzgebiet des schriftlichen Synthetisierens einschränkt. Die beiden Beispiele für Förderansätze geben demnach die Forschungstradition ein Stück weit wieder (weitere Beispiele: Philipp, 2017, S. 102–165, 2018, S. 310–330).

Beide Fallbeispiele eint, dass das schriftliche Synthetisieren als Mittel dafür genutzt wird, ein Problem zu lösen, welches die Schülerinnen und Schüler umfassend verstanden haben müssen. Dabei ist das zu lösende Problem jeweils unterschiedlich gelagert und hat eine spezifische Ausprägung. Dennoch ist das schriftliche Synthetisieren erst ein spät in der Fördermaßnahme aufkommendes Element, dem umfangreiche Analysen von Informationen – gestützt von vielen kooperativen Lernformaten – vorausgehen.

Ehe gleich die beiden Beispiele folgen, ist noch eine Anmerkung nötig, denn das erste Beispiel der Studie von Klein und Rose (2010) ist mehrfach hervorzuheben. Das Forschungstandem, bestehend aus einem Forscher und einer Lehrerin, hat eng zusammengearbeitet und unterrichtet. Es hat, und das ist unter der Perspektive der didaktischen Designprinzipien besonders wichtig, die Grundüberlegungen zum Förderansatz deutlich gekennzeichnet und die Umsetzung beschrieben. Allein deshalb lohnt sich der genaue Blick in die Publikation. Hinzu kommt, dass deutlich gemacht wurde, welche Hindernisse bei der Umsetzung mit den Schülerinnen und Schülern bestanden und wie das Forschungsteam mit diesen verfahren ist.

Naturwissenschaftliches Erklären lernen und dabei auch schriftlich synthetisieren

Eine bemerkenswerte Studie wurde vor mehr als zehn Jahren in Kanada durchgeführt (Klein & Rose, 2010). Bemerkenswert ist sie aus zweierlei Sicht: Erstens handelte es sich um eine Studie, bei der der ursprünglich gedachte Förderansatz im Rahmen der Studie nochmals angepasst wurde, und zweitens wurden zwei Zieltextsorten – Argumentationen und Erklärungen – behandelt. Dieser letztgenannte Umstand ist in der bisherigen Förderung des schriftlichen Synthetisierens selten (van Ockenburg et al., 2019). Bei dem gesamten Förderansatz stand nicht das schriftliche Synthetisieren als Hauptziel im Vordergrund, es war vielmehr einer von mehreren Bestandteilen.

Die Fördermaßnahme, welche die Schülerinnen und Schüler der fünften und sechsten Klasse erfuhren, war zweigeteilt. Zunächst erlernten sie das schriftliche Argumentieren, danach das schriftliche Erklären. Auf die Darstellung des ersten Teils zum Argumentieren verzichtet dieses Fallbeispiel aus Platzgründen, zumal das schriftliche Argumentieren im zweiten Fallbeispiel und an anderen Orten in diesem Buch prominenter Bestandteil ist. Stattdessen geht es hier alleinig um das Erklären, also um das Schreiben eines Textes mit der rhetorischen Absicht, schriftlich zu kommunizieren, warum und wie Phänomene sich ereignen, damit Schreibende bzw. Lesende verstehen, welche Prozesse bzw. Theorien dem jeweiligen Phänomen zugrunde liegen.

6.2 Synthetisieren (materialgestütztes Schreiben)

Ausgangspunkt beim Erklären war, dass die Schülerinnen und Schüler ein ausbaufähiges Wissen zur Textsorte Erklärung aufwiesen und ihre Texte dies widerspiegelten, insbesondere fehlte den Texten die entscheidende Komponente, die Gründe zu erläutern, warum der dargestellte Sachverhalt war, wie er war. Deshalb entwickelte das Forschungsteam eine dreischrittige Strategie für das Schreiben von naturwissenschaftlichen Erklärungen, die sich stark an dem Problem-Lösung-Schema orientiert: 1) Informiere dich; 2) Berücksichtige alle notwendigen Informationen/Schritte; 3) Erkläre, *warum* die Schritte passieren.

Die Liste der Lektionen, ihrer jeweiligen Themen und Gegenstände sowie der Absichten in puncto schriftliches Erklären sind in Tab. 6.6 versammelt. Dabei handelt es sich um eine gestraffte Darstellung, die explizit nur auf die in der Studie beschriebenen Lektionen eingeht, die erkennbar der Vermittlung des schriftlichen Erklärens gewidmet waren. Wie aus der Tabelle hervorgeht, kommt das schriftliche Synthetisieren erst recht spät und zudem einmalig vor (Nr. 4). Es dient zudem dem Anwenden und Konsolidieren aller vorher geübten und erworbenen Fähigkeiten, und erfolgt in Partnerarbeit.

Wie war der Ablauf? In der *ersten Lektion* zum Thema Hebel am Beispiel Katapult erhielten die Kinder einen in Teile zerschnittenen Text und ein Modell eines Katapultes. Gemeinsam sollten sie den Text in die richtige Reihenfolge bringen, ihre Reihung begründen, einen Titel für jeden Textteil erfinden und erklären, welche Funktion dieser Teil innerhalb der Erklärung einnimmt. Es handelt sich also um einen komplexen Analyseauftrag, in dessen Zentrum derjenige Teil stand, in dem die Funktionsweise des Katapults beschrieben wurde. Die Ergebnisse wurden auf einem Poster festgehalten, welches später den Kindern zur Verfügung stand.

In der *zweiten Lektion* wurde am Beispiel eines Experiments mit „tanzenden Rosinen" die dreischrittige Strategie des schriftlichen Erklärens eingeführt. Dafür absolvierten die Kinder ein Experiment: Sie füllten eine Tasse mit kohlensäurehaltiger Limonade und fügten Rosinen hinzu, die zunächst auf den Boden der Tasse sanken, dann aufstiegen, wieder sanken etc. Diese Beobachtungen sollten sie zunächst mündlich und danach schriftlich erklären, was nur teilweise gelang. Daher wurden die drei Schritte der Strategie eingeführt:

1. „Informiere dich." Die Kinder sollten das Experiment wiederholen und dabei auf Aspekte achten, die ihnen beim ersten Mal entgangen waren.
2. „Berücksichtige alle nötigen Informationen/Schritte." Hierfür sammelte die Lehrperson in einer klassenweit geführten Diskussion alle Beobachtungen. Jedes beobachtete Ereignis wurde auf einem Streifen Papier notiert und an die Tafel geklebt. Danach diskutierten die Kinder über die Reihenfolge der Ereignisse und brachten sie in die für sie richtige Reihenfolge.

Tab. 6.6 Überblick über die Lektionen zum schriftlichen Erklären. (Quelle: geraffte und leicht modifizierte Darstellung nach Klein & Rose, 2010, S. 445, in der nur die tatsächlich für die Förderung durchgeführten bzw. beizubehaltenden Elemente berücksichtigt wurden)

Titel der Lektion (Thema)	Gegenstand der Lektion	Absicht und Fokus in Bezug auf das Erklären
1. Wie ein Katapult funktioniert (Hebel)	Entdecken durch Textrekonstruktion	Überblick über Textsortenbestandteile: Definitionen, Bestandteile, Handlungen/Funktionsweise, Anwendungen und Evaluation
2. Tanzende Rosinen (Auftriebskraft)	Experimentieren, Entwürfe schreiben, Sätze kombinieren, Überarbeiten in Einzelarbeit	Drei-Schritt-Strategie für Erklärungen und textsortenspezifische Grammatik (angemessene Konnektoren)
3. Springbrunnenflasche (Temperatur und Volumen von Gasen)	Experiment, angeleitetes Schreiben	Drei-Schritt-Strategie für Erklärungen
4. Das Geheimnis des verschwundenen Fischs (episodische Versäuerung)	Schriftliches Synthetisieren in Partnerarbeit auf Basis von sechs verschiedenartigen Texten/Lernmaterialien	Konsolidierung des bisher Gelernten zum schriftlichen Erklären
5. Technologie-Kits: a) Segelflieger (Ruder), b) Cartesischer Taucher (Auftrieb), c) Robottle (Energie), d) Periskop (Lichtreflexion), e) Ballonautos (Kraft), f) zurückrollende Dose (Energie)	Konstruktion von technologischen Gegenständen und deren Erklärung	Vollständige Erklärung, Diagramm

3. „Erkläre, *warum* die Schritte passieren." Nun ging es darum, dass die Kinder erklären sollten, weshalb ihre Beobachtungen zustande gekommen waren, etwa, dass die Kohlensäurebläschen unter den Rosinen für Auftrieb gesorgt hatten, aber beim Zerplatzen der Bläschen unter der Rosine an der Oberfläche die Masse der Rosine für das Absinken sorgte. Mithilfe der Logik eines Förderansatzes namens „Sätzekombinieren" wurden Kausalität anzeigende Konnektoren wie „weil", „deshalb" etc. genutzt, um die Kausalbeziehungen grammatisch korrekt und vor allem explizit darzulegen. Es ging hierbei darum, dass die Konnektoren gezielt dazu genutzt wurden, Kohärenz herzustellen und sprachliches Handeln (in diesem Fall: Kausalität erklären) anzuzeigen. Auf dieser Basis überarbeiteten die Kinder ihren ersten Entwurf.

6.2 Synthetisieren (materialgestütztes Schreiben)

In der hier *dritten Lektion* wurde ein weiteres Experiment durchgeführt. In ihm wurde eingefärbtes Wasser in eine Plastikflasche eingefüllt. Ein Strohhalm ragte in das Wasser und führte nach außen, wobei die Flasche sonst luftdicht verschlossen war. Nun wurde heißes Wasser über die Flasche gegossen, und das farbige Wasser sprudelte aus dem Strohhalm. Dieses Phänomen galt es zu erklären. Wieder führten die Kinder das Experiment selbst durch, beobachteten die Geschehnisse und waren gefragt, sie zu erklären. Hierfür erstellten sie kurze schriftliche Notizen, die sie im Verband zusammentrugen und diskutierten. Das Erklären erfolgte kooperativ und mündlich, sodass für die Beobachtungen verschiedene Erklärungen vorgebracht wurden. Durch gezieltes Nachfragen elaborierten die Kinder ihre Erklärungen in einer naturwissenschaftlich korrekten Art und schrieben dann eine kurze schriftliche Erklärung. Das Schreiben war in dem Sinne angeleitet, dass die Notizen, das klärende Gespräch in der Klasse und die Inhalte aus dem Sätzekombinieren von den Kindern gezielt konsultiert werden konnten.

Die *vierte Lektion* stand im Zeichen des schriftlichen Synthetisierens, das in Partnerarbeit erfolgte. Das als mysteriöses Vorkommen gerahmte Thema war die episodische Versäuerung von Gewässern infolge der Schneeschmelze, die Säuren aus der verschmutzten Luft enthält. Dieses Phänomen sollten die Kinder erklären. Die Basis hierfür war ein Set von sechs verschiedenartigen Lernmaterialien, darunter ein Zeitungsartikel, der das Verschwinden von Fischen in einem Fluss in Alaska behandelte, eine Karte, ein Diagramm mit dem Säurepegel über das gesamte Jahr, eine Tabelle mit Fakten zum Einfluss des Säurepegels auf das aquatische Leben etc. Wichtig war zweierlei: Die Antwort auf die Aufforderung, das Verschwinden des Fisches zu erklären, musste aus allen Dokumenten geschlussfolgert werden. Zusätzlich mussten die Kinder nicht-lineare Texte sprachlich übersetzen, es bedurfte also einer Überführung von Informationen aus einem Symbolsystem in ein anderes.

Die *fünfte Lektion* bzw. richtiger: eine Reihe von Lektionen war ein Projekt. Die Kinder wollten für ihre Eltern und andere reale Adressatinnen und Adressaten ein Atelier durchführen, in dem sie verschiedene Phänomene erklärten. Hierfür wählten sie aus sechs Kits eines aus, was von ihnen auch verlangte, das Objekt selbst zu konstruieren und die Funktionsweise zu erklären. Sie erstellten auf Basis ihres gewählten Projekts Textentwürfe und Diagramme, und besprachen diese Entwürfe untereinander in Kleingruppen und mit der Lehrperson, um dann die Texte zu überarbeiten. Diese überarbeiteten Textentwürfe wurden mit einem Klassenmitglied und der Lehrperson diskutiert und am Computer final verfasst. In der Präsentation konnten die Besucherinnen und Besucher selbst die Objekte aus den Kits in der Ausstellung herstellen und die schriftlichen Erklärungen lesen.

Die Entwicklung der Kinder in der Studie zeigte sich darin, dass die oberflächlichen Aufzählungen von einzelnen Ereignissen einer zunehmenden Erklärung der Zusammenhänge wich, die idealtypisch am Ende zu vollständig dargelegten Kausalketten in den Texten führte. Außerdem zeigte sich ein enger Zusammenhang zwischen den Hands-on-Aktivitäten und der Beobachtung von Phänomenen sowie dem Versuch, diese angemessen schriftlich darzulegen und zu erklären. Dies wertete das Forschungsteam als Beleg für das Modell der Wissenstransformation für das Lernen durch das Schreiben. ◄

Argumentierendes Synthetisieren mit LINKS
Unter dem Akronym *LINKS* – *L*earning to *I*ntegrate Inter*N*et *K*nowledge *S*trategically – fand mit Schülerinnen und Schülern der neunten Klasse eine Studie statt (Hagerman, 2017). In ihr absolvierten Jugendliche in Dyaden eine Serie von drei internetbasierten Recherche-, Lese- und Schreibaufträgen. Die Dyadenmitglieder waren in ihren Leistungen ähnlich und beruhten zudem auf gegenseitiger Sympathie in der Zusammenstellung. Die drei offen gehaltenen Aufträge sollten in überzeugenden Diskurssynthesen münden. Ein Beispielauftrag, der erste der drei, unterstreicht dies:

„Beschreibt friedliche technologische Anwendungen der Kernspaltung und des radioaktiven Zerfalls.
   Anti-Atom-Befürworter sagen, dass es keine sichere Nutzung der Kernenergie gäbe. Viele Länder auf der ganzen Welt nutzen die Kernspaltung jedoch friedlich, um ihren Energiebedarf zu decken. Ist die friedliche Nutzung der Kernspaltung wichtig genug, um die Risiken aufzuwiegen?
   Erfahrt mehr über die Risiken der Kernspaltung und die friedliche Verwendung dieser Technologie, indem ihr mehrere vertrauenswürdige Internettexte jeglicher Art (z. B. Texte, Fotos, Videos, Grafiken, Diagrammen, Abbildungen, Tabellen usw.) verwendet. Schreibt dann anhand eurer Erkenntnisse eine überzeugende Argumentation für die Staats- und Regierungschefs eines Landes, die über Atomkraft nachdenken, welche die Staats- und Regierungschefs davon überzeugen würde, ob sie die Kernspaltung einsetzen sollen oder nicht." (eigene Übersetzung von Hagerman, 2017, S. 121)

Derartige Aufträge bearbeiteten die Jugendlichen mittels einer mehrschrittigen Strategie (vgl. Tab. 6.7). Diese als Formel „(PST)^2" und „(iC)^3" bezeichnete Sammlung von Leitfragen nimmt diverse, über das reine Integrieren intertextueller Informationen hinaus notwendige Problemlöseschritte auf. In der Darstellung sind die Schritte zwar linear gelistet, im Prozess der Aufgabenbearbeitung aber flexibel nutzbar. Die für das schriftliche Synthetisieren erforderlichen Arbeitsschritte sind im Ende enthalten, nämlich bei (iC)^3.

6.2 Synthetisieren (materialgestütztes Schreiben)

Die Vermittlung umfasste die folgenden sieben Schritte: Erstens waren die Dyaden gefragt, den Arbeitsauftrag und das Vorwissen dialogisch zu klären, sie absolvierten also die ersten beiden Arbeitsschritte aus Tab. 6.7. Es folgte zweitens eine Einführung bzw. eine Rekapitulation der Bestandteile von (PST)[2] und (iC)[3]. Der dritte Schritt beinhaltete das Modellieren, also das didaktisierte Demonstrieren der Schritte. Hierfür gab es Videos, die unter http://mschirahagerman.com/research/links-intervention/ im Internet direkt abrufbar sind. Im vierten Schritt – einer halbstündigen Recherche- und Lesephase – sammelten die Jugendlichen Informationen. Auf deren Basis wurden, fünftens, von der Lehrperson Fragen gestellt, die auf (PST)[2] und (iC)[3] fußten. Im sechsten Schritt erstellten die Jugendlichen Notizen und markierten mit verschiedenen Farben, von welcher Internetseite die jeweiligen Informationen stammten. Der siebte Schritt beinhaltete das individuelle Schreiben der jeweiligen Argumentation. ◄

Tab. 6.7 Überblick über die Schritte aus der Strategie (PST)[2] und (iC)[3]. (Quelle: Darstellung nach Hagerman, 2017, S. 151)

Bestandteil	Schritt	Zugehörige Leitfragen
(PST)[2]	P – *P*urpose (Zweck/Ziel)	Was sollen wir lernen? Was sollen wir mit den gefundenen Informationen tun?
	P – *P*re-existing knowledge (vorhandenes Wissen)	Was wissen wir bereits zu dem Thema?
	S – *S*earch (Suche)	Welche Suchbegriffe sollen wir nutzen?
	S – *S*ource selection (Dokumentenwahl)	Welche der gefundenen Websites wirkt vielversprechend und warum?
	T – *T*ype of text (Textart)	Welche Art von Website ist das? Hilft uns die Website vermutlich, Informationen zu finden, ehe wir sie auswählen?
	T – *T*rustworthiness (Vertrauenswürdigkeit)	Wie vertrauenswürdig ist diese Website?
(iC)[3]	I – *I*dentify important information (wichtige Informationen erkennen)	Welche Informationen können wir nutzen, um unser Leseziel zu erreichen?
	C – *C*ompare to pre-existing knowledge (mit Vorwissen vergleichen)	Wie passt diese Information zu dem, was wir schon wissen?
	C – *C*onnect to other texts (mit anderen Texten verknüpfen)	Wie lässt sich diese Information mit dem verknüpfen, was wir auf den anderen Websites gelesen haben?
	C – *C*ontinually update understanding (fortlaufend das Verstehen ergänzen)	Wie lautet momentan unser Gesamtverständnis des Themas?

▶ **Die Schwierigkeit des Synthetisierens ernst nehmen und steuern** Aus den Inhalten dieses Kapitels sollte deutlich hervorgegangen sein, dass das schriftliche Synthetisieren ein kognitiv anspruchsvolles Unterfangen bildet. Daher erscheint nicht nur die Vermittlung von Synthesestrategien nötig, die man als Erweiterung der organisierenden Lesestrategien betrachten kann. Vielmehr stellt sich auch die Frage danach, auf welcher textuellen Basis das Synthetisieren erfolgt. Hierfür haben Britt und Rouet (2012) einige Ratschläge dazu zusammengetragen, was sich anbietet, und dies ist eine kleine Auswahl. Günstig ist

- ein schrittweise stattfindendes Erarbeiten der Inhalte einzelner Dokumente, indem zusammenfassende Notizen erstellt werden oder Verständnisfragen und Hinweise zur Überprüfung bereits auf Einzeltextebene gegeben werden – derlei kann auf die Ebene mehrerer Texte und Lernmaterialien ausgeweitet werden;
- das Klären der Zusammenhänge zwischen Informationen und Dokumenten, das ebenfalls mit Notizen („X widerspricht Y", „Text B hat ein Beispiel für etwas aus Text D") oder Fragen erfolgen kann;
- ein informationsreicher Arbeitsauftrag, der Zwischenziele und Anforderungen an das Textprodukt der schriftlichen Synthese klar enthält;
- bei der Vorgabe von Texten: das Gestalten einer günstigen Reihenfolge (einführende Texte zuerst, dann spezifischere) sowie ein klarer thematischer Zusammenhang der Texte und Lernmaterialien um ein erkennbares Thema herum.

Zu guter Letzt sei noch angefügt, dass sich das schriftliche Synthetisieren aufgrund seines hohen Anspruchsgrades für komplexe Inhalte anbietet und entsprechende zeitliche Ressourcen beansprucht.

Fazit

Schriftliches Synthetisieren ist ein aufgabenadäquates und zielbezogenes Transformieren von Informationen aus verschiedenen Materialien zum Zweck der eigenen Texterstellung. Die Zieltextsorte ist hierbei variabel. Die Transformationsprozesse, die sich auf Auswahl-, Strukturierungs- und Verknüpfungsprozesse sowohl beim Lesen und Verstehen als auch beim Schreiben beziehen, gelten als der entscheidende Mechanismus für das Lernen, zumal sie im Verbund und in der wechselseitigen Beeinflussung notwendig sind. Entsprechend setzen effektive Fördermaßnahmen darauf, die Prozesse im Sinne von Lese- und Schreibstrategien einzufordern und explizit zu vermitteln.

Literatur

Weiterführende Literatur

Braasch, J. L. G., Bråten, I., & McCrudden, M. T. (Hrsg.). (2018). *Handbook of multiple source use*. Routledge. *(Dieses Handbuch bezieht sich nicht genuin auf das Schreiben, aber bildet ein reichhaltiges Reservoir an Theorien und Forschung aus der Domäne des Lesens. Diese vielfältigen Perspektiven ergänzen die reine Schreibforschung und -didaktik um jene Elemente verstehenden Lesens, die einerseits eine Voraussetzung der Diskurssynthese sind und andererseits das Förderziel selbst darstellen.)*
Fischer, F., Chinn, C. A., Engelmann, K., & Osborne, J. (Hrsg.). (2018). *Scientific reasoning and argumentation. The roles of domain-specific and domain-general knowledge*. Routledge. *(Der Sammelband liefert diverse Perspektiven auf das Thema der Argumentation und des wissenschaftlichen Denkens, ohne schreibspezifisch zu sein. Den Reiz des Bandes macht die kritische Bestandsaufnahme aus, wie domänenspezifisch die Fähigkeiten zum wissenschaftlichen Denken und Argumentieren sind, was unter anderem aus der Warte von Transferleistungen bedeutsam ist.)*
Philipp, M. (2017). *Materialgestütztes Schreiben. Anforderungen, Grundlagen, Vermittlung*. Beltz Juventa. *(Das Buch gibt einen Überblick über Grundlagen und Erfordernisse der Diskurssynthesen bzw. des materialgestützten Schreibens. Aus schreibdidaktischer Sicht sind jene Handlungsfelder einer Didaktik des materialgestützten Schreibens bedeutsam, die im Buch abgeleitet werden. Später erschienene Bände zum Lesen multipler Texte des Autors greifen dies wieder auf.)*

Einzelnachweise

Andriessen, J., & Baker, M. (2013). Argument diagrams and learning. cognitive and educational perspectives. In D. R. Robinson, G. J. Schraw, & M. T. McCrudden (Hrsg.), *Learning through visual displays* (S. 329–356). Information Age.
Andriessen, J., & Baker, M. (2014). Arguing to learn. In R. K. Sawyer (Hrsg.), *The Cambridge handbook of the learning sciences* (2. Aufl., S. 439–460). Cambridge University Press.

Asterhan, C. S. C., & Schwarz, B. B. (2016). Argumentation for learning. well-trodden paths and unexplored territories. *Educational Psychologist, 51*(2), 164–187.

Barzilai, S., & Chinn, C. A. (2018). On the goals of epistemic education. promoting apt epistemic performance. *Journal of the Learning Sciences, 27*(3), 353–389.

Barzilai, S., Zohar, A. R., & Mor-Hagani, S. (2018). Promoting integration of multiple texts. A review of instructional approaches and practices. *Educational Psychology Review, 30*(3), 973–999.

Brand-Gruwel, S., & van Strien, J. L. H. (2018). Instruction to promote information-problem solving on the internet in primary and secondary education students: A systematic literature review. In J. L. G. Braasch, I. Bråten, & M. T. McCrudden (Hrsg.), *Handbook of multiple source use* (S. 401–422). Routledge.

Britt, M. A., & Rouet, J.-F. (2012). Learning with multiple documents. component skills and their acquisition. In J. R. Kirby & M. J. Lawson (Hrsg.), *Enhancing the quality of learning. Dispositions, instruction, and learning processes* (S. 276–314). Cambridge University Press.

Britt, M. A., Rouet, J.-F., & Durik, A. M. (2017). *Literacy beyond text comprehension. A theory of purposeful reading*. Routledge.

Cartiff, B., Duke, R. & Greene, J. (2021). The effect of epistemic cognition interventions on academic achievement. A meta-analysis. *Journal of Educational Psychology, 113*(3), 477–498.

Cho, B.-Y., Afflerbach, P., & Han, H. (2018). Strategic processing in accessing, comprehending, and using multiple sources online. In J. L. G. Braasch, I. Bråten, & M. T. McCrudden (Hrsg.), *Handbook of multiple source use* (S. 133–150). Routledge.

Cross, D. I. (2009). Creating optimal mathematics learning environments. Combining argumentation and writing to enhance achievement. *International Journal of Science and Mathematics Education, 7*(5), 905–930.

De La Paz, S., & Wissinger, D. R. (2015). Effects of genre and content knowledge on historical thinking with academically diverse high school students. *The Journal of Experimental Education, 83*(1), 110–129.

Ferretti, R. P., & Graham, S. (2019). Argumentative writing. Theory, assessment, and instruction. *Reading and Writing, 32*(6), 1345–1357.

Ferretti, R. P., & Lewis, W. E. (2018). Argumentative writing. In S. Graham, C. A. MacArthur, & M. Hebert (Hrsg.), *Best practices in writing instruction* (3. Aufl., S. 135–161). Guilford.

Fiorella, L., & Mayer, R. E. (2015). *Learning as a generative activity. Eight learning strategies that promote understanding*. Cambridge University Press.

Firetto, C. M. (2020). Learning from multiple complementary perspectives. A systematic review. In P. N. van Meter, A. List, D. Lombardi, & P. Kendeou (Hrsg.), *Handbook of learning from multiple representations and perspectives* (S. 223–244). Routledge.

Fischer, F., Chinn, C. A., Engelmann, K., & Osborne, J. (Hrsg.). (2018). *Scientific reasoning and argumentation. The roles of domain-specific and domain-general knowledge*. Routledge.

Fitzgerald, M. S., & Palincsar, A. S. (2019). Teaching practices That support student sensemaking across grades and disciplines. A conceptual review. *Review of Research in Education, 43*(1), 227–248.

Goldman, S. R., Britt, M. A., Brown, W., Cribb, G., George, M., Greenleaf, C., Lee, C. D., Shanahan, C., & READI Project (2016). Disciplinary literacies and learning to read for understanding. A conceptual framework for disciplinary literacy. *Educational Psychologist, 51*(2), 219–246.

Graham, S., Kiuhara, S. A., & MacKay, M. (2020). The effects of writing on learning in science, social studies, and mathematics. A meta-analysis. *Review of Educational Research, 90*(2), 179–226.

Griffin, T. D., Wiley, J., Britt, M. A., & Salas, C. R. (2012). The role of CLEAR thinking in learning science from multiple-document inquiry tasks. *International Electronic Journal of Elementary Education, 5*(1), 63–78.

Hagerman, M. S. (2017). Disrupting students' online reading and research habits. The LINKS intervention and its impact on multiple internet text integration processes. *Journal of Literacy and Technology, 18*(1), 105–156.

Hand, B., Chen, Y.-C., & Suh, J. K. (2021). Does a knowledge generation approach to learning benefit students? A systematic review of research on the science writing heuristic approach. *Educational Psychology Review, 33*(2), 535–577.

Jonassen, D. H., & Kim, B. (2010). Arguing to learn and learning to argue. Design justifications and guidelines. *Educational Technology Research and Development, 58*(4), 439–457.

Klein, P. D. (1999). Reopening inquiry into cognitive processes in writing-to-learn. *Educational Psychology Review, 11*(3), 203–270.

Klein, P. D., & Rose, M. A. (2010). Teaching argument and explanation to prepare junior students for writing to learn. *Reading Research Quarterly, 45*(4), 433–461.

List, A., & Alexander, P. A. (2019). Toward an integrated framework of multiple text use. *Educational Psychologist, 54*(1), 20–39.

Litman, C., & Greenleaf, C. (2018). Argumentation tasks in secondary english language arts, history, and science. Variations in instructional focus and inquiry space. *Reading Research Quarterly, 53*(1), 107–126.

MacArthur, C. A. (2014). Strategy instruction in writing in academic disciplines. In P. D. Klein, P. Boscolo, L. C. Kirkpatrick, & C. Gelati (Hrsg.), *Writing as a learning activity* (S. 149–168). Brill.

Mateos, M., & Solé, I. (2009). Synthesising information from various texts: A study of procedures and products at different educational levels. *European Journal of Psychology of Education, 24*(4), 435–451.

Mateos, M., Solé, I., Martín, E., Cuevas, I., Miras, M., & Castells, N. (2014). Writing a synthesis from multiple sources as a learning activity. In P. D. Klein, P. Boscolo, L. C. Kirkpatrick, & C. Gelati (Hrsg.), *Writing as a learning activity* (S. 169–190). Brill.

McCrudden, M. T. (2018). Text relevance and multiple source use. In J. L. G. Braasch, I. Bråten, & M. T. McCrudden (Hrsg.), *Handbook of multiple source use* (S. 168–183). Routledge.

McCrudden, M. T., & Schraw, G. (2007). Relevance and goal-focusing in text processing. *Educational Psychology Review, 19*(2), 113–139.

Miller, D. M., Scott, C. E., & McTigue, E. M. (2018). Writing in the secondary-level disciplines: A systematic review of context, cognition, and content. *Educational Psychology Review, 30*(1), 83–120.

Nelson, N. (2001). Discourse synthesis: The process and the product. In R. G. McInnis (Hrsg.), *Discourse synthesis. Studies in historical and contemporary social epistemology* (S. 379–396). Praeger.

Newell, G. E., Beach, R., Smith, J., & VanDerHeide, J. (2011). Teaching and learning argumentative reading and writing: A review of research. *Reading Research Quarterly, 46*(3), 273–304.

Nussbaum, E. M. (2021). Critical integrative argumentation. Toward complexity in students' thinking. *Educational Psychologist, 56*(1), 1–17.

Philipp, M. (2017). *Materialgestütztes Schreiben. Anforderungen, Grundlagen, Vermittlung*. Beltz Juventa.

Philipp, M. (2018). *Lesekompetenz bei multiplen Texten. Grundlagen, Prozesse, Didaktik*. Francke.

Philipp, M. (2019). Multiple Wege führen nach Rom. Ergebnisse einer quantitativen Sekundäranalyse effektiver Fördermaßnahmen zur Verbesserung der Sourcing- und Integrationsprozesse in der Nutzung multipler Texte. https://www.leseforum.ch/sysModules/obxLeseforum/Artikel/665/2019_1_de_philipp.pdf. Zugegriffen: 11. Dez. 2020.

Philipp, M. (2020). *Multiple Dokumente verstehen. Theoretische und empirische Perspektiven auf Prozesse und Produkte des Lesens mehrerer Dokumente*. Beltz Juventa.

Philipp, M. (2021). *Lesen – Schreiben – Lernen. Prozesse, Strategien und Prinzipien des generativen Lernens*. Beltz.

Philipp, M. (im Druck). Ist argumentatives materialgestütztes Schreiben dem informierenden überlegen? Eine Sekundäranalyse experimenteller Studien zu den Effekten der Zieltextsorte auf Verstehensleistungen. In M. Philipp & S. Jambor-Fahlen (Hrsg.), *Lesen: Prozess- und Produktperspektiven von der Wortebene bis zu multiplen Texten*. Beltz Juventa.

Primor, L., & Katzir, T. (2018). Measuring multiple text integration. A Review. *Frontiers in Psychology, 9*, Article 2294, 1–16.

Sampson, V., Enderle, P., Grooms, J., & Witte, S. (2013). Writing to learn by learning to write during the school science laboratory. Helping middle and high school students develop argumentative writing skills as they learn core ideas. *Science Education, 97*(5), 643–670.

Sampson, V., Grooms, J., & Walker, J. P. (2011). Argument-driven inquiry as a way to help students learn how to participate in scientific argumentation and craft written arguments. An exploratory study. *Science Education, 95*(2), 217–257.

Sandoval, W. A., Greene, J. A., & Bråten, I. (2016). Understanding and promoting thinking about knowledge: Origins, issues, and future directions of research on epistemic cognition. *Review of Research in Education, 40*, 457–496.

Scardamalia, M., & Bereiter, C. (1987). Knowledge telling and knowledge transforming in written composition. In S. Rosenberg (Hrsg.), *Advances in applied psycholinguistics. Volume 2: Reading, writing, and language learning* (S. 142–175). Cambridge University Press.

Schüler, L. (2018). Wissenschaftlich argumentieren lernen durch materialgestütztes Schreiben. In S. Schmölzer-Eibinger, B. Bushati, C. Ebner & L. Niederdorfer (Hrsg.),

Wissenschaftliches Schreiben lehren und lernen. Diagnose und Förderung wissenschaftlicher Textkompetenz in Schule und Universität (S. 147–169). Waxmann.

Schwarz, B. B. (2009). Argumentation and learning. In N. Muller Mirza & A.-N. Perret-Clermont (Hrsg.), *Argumentation and education: Theoretical foundations and practices* (S. 91–126). Springer.

Spivey, N. N. (1990). Transforming texts: Constructive processes in reading and writing. *Written Communication, 7*(2), 256–287.

Toulmin, S. E. (2003). *The uses of argument* (2. Aufl.). Cambridge University Press.

Van Eemeren, F. H., Grootendorst, R., & Snoeck Henkemans, A. F. (1996). *Fundamentals of argumentation theory. A handbook of historical backgrounds and contemporary developments*. Erlbaum.

Van Ockenburg, L., van Weijen, D., & Rijlaarsdam, G. (2019). Learning to write synthesis texts: A review of intervention studies. *Journal of Writing Research, 10*(3), 401–428.

Vandermeulen, N., de Maeyer, S., Steendam, E., Lesterhuis, M., van den Bergh, H., & Rijlaarsdam, G. (2020). Mapping synthesis writing in various levels of Dutch upper-secondary education. A national baseline study on text quality, writing process and students' Perspectives on writing. *Pedagogische Studien, 97*(3), 187–236.

Wiley, J., & Guerrero, T. A. (2018). Prose comprehension beyond the page. In K. Millis, D. L. Long, J. P. Magliano & K. Wiemer (Hrsg.), *Deep comprehension. Multi-disciplinary approaches to understanding, enhancing, and measuring comprehension* (S. 3–15). Routledge.

Yukhymenko-Lescroart, M. A., Goldman, S. R., Lawless, K. A., Pellegrino, J. W., & Shanahan, C. R. (im Druck). Assessing information synthesis within and across multiple texts with verification tasks. A signal detection theory approach. *Educational Psychology*.

Prinzip zum Schreiben von Lernjournalen 7

Zusammenfassung

Das Schreiben lässt sich dafür nutzen, in eine Kommunikation mit sich selbst zu treten und sowohl Lerninhalte als auch Lernprozesse Revue passieren zu lassen. Diese Tatsache machen sich Lernjournale zunutze, die inhaltlich beim Schreiben wenig vorgeben und dadurch die kognitive Belastung minimieren. Gleichzeitig fordern Lernjournale zum fokussierten Einsatz von selbstregulierten Lernstrategien nach der initialen Begegnung mit dem Lerngegenstand auf. Die zentrale didaktische Stellschraube sind hierfür die metakognitiven Hinweise in den Aufgabenstellungen. Günstig ist es, wenn diese metakognitiven Hinweise die Beschäftigung mit dem Lerngegenstand und mit den Lernprozessen hervorrufen. Dabei gibt es instruktionale Maßnahmen, welche dies erleichtern. Denn Lernjournale setzen voraus, dass die Lernenden die benötigten Strategien prinzipiell bereits beherrschen, sie aber nicht spontan von allein anwenden.

7.1 Was ist ein Lernjournal – und warum hilft es beim Lernen?

Das Lernjournal stellt eine Form des Schreibens dar, die sich von den anderen Schreibanlässen aus den Kap. 5 und 6 fundamental unterscheidet. Denn das Schreiben von Lernjournalen ist eine in aller Regel wiederholte Aktivität, bei der das Schreiben dazu dient, das eigene Lernen zu dokumentieren – und nicht, um den Lerngegenstand angemessen schriftlich darzulegen. Es erfüllt damit eine andere Funktion als Zusammenfassen, Argumentieren und Synthetisieren, selbst wenn es durchaus Berührungspunkte oder Schnittmengen gibt. Was sind Lernjournale, und was macht sie so lernförderlich?

▶ **Lernjournale** Das Schreiben eines Lernjournals ist eine regelmäßige schriftliche Bearbeitung von Themen, welche in der Regel durch offen formulierte Aufträge hervorgerufen wird. Diese Art von Schreibaufträgen hat reflexive Züge, weil die schreibende Person sich sowohl mit eigentlichen Inhalten und deren individuellen Zugängen zu diesen (Lern-)Inhalten befasst als auch mit den Prozessen des Lernens. Die vor allem Lernstrategien elizitierende schriftliche Be- und Verarbeitung von Inhalten und Prozessen gilt als der Schlüssel zum angestrebten vertieften Wissenserwerb (Park, 2003, S. 184 f.).

Die kompakte Definition verweist darauf, dass Lernjournale auf individuelle Lernstrategieanwendungen setzen. Vier wichtige Merkmale nach der obigen Definition sind:

- *offene Aufträge* – d. h., es geht hier weniger um eine richtige oder falsche Antwort oder um ein klar definiertes Produkt, welches von der schreibenden Person erstellt werden soll;
- *regelmäßiges Schreiben* – es erfordert mithin nicht einmalige Analysen, sondern ein zyklisches schriftliches Bearbeiten von Aufgaben;
- *reflexives Schreiben* – über den Gegenstand des Schreibens, seien es Prozesse, seien es Produkte des Lernens, räsoniert die schreibende Person, sie wendet also metakognitive Prozesse an, die sich im Lernjournaleintrag niederschlagen (können);
- *Auslösung von Lernstrategien* – hinsichtlich dessen, was die Lernenden in ihre Lernjournale schreiben, besteht Offenheit, aber das Schreiben wird ausgelöst von metakognitiven Hinweisen – diese rufen die Anwendung von Lernstrategien gezielt hervor, deren jeweilige Anwendung dann den Lernenden obliegt.

Entscheidend an der Merkmalsliste sind die beiden letzten Punkte, die wiederum zusammenhängen: das reflexive Schreiben sowie die Anwendung von Lernstrategien (vgl. für eine Definition von Lernstrategien den Beginn von Kap. 5). In diesem Band wurden Lernstrategien als kognitive Handlungspläne zum Erreichen lernbezogener Ziele bislang als oberflächen- oder tiefenorientierte Strategien unterschieden. Im Falle der Lernjournale gilt diese Trennung prinzipiell weiterhin, doch wird eine andere Taxonomie in der Forschung bemüht: zuvorderst die

7.1 Was ist ein Lernjournal – und warum hilft es beim Lernen?

Trennung von kognitiven und metakognitiven Lernstrategien. Diese Strategien bzw. Gruppen von Strategien lassen sich mit Flavell (1979, S. 909; eigene Übersetzung) auf den allgemeinsten Nenner gebracht so unterscheiden: „Kognitive Strategien werden benutzt, um kognitive Fortschritte zu *erzielen*, metakognitive Strategien, um diese zu *überwachen*."

Diese beiden Gruppen von Strategien sind in Lernjournalen immer wieder Gegenstand. Die Tab. 7.1 greift dies auf. Neben der Unterteilung von zwei kognitiven und metakognitiven Strategien enthält die Tabelle auch eine Sammlung von metakognitiven Hinweisen, die in einer Reihe von Studien mit deutschen Lernenden aus der Sekundarschule und in der Hochschule zum Einsatz kamen. Dabei ergänzen sich die Strategien, welche durch die metakognitiven Hinweise ausgelöst werden sollen:

- Die kognitiven *Organisationsstrategien* (A1 in Tab. 7.1) sollen dazu dienen, den jeweiligen Lerngegenstand in seiner Struktur zu erkennen, sie nehmen damit das auf, was Gegenstand des Kap. 5 war.
- Kognitive *Elaborationsstrategien* (A2) haben das Ziel, neue Informationen möglichst systematisch mit den individuellen Wissensbeständen zu verknüpfen, worunter einerseits das Anreichern (mit Beispielen) und (Re-)Formulieren fällt, andererseits geht es hierbei auch darum, Informationen und Lerninhalte vorwissensbasiert zu evaluieren.
- Metakognitive *Überwachungsstrategien* (B1) helfen dabei, das eigene Verstehen zu überwachen. Hier ist also ein diagnostisches Monitoring gemeint, was sich in den Beispielen aus der Tab. 7.1 vor allem auf unklare und fragmentarisch verstandene Inhalte bezieht.
- Die metakognitiven Strategien zur *Problembehebung* (B2) bilden die Konsequenz aus detektierten Verstehensproblemen: Sie sollen sie lösen. Deshalb gibt es in den Aufträgen aus den Lernjournalen explizite Aufträge, adäquate Umgangsweisen mit dem Verstehensproblem zu benennen und zu erläutern.

Dass Hinweise wie die aus Tab. 7.1 sich in entsprechenden Journaleinträgen niederschlagen, zeigt das Beispiel in Tab. 7.2. Die einzelnen Textteile spiegeln wider, dass verschiedene Lernstrategien angewendet wurden, um den Inhalt der Lektion zu rekapitulieren und Verständnisschwierigkeiten zu erfassen und zu lösen. Der kurze Text illustriert, dass selbst auf knappem Raum die Anwendung mehrerer Strategien möglich ist.

Ungeklärt ist in der bisherigen Darstellung noch, *warum* das Verfassen des Lernjournals überhaupt lernförderlich ist. Hierbei hilft eine Klassifikation von

Tab. 7.1 Übersicht über metakognitive Hinweise, die in empirischen Studien des Freiburger Selbstregulationsansatzes zum Lernjournalschreiben zum Einsatz gelangt sind. (Eigene Übersetzung und leichte Bearbeitung der Liste nach Nückles et al., 2020, S. 1094; ergänzt um Definitionen aus Friedrich & Mandl, 2006)

A) Kognitive Strategien
Ziele/Funktionen: lernförderliche Auseinandersetzung mit den Lerngegenständen mit dem Ziel, diese in ihrer Struktur besser zu erkennen (Organisationsstrategien) bzw. diese Inhalte mit dem eigenen Vorwissen zu verknüpfen (Elaborationsstrategien)

A1) Organisationsstrategien
- Wie kannst du die Lerninhalte am besten sinnvoll strukturieren?
- Mit welchen (Unter-)Überschriften kannst du die Lerninhalte in einer logischen Reihenfolge anordnen?
- Was sind deiner Meinung nach die wichtigsten Punkte?
- Was ist der wichtigste Inhalt (z. B. Konzepte, Regeln, Gedanken)?
- Versuche, die wichtigsten Inhalte und Verbindungen hervorzuheben.

A2) Elaborationsstrategien
- Welche Beispiele kannst du dir vorstellen, um die Lerninhalte zu veranschaulichen, zu bestätigen oder zu kritisieren?
- Kannst du Verbindungen zwischen den Inhalten des Videos und dem Wissen aus der Schule bzw. dem Alltag herstellen?
- Welche Aspekte der Lernmaterialien findest du interessant, nützlich, überzeugend, welche aber nicht?
- Welche Inhalte fandest du interessant, nützlich oder überzeugend? Erkläre, warum.
- Versuche, die wichtigsten Inhalte anhand deiner eigenen Beispiele zu veranschaulichen.
- Erkläre den Hauptinhalt so, dass eine abwesende Klassenkameradin ihn verstehen könnte.
- Versuche, Verbindungen zwischen dem, was du letzte Woche gelernt hast, und dem aufzubauen, was du bereits weißt. (unspezifisch)
- Schreibe zu diesem Zweck auf, wie du das, was du diese Woche gelernt hast, in deiner Freizeit zu Hause anwenden kannst. Finde dafür einige Beispiele. Wähle eins der Beispiele aus und erläutere daran die Berechnungen, die durchgeführt werden können. Erkläre es so, dass ein Klassenkamerad, der letzte Woche abwesend war, es gut verstehen könnte. (spezifisch)

B) Metakognitive Strategien
Ziele/Funktionen: den eigenen Lernfortschritt und die günstige Anwendung von kognitiven Strategien überwachen (Überwachungsstrategien) und bei mangelndem Fortschritt anpassen (Problembehebung)

B1) Überwachungsstrategien
- Welche Hauptpunkte habe ich schon gut verstanden?
- Welche Hauptpunkte habe ich noch nicht verstanden?
- Wie kann ich mein Verständnisproblem am besten erklären?
- Welche Fragen wurden meiner Meinung nach durch das Video nicht ausreichend geklärt?
- Was war schwierig? Warum? Bitte gib eine ausführliche Erklärung.

(Fortsetzung)

7.1 Was ist ein Lernjournal – und warum hilft es beim Lernen?

Tab. 7.1 (Fortsetzung)

B2) Strategien zur Problembehebung bzw. der eigentlichen Regulation
Welche Möglichkeiten habe ich, um meine Verständnisprobleme zu überwinden?
- Welche Passage des Videos sollte ich versuchen, vor meinem geistigen Auge zusammenzufassen?
- Für jede Verständnisschwierigkeit: Versuche, eine Abhilfemaßnahme zu planen und durchzuführen.
- Bitte beschreib, was du getan hast und wie sich dein Verständnis verändert hat.

Tab. 7.2 Beispiel aus einem Lernjournal (7. Klasse, geschrieben nach einer Lektion über Immunologie) und Benennung der jeweils dominanten Lernstrategie. (Quelle: modifizierte Darstellung nach Nückles et al., 2020, S. 1093)

Beispiel aus einem Lernjournal	Angewandte Lernstrategie
In der letzten Biologiestunde haben wir etwas über unspezifische und spezifische Immunabwehr gelernt.	Organisationsstrategie (Unterscheidung zweier Arten von Immunabwehr)
Die menschliche Haut ist ein Beispiel für die unspezifische Immunabwehr: Die Haut schützt den Organismus gegen chemische und physikalische Einflüsse. Der Säureschutzmantel der Haut hindert Mikroben daran, in den Körper zu gelangen.	Elaborationsstrategie (Erklärung der unspezifischen Immunabwehr)
Bezüglich der spezifischen Immunabwehr unterscheiden wir zwischen Makrophagen, T-Helferzellen, B-Lymphozyten und T-Killerzellen. Wir haben gelernt, wie diese unterschiedlichen Zellarten die spezifischen Prozesse der menschlichen Immunabwehr funktional unterstützen.	Organisationsstrategie (Unterscheidung mehrerer Zellen als Teil der spezifischen Immunabwehr)
Was ich jedoch noch nicht genau verstanden habe, ist, wie die Helferzellen zu diesem Prozess beitragen, weil der Lehrer das zu schnell behandelt hat.	Überwachungsstrategie
Um mein Verstehensproblem zu lösen, könnte ich die entsprechenden Seiten im Lehrbuchkapitel zur Immunologie nochmals prüfen und mich nächstes Mal im Unterricht aktiver beteiligen.	Strategien zur Problembehebung

Lernstrategien (Hattie & Donoghue, 2016). In der Taxonomie von Hattie und Donoghue wird der Einsatz von Lernstrategien nach deren Funktion und dem Zeitpunkt des Einsatzes unterschieden. So trennt die Taxonomie bei den Phasen idealtypisch und ähnlich wie dieser Band die oberflächen- und tiefenorientierte Strategieanwendung, ergänzt aber noch als dritte Phase einen *Transfer*. Die zweite Unterscheidung betrifft die Funktion: das Verfügbarhalten von Informationen (Aneignung) und das Überführen von Inhalten in das Langzeitgedächtnis (Konsolidieren). Nach dieser Logik und gemäß der Zuordnung von verschiedenen einzelnen Strategien wäre das Schreiben von Journaleinträgen vor allem dazu da, tiefenorientiertes Lernen zu unterstützen, da es sich um eine weitestgehend selbstregulierte Form des Lernens handelt. Denn es bedarf bereits einer erfolgten oberflächenorientierten Verarbeitung, um aus dem Gedächtnis heraus jene Fragen zu beantworten bzw. (meta-)kognitiven Prozesse zu absolvieren, welche die metakognitiven Hinweise erfordern. Zweitens sind Gewichtungen und Prüfungen notwendig, um zu begründeten und reflektierten Lernjournaleinträgen zu gelangen. Dies spricht für die Einordnung des Lernjournalschreibens als tiefenorientierte, mehrheitlich konsolidierende Lernstrategie. Dieser Gedanke wird in den Ausführungen zum didaktischen Designprinzip noch vertieft.

7.2 Das didaktische Designprinzip zum Nutzen von Lernjournalen

Aus den Ausführungen des Abschn. 7.1 ist hervorgegangen, dass der Nutzen des Lernjournalschreibens sich darüber ergibt, dass die Lernenden regelmäßig Lernstrategien anwenden, um ihre Einträge zu verfassen. Diese Strategieanwendung ist das zentrale Element dessen, wie in diesem Band der Wirkmechanismus des Lernjournalschreibens konzeptualisiert wird. Entsprechend bildet die Strategieanwendung die eigentliche Lernaktivität im nachstehenden didaktischen Designprinzip 9.

Didaktisches Designprinzip 9: Langzeitgedächtnisrepräsentation von Lerngegenständen durch das Einfordern von Strategieanwendung beim Lernjournalschreiben stärken
Wenn Lernjournale zu einer vertieften Repräsentation des Lerngegenstands im Langzeitgedächtnis führen sollen, dann sollten metakognitive Hinweise als Teil der regelmäßigen Aufgabenbearbeitung gezielt den Einsatz von

7.2 Das didaktische Designprinzip zum Nutzen von Lernjournalen

kognitiven und metakognitiven Strategien auslösen, ohne das Ergebnis der Strategieanwendung inhaltlich oder in puncto Textprodukt zu stark vorzugeben (eigene Bündelung nach Nückles et al., 2020; Abb. 7.1).

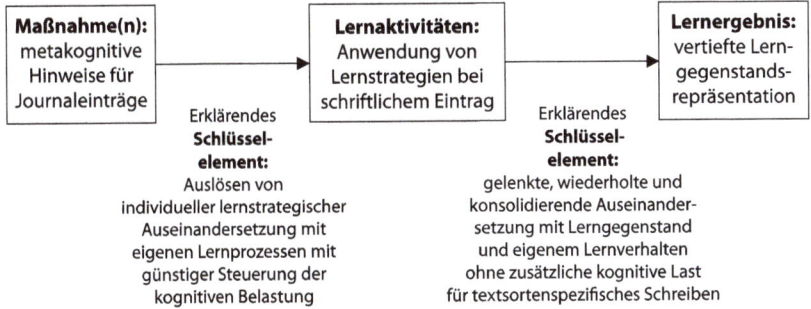

Abb. 7.1 Visualisiertes didaktisches Designprinzip 9 – Nutzung von Lernjournalen für die selbstregulierte Anwendung von Lernstrategien. (Eigene Darstellung nach Nückles et al., 2020)

Das didaktische Designprinzip 9 geht davon aus, dass die Anwendung der Lernstrategien, die in einen Eintrag in das Lernjournal münden, ihrerseits von *metakognitiven Hinweisen* ausgelöst werden. Nachweislich wirken metakognitive Hinweise vergleichsweise stark beim Schreiben zum Zweck des Fachlernens (Bangert-Drowns et al., 2004; Graham et al., 2020). Metakognitive Hinweise werden allgemein verstanden als explizite Unterstützungsleistungen, um bei den Lernenden Aktivitäten auszulösen (Bannert, 2009). Sie sollen also etwas aktivieren, was die Lernenden bereits eigentlich können, aber nicht spontan von allein aktiv nutzen – solche metakognitiven Hinweise setzen also im Fall des Lernjournalschreibens voraus, dass jemand Organisations-, Elaborations- und andere Strategien schon beherrscht. Diese Bedingung ist alles andere als trivial, verdeutlicht sie doch, dass Lernjournale eine hohe Eintrittsschwelle haben.

Die metakognitiven Hinweise fokussieren auf das Auslösen von Lernstrategieanwendungen, allerdings tun sie dies, ohne dass sie von den Lernenden verlangen, das Ergebnis auf eine ganz bestimmte Art – zum Beispiel in Form von Textsorten oder gemäß anderen direktiven produktbezogenen Vorgaben wie Rhetorik etc. – zu verfassen. Hier wird aus der Sicht der Theorie der kognitiven Belastung argumentiert, dass eine Fokussierung auf die reine Strategieanwendung günstig ist.

Dadurch soll die lernbezogene kognitive Belastung alleinig auf die Anwendung der Strategien im Zusammenhang mit dem Lerngegenstand gelenkt werden. Eine zusätzliche kognitive Belastung, wie sie durch weitere Ziele (etwa das Transformieren in ein bestimmtes Textprodukt) entstehen würde, wird explizit und bewusst vermieden (Nückles et al., 2020). Dies nennen Nückles und andere (2020, S. 1095) das „genrefreie Prinzip" bei ihrem Ansatz, das Lernjournalschreiben zu nutzen. Dieses Prinzip geht damit in die entgegengesetzte Richtung, wenn man es mit jenem zum Argumentieren vergleicht: Hier wird extra zusätzliche Last generiert, damit die Schreibenden ihr Wissen so transformieren, dass es rhetorischen Zielen dient. Es wäre allerdings unproduktiv, beides gegeneinander auszuspielen, da beide Varianten, das Schreiben für das Lernen zu nutzen, anderen Zielen dienen.

Der Schlüsselmechanismus zwischen metakognitiven Hinweisen und der Strategieanwendung besteht also darin, dass die Hinweise zu quantitativ mehr und zu qualitativ höherwertigen Strategieanwendungen führen. Dies wurde in experimentellen Studien bereits mehrfach nachgewiesen (Nückles et al., 2020). Ähnliches gilt für das nächste Glied in der Kette: den Zusammenhang von quantitativer und qualitativer Nutzung der Strategien in den Lernjournalen (wie im Beispiel in Tab. 7.2) und besseren Verstehensleistungen. Wer mehr Strategien und diese zudem zielführend einsetzte, lernte mehr (Nückles et al., 2020). Dies erklärt sich erstens über die kognitiv konsolidierende Bearbeitung von Lerngegenständen, die bereits im Langzeitgedächtnis gespeichert sind und erneut den Gegenstand reflexiver Zugänge darstellen (Hattie & Donoghue, 2016). Außerdem ist – zweitens – natürlich auch die metakognitive Komponente hervorzuheben: Indem das Nichtverstehen in Lernjournalen behandelt wird, werden zukünftige weitere selbstregulatorische Lernprozesse initiiert, was sich mit den Grundannahmen zyklischer Selbstregulationsmodelle des Lernens deckt (Panadero, 2017).

7.3 Typische Lehraktivitäten bzw. Elemente bei der Nutzung von Lernjournalen

Das Schreiben von Lernjournalen unterscheidet sich teils deutlich von anderen Schreibfördermaßnahmen oder von der Nutzung des Schreibens für das Fachlernen. Die Adressatinnen und Adressaten sind erstens in aller Regel die Schreibenden selbst. Sie schreiben für sich statt für andere, weshalb rhetorische Qualitäten oder die Handschrift hier weniger bedeutsam sind. Zweitens wird das

Schreiben oftmals auch aus der Unterrichtszeit gezielt ausgelagert, damit die Lernenden in der für sie angemessenen Zeit und Ruhe schreiben und reflektieren können. Drittens erfolgt das Schreiben mehrfach und zyklisch, es gibt also eine Rhythmisierung. Viertens sind explizite Vermittlungen von Strategien und Textsortenwissen absolute Ausnahmen, da die Lernjournale Strategiewissen bereits antizipieren und voraussetzen.

Diese Besonderheiten schlagen sich darin nieder, dass sich die instruktionalen Merkmale entsprechend von denen anderer Schreibfördermaßnahmen unterscheiden. Die Tab. 7.3 beinhaltet deshalb spezifische Merkmale der Lernjournalverwendung und geht dabei vor allem auf Komponenten ein, die sich in einem besonders intensiv untersuchten Förderansatz als günstig erwiesen haben (Nückles et al., 2020). Hierbei ist anzumerken, dass viele Befunde aus Studien

Tab. 7.3 Instruktionale Merkmale von empirisch erprobten Föderansätzen zum Einsatz des Lernjournalschreibens. (Quelle: Nückles et al., 2020, S. 1102–1110)

Bestandteile	Ziel	Lehraktivitäten
1. Reihung und Vollständigkeit der metakognitiven Hinweise	Günstige Sequenz der Lernstrategien für Lernerfolg gewährleisten	• Nutzung der Kombination von Hinweisen zu kognitiven und metakognitiven Strategien • Beginn der Sequenz von Hinweisen auf metakognitive Strategien, danach jene zu kognitiven Strategien
2. Direktes und indirektes Feedback zur optimalen Strategieanwendung	Präzision der Zielvorstellungen zur korrekten Anwendung der Strategien	• Verwendung von Lösungsbeispielen (exemplarische Beispiele von Lernjournaleinträgen) • Nutzung von Selbsterklärungen (Zuordnen von Passagen aus Lösungsbeispielen zu einzelnen metakognitiven Hinweisen) • Feedback zur korrekten Strategieanwendung (nur bei schwächeren Personen)
3. Adaptive Gestaltung der Hinweise	Herstellung einer Passgenauigkeit von Hinweisen auf die Merkmale von Lernenden	• Zurücknehmen von Hinweisen allgemein • Zurücknehmen jener Hinweise, die sich auf die Strategien beziehen, welche die Lernenden beherrschen • Anbieten spezifischer Hinweise, die sich auf von der lernenden Person sonst wenig präferierte Vorgehensweisen beziehen

mit Studierenden stammten, allerdings reichen die Studien von der Altersgruppe bis in die frühe Sekundarstufe hinein.

Das selbstregulierte Schreiben von Lernjournalen mit den metakognitiven Hinweisen hat dann lernförderliche Wirkung, wenn zum einen die *Hinweise einen Verbund von metakognitiven und kognitiven Strategien* einfordern oder zum anderen eine *günstige Reihenfolge* gewahrt wird. Dabei hat es sich als wirksamer erwiesen, wenn die Sequenz von metakognitiven Hinweisen zunächst die metakognitiven Prozesse zu Beginn adressiert (hier: Überwachungsstrategien) und kognitive Organisations- und Elaborationsstrategien folgen (Nückles et al., 2020). Dieser Effekt erklärt sich darüber, dass ein Bewusstsein für den Lernfortschritt geschaffen (auf der sogenannten Metaebene) und dies an die inhaltliche Auseinandersetzung mit dem Lerngegenstand (die sogenannte Objektebene) gekoppelt wird. Günstig ist zudem, wenn ganz am Ende die auf zukünftiges Lernen abzielenden Selbstregulationsstrategien stehen, um aus dem jeweils aktuellen Lernjournaleintrag heraus eine zukünftige individuelle Nutzung lernförderlicher Strategieanwendungen zu initiieren. Damit ist gemeint, dass metakognitive Hinweise aus Tab. 7.1 in Abschn. 7.1 in folgender Sequenz helfen: B1, A2, A1, B2.

Die Offenheit der selbstregulierten Strategieanwendung – zumal ohne explizite Vermittlung – birgt die Gefahr, dass Lernende davon überfordert sind, die angemessene Strategieanwendung in ihren Lernjournalen zu betreiben. Es ist aus Studien bekannt, dass ohne Hinweise allzu häufig eine oberflächliche Bearbeitung der Lernjournale erfolgt. Daher gibt es weitere Sicherungsmaßnahmen: *Varianten des direkten und des indirekten Feedbacks.* Hierunter fällt zum Beispiel, dass es ausgearbeitete Lösungsbeispiele gibt, welche gemäß der Theorie der kognitiven Belastung eine orientierungsstiftende Funktion haben, indem sie die adäquate Anwendung von Lernstrategien nachvollziehbar machen (Renkl, 2014). Daran ist in Studien ein weiterer wichtiger Mechanismus gekoppelt worden, indem man die Lernenden bat, die Lösungsbeispiele zu analysieren und die Anwendung von metakognitiven Hinweisen zuzuordnen. Sie haben also analog zu der rechten Spalte in Tab. 7.2 klären müssen, welche Teile des Lernjournaleintrags zu welcher Aufforderung passten, ehe sie selbst schrieben. Kam es zu der eigenen Anwendung der Strategien in den Lernjournalen, hat es sich insbesondere bei schwächeren Lernenden rentiert, wenn ihnen Rückmeldungen gegeben wurde, ob sie die Strategien adäquat genutzt hatten. Stärkere Lernende profitierten von einer solchen Rückmeldung hingegen nicht, was als Indikator für den sogenannten Expertise-Umkehr-Effekt gewertet wird: Einzelne instruktionale Maßnahmen (wie das Feedback) helfen unterschiedlichen Personengruppen auf verschiedene Arten (Kalyuga & Sweller, 2018).

In eine ähnliche Richtung wie die Effekte des direkten Feedbacks geht ein letzter Block von Maßnahmen, die sich als adaptive *Gestaltung von Hinweisen* bündeln lassen. Diesen Maßnahmen liegt die Gemeinsamkeit zugrunde, dass Lernende nicht zu jedem Zeitpunkt von demselben Set metakognitiver Hinweise profitieren. Vielmehr ist die (wachsende) Fähigkeit in der Nutzung von Strategien eine veränderliche Stellschraube. So ist es günstig, wenn zu Beginn alle bearbeitbaren Hinweise vorliegen, darunter insbesondere jene zu Strategien, welche die Lernenden wenig von sich aus spontan anwenden. In Studien wurde durch vorgängige Diagnostik beispielsweise festgestellt, welche Strategien gleichsam einen blinden Fleck bildeten. Diese Strategien wurden dann verstärkt in den Hinweisen adressiert. Hinzu kommt, dass es sich allgemein als günstiger erwiesen hat, wenn (beherrschte) Strategien immer weniger von den Hinweisen eingefordert werden, je weiter das regelmäßige Journalschreiben fortschreitet. Das soll verhindern, dass zusätzliche kognitive Belastung durch das (repetitive) Abarbeiten von Strategien generiert wird. Anders gesagt: Je mehr die Personen das wünschenswerte selbstregulative Lernverhalten zeigten, desto weniger sollten sie explizit zur Nutzung einzelner Strategien aufgefordert werden. All dies setzt voraus, dass Lehrpersonen die Lernjournale diagnostisch zur Kenntnis nehmen.

7.4 Zwei Beispiele für die Nutzung des Lernjournals

Die beiden folgenden exemplarischen Förderansätze wurden mit Schülerinnen und Schülern der siebten Klasse durchgeführt. Dies bildet allerdings nahezu die alleinige Gemeinsamkeit. Denn die Jugendlichen im ersten Beispiel schrieben nur für kurze Zeit, während die Peers im zweiten Beispiel über Monate hinweg Lernjournale führten. Auch waren die Fächer unterschiedliche: Im ersten Beispiel waren Inhalte aus naturwissenschaftlichen Lektionen der Gegenstand der Lernjournale, im zweiten Beispiel sozialwissenschaftliche Schulbuchkapitel. Trotz dieser Differenzen erforderten beide Vorgehensweisen die Verwendung von kognitiven und metakognitiven Lernstrategien. Das erste Beispiel steht hierbei ganz typisch für dasjenige Programm zum selbstregulierten Schreiben von Lernjournalen, welches diesem Kapitel zugrunde liegt (Nückles et al., 2020).

Ein kurzfristiger Einsatz von Lernjournalen zur Unterstützung des Lernens im Fach Biologie
Im Fach Biologie schrieben deutsche Schülerinnen und Schüler der siebten Klasse drei Wochen lang wöchentlich Lernjournaleinträge zum Thema Immunologie (Wäschle et al., 2015, Studie 1). Die Jugendlichen durchliefen

kein gesondertes Training zum Schreiben der Lernjournale, sondern bekamen anfänglich eine rund 300 Wörter lange Erklärung, wozu das Journalschreiben diene. Außerdem erhielten sie die folgenden vier metakognitiven Hinweise zum Schreiben:

1. Wie kannst du den Inhalt auf sinnvolle Weise strukturieren und zusammenfassen? (Organisationsstrategie)
2. Welche Beispiele kannst du dir vorstellen, um die Lerninhalte zu veranschaulichen, zu bestätigen oder zu kontrastieren? (Elaborationsstrategie)
3. Welche Hauptpunkte verstehst du jetzt und welche noch nicht? (Überwachungsstrategie)
4. Welche Möglichkeiten hast du, um dein Verständnisprobleme zu überwinden? (Selbstregulationsstrategie)

Auch wenn die Einträge sehr kurz waren und die Jugendlichen teils nur Fakten aus der jeweiligen Biologiestunde wiederholten sowie eine geringe Anzahl von Strategien faktisch in den Lernjournalen vorkamen, ergaben sich deutliche Wissensvorsprünge gegenüber einer Kontrollgruppe. ◄

Mit der KWL-Strategie sozialwissenschaftliche Schulbuchtexte regelmäßig bearbeiten
Mit Schülerinnen und Schülern der siebten Klasse wurde die im angelsächsischen Raum populäre KWL-Strategie (*K*now, *W*ant, *L*earn) für das Lesen von sozialwissenschaftlichen Buchkapiteln genutzt (Cantrell et al., 2000). In der Studie lasen die Jugendlichen Schulbuchkapitel und schrieben über sieben Monate hinweg zwei- bis dreimal pro Woche eigene Einträge. Dabei diente die KWL-Strategie dazu, einzelne Teile im Lernjournal zu verfassen. Das Schreiben des Lernjournals wurde von den Lehrpersonen modellierend eingeführt und folgte diesem Ablauf:

1. Zunächst schrieben die Jugendlichen im *Teil K (Know)*, was sie bereits zum Thema wussten. Dabei fungierten die Überschriften und der Titel im jeweiligen Kapitel als Ausgangspunkt. Es handelte sich also um die Anwendung einer Elaborationsstrategie.
2. Danach notierten die Jugendlichen separat im *Teil W (Want)*, was sie über das Thema erfahren wollten. Auch dies lässt sich als Elaborationsstrategie klassifizieren, da Fragen an den Text formuliert werden.
3. Der dritte Schritt bestand aus dem *Lesen* des Textes.
4. Der finale *Schritt L (Learn)* sah einen Abgleich vor, nämlich dahin gehend, was in Bezug auf das Vorwissen Neues dazugelernt wurde (Bezug zum Teil

K) und ob die gestellten Fragen an den Text (Teil W) beantwortet worden waren. Dies lässt sich als Anwendung von metakognitiven Strategien werten.

Verglichen mit einer anderen Experimentalgruppe, die sich auf das Zusammenfassen der gelesenen Kapitel konzentriert hatte, schnitten die Jugendlichen mit dem KWL-Lernjournal in einem Verstehenstest besser ab. ◄

▶ **Drei Richtlinien für den Einsatz der Lernjournale für selbstreguliertes Lernen** Lernjournale sind eine im Wesenskern freie Art des Schreibens, weil die Lernjournale nur wenige Vorgaben machen, worüber die Schreibenden ihren Text verfassen. Diese Offenheit ist gewollt, aber auch zugleich herausfordernd, wobei es einen Unterschied macht, ob diese Offenheit überfordert oder individuellen Spielraum eröffnet. Dies lässt sich günstig austarieren, wie es die drei nachstehenden Richtlinien zeigen, die auf Basis von Forschungsergebnissen entstanden (Nückles et al., 2012):

- *Vollständigkeit:* Schülerinnen und Schüler sollten in den Lernjournalen jene metakognitiven Hinweise in den Arbeitsaufträgen erhalten, die alle wesentlichen Teilprozesse fördern, welche am selbstregulierten Lernen beteiligt und dafür notwendig sind. Das heißt: Günstige Arbeitsaufträge fordern möglichst umfassend kognitive und metakognitive Strategien ein.
- *Konkretheit:* Die Wirkungen der Hinweise in Lernjournalen können anschaulicher werden, indem zum einen die Schreibenden den Nutzen der Strategien explizit erklärt bekommen. Sie sollten also erfahren, wozu sie das Lernjournal schreiben und warum ihnen das hilft. Zum anderen hilft ihnen auch, wenn sie nicht aus dem Stand selbst schreiben, sondern zunächst ein veranschaulichendes Beispiel für ein Lernjournal erhalten, also ein vollständig ausgearbeitetes Lösungsbeispiel.
- *Adaptivität:* Die Hinweise sind unterschiedlich hilfreich. Zum Beginn geben sie Sicherheit und Struktur. Doch je mehr und je länger die Lernenden Journale schreiben, desto weniger sind sie noch auf die Hinweise angewiesen, zumal wenn sie die Lernstrategien selbst angemessen von sich aus anwenden. Ein und derselbe metakognitive Hinweis kann also je nach Zeitpunkt förderliche oder hinderliche Wirkung entfalten, was für eine auf die Lernenden sensibilisierte Anpassung spricht.

Fazit

Das Schreiben von Lernjournalen offeriert den Schreibenden viel Freiheit, wie sie die geforderten Lernstrategieanwendungen konkret gestalten. Aus Sicht der Lernforschung bilden die auslösenden metakognitiven Hinweise in den Aufträgen innerhalb der Lernjournale den Ausgangspunkt des Lernens. Durch diese Hinweise – praktischerweise eine adaptive Sammlung von Stimuli für die Nutzung (meta-)kognitiver Lernstrategien – rekapitulieren die Lernenden ihre im Langzeitgedächtnis verankerten Wissensbestände und überprüfen ihr Verständnis. Dieser individuelle reflexive Prozess ist als Kommunikation mit sich selbst zu verstehen, sodass außerhalb dieses Zwecks liegende Ziele nicht betroffen sind und die kognitive Last ungünstig steigern können. Daher ist das Lernjournalschreiben dann lernförderlich, wenn es glückt, die geforderten Lernstrategien ausreichend zu aktivieren.

Literatur

Weiterführende Literatur

Nückles, M., Hübner, S., & Renkl, A. (2012). Fostering self-regulated learning by journal writing. In J. R. Kirby & M. J. Lawson (Hrsg.), *Enhancing the quality of learning. Dispositions, instruction, and learning processes* (S. 178–200). Cambridge University Press. *(Dieses Buchkapitel bildet eine erste Zusammenfassung eines Forschungsprogramms und benennt drei Richtlinien zum günstigen Einsatz des Schreibjournalschreibens. Dieser Text eignet sich gut als Einführung und hat an Aktualität nichts eingebüßt.)*

Nückles, M., Rölle, J., Glogger-Frey, I., Waldeyer, J., & Renkl, A. (2020). The self-regulation-view in writing-to-learn. Using journal writing to optimize cognitive load in self-regulated learning. *Educational Psychology Review, 32* (4), 1089–1126. *(Dieser Zeitschriftenbeitrag ist ein Fundus an theoretischen und empirischen Inhalten. Das Lernjournalschreiben wird ausgehend von den Theorien der kognitiven Belastung und des selbstregulierten Lernens begründet. Es folgt eine Sichtung von 20 Studien aus einem jahrelangen Forschungsprogramm, um Merkmale der effektiven Nutzung von Lernjournalen zu extrahieren.)*

Einzelnachweise

Bangert-Drowns, R. L., Hurley, M. M., & Wilkinson, B. (2004). The effects of school-based writing-to-learn interventions on academic achievement: A meta-analysis. *Review of Educational Research, 74*(1), 29–58.

Literatur

Bannert, M. (2009). Promoting self-regulated learning through prompts. *Zeitschrift Für Pädagogische Psychologie, 23*(2), 139–145.

Cantrell, R. J., Fusaro, J. A., & Dougherty, E. A. (2000). Exploring the effectiveness of journal writing on learning social studies. A comparative study. *Reading Psychology, 21*(1), 1–11.

Flavell, J. H. (1979). Metacognition and cognitive monitoring: A new area of cognitive-developmental inquiry. *American Psychologist, 34*(10), 906–911.

Friedrich, H. F., & Mandl, H. (2006). Lernstrategien. Zur Strukturierung des Forschungsfeldes. In H. Mandl & H. F. Friedrich (Hrsg.), *Handbuch Lernstrategien* (S. 1–23). Hogrefe.

Graham, S., Kiuhara, S. A., & MacKay, M. (2020). The effects of writing on learning in science, social studies, and mathematics. A meta-analysis. *Review of Educational Research, 90*(2), 179–226.

Hattie, J. A. C., & Donoghue, G. M. (2016). Learning strategies. A synthesis and conceptual model. *NPJ Science of Learning, 1*(1), 1–13.

Kalyuga, S., & Sweller, J. (2018). Cognitive load and expertise reversal. In A. M. Williams, A. Kozbelt, K. A. Ericsson & R. R. Hoffman (Hrsg.), *The Cambridge handbook of expertise and expert performance* (2. Aufl., S. 793–811). Cambridge University Press.

Nückles, M., Hübner, S., & Renkl, A. (2012). Fostering self-regulated learning by journal writing. In J. R. Kirby & M. J. Lawson (Hrsg.), *Enhancing the quality of learning. Dispositions, instruction, and learning processes* (S. 178–200). Cambridge University Press.

Nückles, M., Rölle, J., Glogger-Frey, I., Waldeyer, J., & Renkl, A. (2020). The self-regulation-view in writing-to-learn. Using journal writing to optimize cognitive load in self-regulated learning. *Educational Psychology Review, 32*(4), 1089–1126.

Panadero, E. (2017). A review of self-regulated learning. Six models and four directions for research. *Frontiers in Psychology, 8*(Article 422), 1–28.

Park, C. (2003). Engaging students in the learning process. The learning journal. *Journal of Geography in Higher Education, 27*(2), 183–199.

Renkl, A. (2014). Toward an instructionally oriented theory of example-based learning. *Cognitive Science, 38*(1), 1–37.

Wäschle, K., Gebhardt, A., Oderbusch, E.-M., & Nückles, M. (2015). Journal writing in science. Effects on comprehension, interest, and critical reflection. *Journal of Writing Research, 7*(1), 41–64.

GPSR Compliance
The European Union's (EU) General Product Safety Regulation (GPSR) is a set of rules that requires consumer products to be safe and our obligations to ensure this.

If you have any concerns about our products, you can contact us on

ProductSafety@springernature.com

In case Publisher is established outside the EU, the EU authorized representative is:

Springer Nature Customer Service Center GmbH
Europaplatz 3
69115 Heidelberg, Germany

www.ingramcontent.com/pod-product-compliance
Ingram Content Group UK Ltd.
Pitfield, Milton Keynes, MK11 3LW, UK
UKHW021255180426
11947UKWH00011B/797